REMÉDIOS FLORAIS DA CALIFÓRNIA

Tudo o que Você Precisa Saber para Usá-los e Prescrevê-los

Com um Questionário para Facilitar o Diagnóstico

CLAUDIA STERN

REMÉDIOS FLORAIS DA CALIFÓRNIA

TUDO O QUE VOCÊ PRECISA SABER PARA USÁ-LOS E PRESCREVÊ-LOS

COM UM QUESTIONÁRIO PARA FACILITAR O DIAGNÓSTICO

Tradução
MARIA STELA GONÇALVES

EDITORA PENSAMENTO
São Paulo

Título do original:
Remedios Florales de California

A Licenciada CLAUDIA STERN ficará agradecida por comentários, sugestões, críticas, contribuições e experiências que os leitores queiram comunicar-lhe.

Enviar a correspondência a:
Lic. CLAUDIA STERN — Castro Barros 1754
(1237) Buenos Aires — Argentina
— ou para o Fax (0054-1) 902-8873

NOTA: *A informação transmitida neste livro pertence ao âmbito da cura e não constitui nem substitui nenhuma consulta ou tratamento médico.*

Edição	Ano
1-2-3-4-5-6-7-8-9-10	99-00-01-02-03-04

Direitos de tradução para a língua portuguesa
adquiridos com exclusividade pela
EDITORA PENSAMENTO LTDA.
Rua Dr. Mário Vicente, 374 — 04270-000 — São Paulo, SP
Fone: 272-1399 — Fax: 272-4770
E-mail: pensamento@snet.com.br
http://www.pensamento-cultrix.com.br
que se reserva a propriedade literária desta tradução.

Impresso em nossas oficinas gráficas.

Sumário

***A** Katja,*
com grande amor e
agradecimento à
vida.

Introdução

Para escrever este livro, precisei "voltar às fontes" e ler, uma vez mais, o dr. EDWARD BACH, que diz:

> *A voz de nossa alma, e só essa voz, deverá indicar-nos o nosso dever, sem que os outros nos absorvam. É preciso desenvolver ao máximo a individualidade, e temos de aprender a andar pela vida sem confiar senão em nossa alma como conselheira e auxiliadora, aprender a abraçar nossa liberdade com as duas mãos e mergulhar no mundo para adquirir todas as partículas possíveis de conhecimento e de experiência.*
>
> *Ao mesmo tempo, temos de estar vigilantes para deixar que cada um exerça sua liberdade, sem esperar nada dos outros, mas, pelo contrário, estando sempre dispostos a estender a mão para ajudá-los nos momentos de necessidade e de dificuldade. Assim, toda personalidade com quem nos encontrarmos nesta vida, seja mãe, marido, filho, desconhecido ou amigo, se transforma em companheiro de viagem, e qualquer um deles pode ser maior ou menor do que nós no que se refere ao desenvolvimento espiritual; mas todos somos membros de uma grande comunidade que embarcou na mesma viagem e que possui a mesma meta gloriosa no final.*
>
> *Devemos ser firmes na determinação de vencer, resolutos em nossa vontade de atingir o cume da montanha; não nos detenhamos a olhar com pesar as quedas do caminhar. Nunca se fez nenhuma grande ascensão sem tropeços nem quedas, e essas coisas devem ser consideradas experiências que nos ajudarão a tropeçar menos no futuro.*[1]

1. EDWARD BACH, *Heal Thyself* (Cura-te a ti mesmo), capítulo VIII.

Considero impossível substituir ou trocar os remédios florais que o dr. BACH descobriu e desenvolveu. Muito pelo contrário, os remédios florais produzidos na Califórnia por PATRICIA KAMINSKY e RICHARD KATZ complementam, em alguns casos com grande especificidade, os insubstituíveis remédios desenvolvidos na Inglaterra.

Além disso, o dr. EDWARD BACH tem, a meu ver, outro mérito: diante dos maravilhosos resultados obtidos, diversas pessoas em todo o mundo se sentiram estimuladas a buscar nas flores de seu hábitat, de seu ambiente, um meio de curar seus padecimentos e uma possibilidade de viver e desfrutar a vida.

É meu desejo que o conteúdo deste livro contribua, na medida do possível, para ajudar muitas pessoas a encontrar aquilo de que necessitam.

Prefácio

Depois de quatro anos da publicação dos *Remédios Florais de Bach — Tratado completo para seu uso e prescrição* — sinto que o prefácio do livro ainda continua a exercer plenamente sua influência sobre o meu pensamento.

Volto a agradecer às contribuições, à motivação e à insistência de muitos de meus alunos e pacientes, bem como de outras pessoas que me conhecem e se aproximaram de mim, estimulando-me a continuar pesquisando, aprofundando, escrevendo e publicando minhas experiências com os remédios florais, agora com os da Califórnia, que fui incorporando à minha prática clínica, avaliando resultados e transmitindo-os em meus cursos, seminários, jornadas, simpósios e congressos.

Minha intenção foi, em primeiro lugar, apresentar os conceitos de maneira tal que pudessem incentivar o leitor a querer saber mais. Em segundo lugar, e sempre apoiada por meus alunos, tanto na Argentina como no Uruguai, elaborar um livro que tivesse relevância clínica.

Espero que *Remédios Florais da Califórnia* tenha um público leitor que permita aos "especialistas" atualizar-se, mas que também motive os que não estão familiarizados com os recentes avanços de terapias que fazem uso de remédios florais a encontrar nestas páginas um lugar de interesse e compreensão para suas próprias experiências.

Quando comecei a pensar neste novo livro, recordei algo que tinha lido tempos atrás e que se vincula às diversas fases pelas quais passa uma pessoa sempre que se envolve num novo projeto.[2]

2. Revista *Oikos*.

1. *A fase do entusiasmo.*
2. *A fase da verdade.*
3. *A fase da confusão.*
4. *A fase do pânico.*
5. *A fuga dos responsáveis.*
6. *A busca dos culpados.*
7. *O castigo dos inocentes.*
8. *A condecoração dos aproveitadores.*
9. *Os aplausos da platéia.*
10. *O pesadelo de manter o sucesso.*
11. *A fase de começar de novo.*

Nesta época em que a ciência médica considera com maior seriedade a relação entre as emoções e o corpo, começa-se a aceitar a possibilidade de que a mente, atuando através do sistema nervoso, seja capaz de alterar a fisiologia do sistema imunológico do ser humano, responsável pela resistência às doenças físicas.

O sistema nervoso tem, ao que parece, ligação direta com o timo, glândula produtora de células T, que são básicas na função imunológica. Por conseguinte, qualquer desequilíbrio em nossa energia vital pode ter como conseqüência uma diminuição de nossa possibilidade de resistência a qualquer enfermidade.

É como uma rede elétrica: as sobrecargas queimam os fusíveis. A diferença está no seguinte: nos seres vivos, não é tão fácil substituí-los, de modo que é melhor cuidar-se preventivamente.

Os primeiros textos chineses reiteram a idéia de que o bom médico se dedica a manter sadias as pessoas, enquanto o de menor categoria só atende aos que estão doentes.

A utilização dessas simples essências florais pode nos ajudar a assumir a responsabilidade pelo nosso próprio bem-estar e, sem que seja necessário esperar o agravamento dos sintomas, poder estar em sintonia com nosso corpo para reconhecê-los assim que surgirem e tratar suas causas prováveis, que se encontram em nossas emoções, restabelecendo nossa energia ou equilíbrio básico.

CLAUDIA STERN

Buenos Aires, janeiro de 1997

Qual é...?

O maior obstáculo	O MEDO
O dia mais belo	HOJE
A coisa mais fácil	EQUIVOCAR-SE
O maior erro	NÃO REAGIR
A maior falta	O EGOÍSMO
A distração mais sadia	O TRABALHO
A pior derrota	O DESÂNIMO
Os melhores professores	AS CRIANÇAS
A maior necessidade	O SENSO COMUM
O sentimento mais baixo	A TRAIÇÃO
O presente mais belo	A COMPREENSÃO
O amuleto mais eficaz	O SORRISO
O mais belo do mundo	O AMOR

Autor anônimo

Senhor,
fazei-me instrumento de vossa Paz:
onde há ódio, consenti que eu semeie
Amor;
Perdão, onde há injúria;
Fé, onde há dúvida;
Esperança, onde há desespero;
Luz, onde há escuridão;
Alegria, onde há tristeza.

Ó Divino Mestre,
permiti que eu não procure tanto
ser consolado quanto consolar;
ser compreendido quanto compreender;
ser amado quanto amar.
Porque é dando que recebemos;
perdoando que somos perdoados;
morrendo que nascemos para a
Vida Eterna.

São Francisco de Assis

102 Fotografias de Flores da Califórnia

ALOE VERA
pág. 43

ANGEL'S TRUMPET
pág. 45

ANGELICA
pág. 46

ALPINE LILY
pág. 44

BUTTERCUP
pág. 56

ARNICA
pág. 48

BABY BLUE EYES
pág. 49

BASIL
pág. 50

BLACK COHOSH
pág. 51

BLACKBERRY
pág. 52

BLACK-EYED SUSAN
pág. 53

CALIFORNIA PITCHER PLANT
pág. 58

CALIFORNIA WILD ROSE
pág. 60

BLEEDING HEART
pág. 54

BORAGE
pág. 55

CALENDULA
pág. 57

CALIFORNIA POPPY
pág. 59

CALLA LILY
pág. 61

CANYON DUDLEYA
pág. 61

CHRYSANTHEMUM
pág. 66

DANDELION
pág. 68

CAYENNE
pág. 62

CHAMOMILE
pág. 63

CHAPARRAL
pág. 65

CORN
pág. 66

COSMOS
pág. 67

DEERBRUSH
pág. 70

DILL
pág. 71

DOGWOOD
pág. 72

ECHINACEA
pág. 74

EVENING PRIMROSE
pág. 75

FAIRY LANTERN
pág. 76

FAWN LILY
pág. 76

FILAREE
pág. 77

FORGET-ME-NOT
pág. 77

EASTER LILY
pág. 73

GOLDEN EAR DROPS
pág. 81

FUCHSIA
pág. 79

GARLIC
pág. 80

GOLDENROD
pág. 82

HOUND'S TONGUE
pág. 84

INDIAN PAINTBRUSH
pág. 85

INDIAN PINK
pág. 85

GOLDEN YARROW
pág. 83

HIBISCUS
pág. 83

IRIS
pág. 86

LADY'S SLIPPER
pág. 87

LAVENDER
pág. 88

LARKSPUR
pág. 87

MADIA
pág. 91

MARIPOSA LILY
pág. 94

MILKWEED
pág. 95

MORNING GLORY
pág. 96

MOUNTAIN PRIDE
pág. 98

LOTUS
pág. 89

LOVE-LIES-BLEEDING
pág. 91

MALLOW
pág. 92

NASTURTIUM
pág. 101

NICOTIANA
pág. 103

MANZANITA
pág. 94

MOUNTAIN PENNYROYAL
pág. 97

MUGWORT
pág. 99

MULLEIN
pág. 100

PENSTEMON
pág. 104

PEPPERMINT
pág. 105

OREGON GRAPE
pág. 103

PINK MONKEYFLOWER
pág. 107

PINK YARROW
pág. 107

POISON OAK
pág. 108

RABBITBRUSH
pág. 114

RED CLOVER
pág. 114

ROSEMARY
pág. 115

SAGEBRUSH
pág. 118

POMEGRANATE
pág. 109

PRETTY FACE
pág. 110

SCARLET MONKEYFLOWER
pág. 121

SCOTCH BROOM
pág. 122

SELF-HEAL
pág. 123

PURPLE MONKEYFLOWER
pág. 111

QUAKING GRASS
pág. 111

SHOOTING STAR
pág. 125

STICKY MONKEYFLOWER
pág. 129

SUNFLOWER
pág. 129

QUEEN ANNE'S LACE
pág. 112

QUINCE
pág. 113

SAGE
pág. 117

SAGUARO
pág. 119

TIGER LILY
pág. 133

TRILLIUM
pág. 133

VIOLET
pág. 135

SAINT JOHN'S WORT
pág. 120

SHASTA DAISY
pág. 124

SNAPDRAGON
pág. 126

STAR THISTLE
pág. 127

STAR TULIP
pág. 128

SWEET PEA
pág. 131

TANSI
pág. 132

TRUMPET VINE
pág. 134

YELLOW STAR TULIP
pág. 137

ZINNIA
pág. 138

YARROW
pág. 136

YERBA SANTA
pág. 138

Fotos tiradas por
RICHARD KATZ E WAYNE GREEN

CAPÍTULO 1

As flores da Califórnia

"O médico cura,
a natureza sana."

AS PRIMEIRAS essências florais foram obtidas em 1978 por RICHARD KATZ, que em 1979 fundou a FES (*Flower Essence Society*). Em 1983, esta última passou a integrar a organização *Earth-Spirit*. Hoje, a FES, com sede em Nevada City, Califórnia, é co-dirigida por ele e sua esposa, PATRICIA KAMINSKY.

Apresentação

Torna-se difícil conceber as flores da Califórnia como um sistema, já que a FES continua pesquisando e acrescentando permanentemente novas essências. Elas poderiam ser consideradas um sistema aberto e em constante expansão.

Trataremos neste livro das essências que até há pouco tempo se encontravam no chamado *Professional Kit*, ou estojo profissional, que constava de 72 remédios distribuídos em três caixas de 24 frascos de 7,4 ml cada um. Caixa 1, de **Aloe Vera** a **Golden Ear Drops**. Caixa 2, de **Goldenrod** a **Quaking Grass**, e Caixa 3, de **Quince** a **Zinnia.**

Incluímos também o *Research Kit*, ou estojo de pesquisa, que constava de 24 essências e que hoje pode ser considerado já suficientemente investigado. É uma caixa que abrange de **Alpine Lily** a **Yellow Star Tulip**.

Além disso, existia o *Supplemental Kit*, que continha **Black Cohosh, Easter Lily, Lady's Slipper, Love-Lies-Bleeding, Nicotiana, Purple Monkeyflower** e **Yarrow Special Formula.**

Atualmente, todas essas essências estão reunidas num estojo ampliado, o *Complete Professional Kit*, o estojo profissional completo.

Portanto, o leitor disporá de uma descrição bastante detalhada e completa, até o momento, de 103 essências florais da Califórnia.

As flores são descritas em ordem alfabética com sua denominação original em inglês, seu nome científico e também aquele pelo qual são conhecidas na linguagem corrente. Em alguns casos, nomeiam-se as flores do sistema inglês que cobrem emoções semelhantes às californianas.

Muitas delas pertencem a três grandes famílias: a família das Compostas, como Dandelion, Goldenrod, Arnica, Shasta Daisy, Calendula, Chamomile, Yarrow, Pink Yarrow, Sunflower, Tansy; a família das Labiadas, como Rosemary, Sage, Lavender, Peppermint, Basil; e a família das Umbelíferas, como Dill, Queen Anne's Lace, Angelica.

Os membros da família das compostas são facilmente reconhecidos por seu modo de florescer, já que são pequenas flores bastante próximas entre si. Muitas dessas plantas têm propriedades adstringentes, digestivas e antissépticas.

As plantas da família das labiadas são, em geral, muito aromáticas. Suas flores exalam uma fragrância agradável que atrai as abelhas. Costumam ser calmantes ou tônicas.

As umbelíferas são facilmente distinguidas por suas umbelas de florzinhas cujos pedúnculos saem de um ponto central, o que as assemelha às varetas de um guarda-chuva. Suas sementes (ou frutos) costumam conter azeites que agem sobre as funções digestivas.

O segundo nome de cada planta nos dá amiúde a chave de sua utilidade. *Officinalis* ou *officinale* é com freqüência a denominação para as plantas aromáticas e significa *da loja*, já que essa planta costumava ser vendida nas farmácias. *Sativus* indica que se trata de uma planta cultivada; *odorata*, que a planta tem um aroma agradável (perfumada).[3]

AS FLORES DA CALIFÓRNIA NA PRÁTICA

Diluições

Denominamos *diluições* os frasquinhos que são preparados com as fórmulas individuais a partir dos concentrados (que são as essências importadas da Califórnia), também chamadas de *stock bottles*.

---

3. Penépole Ody, *Las plantas medicinales*.

O número de flores para cada diluição é variável: é possível usar de uma a nove flores. Estas podem ser todas da Califórnia ou também combinar-se com outras de diferentes sistemas que sejam usadas da mesma maneira, como, por exemplo, as flores de Bach.

O efeito será mais forte e visível quando o preparado contiver menos essências. Não obstante, se necessário, é preferível pôr uma essência a mais do que uma a menos.

O modo de preparação segue o estilo tradicional: num frasquinho de vidro de cor caramelo com conta-gotas (não de plástico, porque é poroso) de 30 cm^3 põe-se água mineral sem gás. Não se pode usar água destilada, uma vez que esta não age como veículo para a energia das flores.

Acrescentam-se a esse frasquinho com água 2 gotinhas de cada essência floral escolhida. Se o frasquinho for de 45 cm^3, deverão ser acrescentadas 3 gotinhas e para um de 60 cm^3 serão usadas 4 gotinhas de cada essência.

O frasco de 30 cm^3 durará 15 dias se se tomarem 4 gotas 6 vezes ao dia e 3 semanas se se tomarem 4 gotas 4 vezes ao dia. Portanto, os frascos de 45 e de 60 cm^3 serão usados se a pessoa quiser tomar as essências mais seguidamente, ou a mesma fórmula por um período mais prolongado.

Com relação ao brandy ou conhaque, só é incluído na preparação como conservante da água, que é o que costuma apresentar problemas quando faz muito calor. Podem acrescentar-se entre 25 e 40 gotas a cada frasquinho, embora isso não modifique em absoluto o efeito do remédio floral. Só faz que o veículo aquoso no qual se põem os concentrados dure um pouco mais e tenha certo sabor, em vez da insipidez da água.

Para as crianças, os animais e as plantas, é conveniente preparar a diluição sem conhaque.

No caso de a pessoa não poder ou não dever ingerir álcool, por ser um ex-alcoólatra em estado de abstinência, por razões religiosas ou por outro motivo, as essências deverão ser preparadas só em água; além disso, os preparados podem voltar a ser diluídos colocando-se as 4 gotas de cada ingestão num copo com um pouco de água, com o que o resto de conhaque que permanece na diluição, proveniente do concentrado, desaparece por completo.

Os concentrados são conservados em brandy puro, motivo pelo qual sua duração é ilimitada.

Algumas essências, nos sistemas de Bach e da Califórnia, se relacionam com emoções em desequilíbrio muito semelhantes e, ao se combinarem os remédios, potencializam-se os efeitos. Portanto, deve-se ter a precaução de não exceder-se na combinação de remédios demasiado reativos ou estimulantes.

Administração

Costuma-se tomar 4 gotas diretamente na boca, ou num copo com água, chá etc., ou numa colherinha, entre 4 e 6 vezes ao dia. Para crianças, anciãos e animais pequenos, administram-se 4 gotas, 4 vezes ao dia, e se as crianças ou os animaizinhos são muito pequenos, dever-se-á reduzir ainda mais essa dose.

As ingestões se distribuem ao longo do dia e não é necessário levar em conta horários fixos. A primeira e a última costumam ser no começo e no fim do dia — ao se levantar e ao se deitar —, distribuindo-se as restantes no decorrer do dia.

O efeito é incrementado quando se aumenta a freqüência das ingestões e não quando se aumenta a quantidade de gotas, embora se mostre atenuado quando se diminui a quantidade de ingestões e, depois, também a quantidade de gotas.

Os remédios não causam dependência nem têm efeitos secundários ou colaterais, não sendo necessária a suspensão de outros medicamentos, já que esta é uma medicina para acrescentar, não para substituir. O que se observou é que a ingestão de remédios florais provoca uma maior rapidez na ação de outros medicamentos que possam mostrar-se necessários. A pessoa se abre, torna-se mais receptiva à cura.

Tampouco se pretende que a terapia floral tome o lugar da medicina alopática ou substitua a consulta médica. Estes remédios devem ser considerados complementares de outras formas de tratamento, já que atuam num nível mental ou espiritual, sem interferir sequer em terapêuticas com algum grau de semelhança, como a homeopatia.

Eles costumam acelerar a recuperação, visto que melhoram o paciente.

Duração do tratamento

Um dos defeitos de nosso país é nos mostrarmos muito impacientes, o que nos leva a padecer de um *furor curandis*; se o paciente ou nós mesmos não melhoramos em seguida, pensamos que nos equivocamos na escolha das flores ou que a fórmula não é adequada, e a substituímos por outra, depois por outra e assim sucessivamente. Esse é o melhor método para fracassar num tratamento floral, já que não damos aos remédios o tempo necessário à sua atuação.

Seria interessante poder tomar uma mesma fórmula durante um mês e depois ir variando algumas de suas essências (não todas), para poder conseguir um processo de cura *em espiral*, ótimo para aprendermos com o que nos vai acontecendo, ao mesmo tempo que vamos melhorando.

CAPÍTULO 2

Breviário das flores

"Ignorante não é o que não sabe,
mas o que não quer aprender."

Esta é uma breve apresentação das flores da Califórnia mais conhecidas, rigorosamente testadas e descritas neste livro, ao lado de uma síntese de suas aplicações. Para mais detalhes, poder-se-á recorrer à página mencionada, onde se encontrará uma descrição mais completa.

1. **Aloe Vera** (amarela). Para estresse, esgotamento, perfeccionismo. "Prazer *versus* dever" (assemelhando-se nisto a Oak, do Sistema Bach). Uso tópico, para doenças da pele e queimaduras. *Restitui o corpo etérico.* (pág. 43)

2. **Alpine Lily** (roxa e alaranjada). Rejeição do feminino e valorização do masculino. Sexo vivido como algo sujo, vergonha do próprio corpo e por ter desejos sexuais. Infertilidade. Querer estar com um homem mas sem sexo. Semelhante, em alguns aspectos, a Crab Apple e Manzanita. *Aceitação da feminilidade e sexualidade.* (pág. 44)

3. **Angel's Trumpet** (branca). Medo da morte e das mudanças. Para momentos de transição, desapego, entrega. Preocupação excessiva com o estético e com o envelhecimento. Mal de Alzheimer ou perda de vínculos na velhice. *Permite a aceitação espiritual.* (pág. 45)

4. **Angelica** (branca). Equilíbrio entre o espiritual e o terreno. Protege em situações de transição — disso decorre o seu nome; convoca nosso "anjo protetor" quando nos sentimos isolados e sem guia. *Confere um sentimento de proteção.* (pág. 46)

5. **Arnica** (amarela). Para traumatismos diversos, físicos e psíquicos. Esgotamento energético-emocional. Semelhante a Star of Bethlehem. Acidentes, choques que produzem bloqueios. Múltiplos usos em creme. *Selador áurico. Permite a integração e a recuperação.* (pág. 48)

6. **Baby Blue Eyes** (azul-celeste). Crianças ou adultos "agredidos-agressivos", em função de uma figura paterna ausente ou que maltrata. Problemas com a autoridade. Hostilidade, insensibilidade à maneira de uma couraça defensiva. *Restaura a confiança e o bem-estar com relação à vida.* (pág. 49)

7. **Basil** (branca). Sexualidade que se oculta por ser vivida como algo pecaminoso. Dissociação entre a vida afetiva e a sexual. Medo do casamento, mas não do sexo fora dele. Gosto pela pornografia como reação. *Integração da sexualidade.* (pág. 50)

8. **Black Cohosh** (branca). Sadomasoquismo. Comportamentos destrutivos para si mesmo e para os outros. Manipuladores. *Permite ter coragem para viver melhor consigo mesmo.* (pág. 51)

9. **Blackberry** (branca, rosada). Inércia, imobilidade, improdutividade, indecisão, falta de iniciativa, letargia, embotamento. Certo efeito antidepressivo. *Estimula a plasmar as idéias em ações concretas.* (pág. 52)

10. **Black-Eyed Susan** (amarela com o centro preto). Ajuda no afloramento do inconsciente em pessoas que negaram traumas ou faltas importantes vividas no passado. Tem um efeito semelhante ao de Agrimony. Drena furúnculos, inflamações etc. Trabalha o plexo solar. *Alivia, permite a catarse e a elaboração.* (pág. 53)

11. **Bleeding Heart** (rosada). Sofrimento em virtude das perdas, do abandono, das rupturas sentimentais, do luto. Faz a pessoa sentir que tem valor por si mesma, não por estar com alguém. *Dá liberdade emocional.* (pág. 54)

12. **Borage** (azul). Depressão, sensação de peso, fadiga, peito opresso, angústia, dificuldade de enfrentar as circunstâncias da vida. *Ajuda a pessoa a ter coragem e otimismo.* (pág. 55)

13. **Buttercup** (amarela). Baixa auto-estima (semelhante a Larch), gagueira, impotência, insegurança, timidez. Dificuldades de relacionamento. *Melhora o rendimento nos exames e permite encontrar um recanto de amor no lar.* (pág. 56)

14. **Calendula** (alaranjada). Pessoas que usam palavras cortantes, agudas, mordazes, com tendência à briga. Afasias. Ajuda os anciãos a entender melhor o que lhes é dito. *Oferece uma comunicação mais cálida e receptiva.* (pág. 57)

15. **California Pitcher Plant** (verde/púrpura). Para problemas digestivos, dificuldade de assimilar os alimentos, anorexia. Temor diante do instintivo que há na própria pessoa. Fortifica. *Integra aspectos rejeitados de si mesmo.* (pág. 58)

16. **California Poppy** (dourada). Aos que procuram encontrar no exterior o que devem buscar dentro de si e, para consegui-lo, fazem uso de drogas, álcool etc. Para a cobiça, a voracidade e a busca do sucesso rápido e sem esforço. *Permite encontrar luz e amor dentro de si mesmo.* (pág. 59)

17. **California Wild Rose** (rosada). Apatia, resignação, desinteresse. À maneira de Wild Rose do Sistema Bach, *proporciona alegria e entusiasmo.* (pág. 60)

18. **Calla Lily** (branca com o centro amarelo). Confusão e ambivalência na identidade sexual. Tendências homossexuais e luta interior. *Ilumina, permite que a pessoa se defina e se aceite.* (pág. 61)

19. **Canyon Dudleya** (alaranjada e avermelhada). É uma âncora aos que se envolvem demasiado com experiências mediúnicas. Pessoas que crêem que as coisas correm pior para elas do que para os outros. *Permite voltar a se concentrar e equilibrar na vida cotidiana.* (pág. 61)

20. **Cayenne** (branca com fruto vermelho). Pessoas sem ânimo que adiam as coisas. Vida sedentária. Bloqueio interior. Lentidão no raciocínio. Nos psicóticos, útil para a preguiça. *Desbloqueia e ajuda a agir com vistas às mudanças.* (pág. 62)

21. **Chamomile** (branca com o centro amarelo). Tensão no estômago. Insônia em crianças e adultos. Estresse, mau humor, irritabilidade. Em creme, alivia a acne rosácea. *Relaxa, equilibra, permite liberar a tensão.* (pág. 63)

22. **Chaparral** (amarelo-claro). Sobrecarga de tensão por estímulos cotidianos. Insônia urbana em virtude do clima tenso das cidades. Pesadelos. *Purgante.* (pág. 65)

23. **Chrysanthemum** (amarelo tirante a marrom). Medo de envelhecer, de morrer, que leva a pessoa a apegar-se ao material, ao físico. Crise a partir dos 40 anos. *Permite chegar a identificações mais maduras.* (pág. 66)

24. **Corn** (amarela/branca). Aos que não suportam viver em cidades. Sentem-se oprimidos, sufocados, enclausurados. Pessoas que não toleram roupas justas. *Faz a pessoa se equilibrar e adaptar-se ao lugar.* (pág. 66)

25. **Cosmos** (vermelha-púrpura/amarela). Maneira confusa de se comunicar, sobreexcitação, desorganização. Autismo. *Permite integrar o pensamento e a palavra expressa com coerência e clareza. Organiza e confere rapidez ao raciocínio.* (pág. 67)

26. **Dandelion** (amarela). Essência semelhante a Impatiens do Sistema Bach e também a alguns aspectos de Oak. Tensão muscular, hiperatividade, excesso de esforço. *Relaxante muscular. Equilibra a energia de acordo com a atividade.* (pág. 68)

27. **Deerbrush** (branca). Permite a reabilitação, conseguir coerência entre a ação e o pensamento. Esclarece as intenções e as motivações. Em certo sentido, é semelhante a Agrimony. *"Lava", branqueia.* (pág. 70)

28. **Dill** (amarela). Pessoas angustiadas. Congestão, superestimulação, sufocação. Excesso de informação. Insônia decorrente desses motivos. *Permite agir de maneira mais organizada, como Elm.* (pág. 71)

29. **Dogwood** (centro amarelo/brácteas brancas). Maus-tratos (especialmente físicos) recebidos desde a infância, o que leva o indivíduo a tornar-se depois demasiado rigoroso e a maltratar-se a si mesmo. Pessoas muito "fechadas". *Esta essência ajuda a expressar carinho e a perdoar. Também auxilia a mover-se com mais graça e harmonia.* (pág. 72)

30. **Easter Lily** (branca). Pessoas que evitam o sexo por considerá-lo impuro devido a uma educação muito estrita ou religiosa. Também o oposto, isto é, aqueles que, em vez do puritanismo, são adeptos da promiscuidade. *Permite ter uma sexualidade saudável e prazerosa.* (pág. 73)

31. **Echinacea** (rosada/púrpura). Permite recuperar a auto-estima depois de experiências degradantes, tais como abusos, violações etc. Idosos, homos-

sexuais ou qualquer pessoa que se sinta discriminada ou humilhada. *Restaura a dignidade e o auto-respeito.* (pág. 74)

32. **Evening Primrose** (amarela). Pessoas que sempre se sentiram rejeitadas e que por isso não se animam a comprometer-se afetivamente para não voltar a sofrer. Por esse motivo, estabelecem vínculos superficiais. Tensão nos punhos. Insaciáveis no comer. Abdômen proeminente (como de gravidez). Adoções. Medo da paternidade. *Permite curar antigas emoções em desequilíbrio, sentir-se querido e comprometer-se.* (pág. 75)

33. **Fairy Lantern** (branca). Personalidade infantil, imatura física e psiquicamente. Dependente. Desenvolvimento sexual tardio. Anorexia. *Permite amadurecer, aceitar responsabilidades em consonância com a idade.* (pág. 76)

34. **Fawn Lily** (branca, interior amarelo/púrpura rosada quando emurchece). Pessoas muito voltadas às coisas do espírito, muito místicas, introvertidas, isoladas, separadas deste mundo. *Permite que a pessoa se envolva, tenha e partilhe uma atitude mais realista.* (pág. 76)

35. **Filaree** (rosa-púrpura/azul-violeta). Excessiva preocupação com os detalhes. Obsessão. Perspectiva restrita. Tiques. Tremores. *Permite ampliar a perspectiva e ter um contato mais harmonioso com o cotidiano.* (pág. 77)

36. **Forget-Me-Not** (azul). Sensação de solidão, isolamento e falta de vínculos. Desenvolve a consciência. Melhora a memória. *Permite a ligação com os entes queridos (presentes ou ausentes) em nível espiritual.* (pág. 77)

37. **Fuchsia** (vermelha/púrpura). Poderia ser considerada um catalisador e, portanto, acarreta reações em nível emocional. *Permite exprimir as emoções mais profundas, que, ao serem reprimidas, produzem sintomas psicossomáticos.* (pág. 79)

38. **Garlic** (rosada-violácea). Paranóia, fobias, gagueira, medos, nervosismo, parasitas, baixa vitalidade, sugestionabilidade (comparável a Aspen/Gorse em alguns aspectos). *Melhora o estado imunológico, dá força e resistência.* (pág. 80)

39. **Golden Ear Drops** (amarela). Recordações dolorosas do passado, que afetam emocionalmente no presente. *Permite lembrar, curar e cicatrizar feridas da primeira infância. Também permite a melhoria das relações interpessoais.* (pág. 81)

40. **Goldenrod** (amarela). Pessoas influenciáveis por seu grupo social ou familiar. Demonstram dificuldade para ser elas mesmas (personalidades "como

se", "falso eu"). Sugestionáveis. Adolescentes que buscam sua identidade a partir de outros, não sabendo como ser (Cerato-Larch). *Permite desenvolver uma personalidade segura e equilibrada.* (pág. 82)

41. **Golden Yarrow** (amarela). Pessoas muito sensíveis e influenciáveis pelos outros ou por seu ambiente, e que se protegem isolando-se. *Permite trabalhar com as emoções, agir em público e envolver-se socialmente, preservando o eu.* (pág. 83)

42. **Hibiscus** (vermelha). Para pessoas sexualmente "frias", sem vitalidade, pouco afetuosas. Frigidez. Facilita o orgasmo na mulher. Quanto aos homens, proporciona-lhes maior ardor e menor egoísmo na própria satisfação. Afrodisíaca. *Integra o afeto à paixão.* (pág. 83)

43. **Hound's Tongue** (azul/branca). Pessoas muito materialistas, apegadas às posses, demasiado lógicas ou de inclinação por demais "científica". Regem-se pelo "ver para crer". *Dá maior abertura ao pensamento, integrando o material ao espiritual e/ou ao afetivo.* (pág. 84)

44. **Indian Paintbrush** (vermelha). Pessoas muito criativas que se cansam e se distraem, não avançando, por esse motivo, naquilo que fazem. Não lhes falta inspiração, mas força física para levar adiante a tarefa. Permite que a pessoa se situe caso "voe" muito e realize pouco (à maneira de Clematis). *Proporciona forças físicas para fazer face à intensidade de um trabalho criativo vital.* (pág. 85)

45. **Indian Pink** (vermelha). Para pessoas muito ativas, que fazem muitas coisas ao mesmo tempo, o que gera desorganização, esgota psiquicamente e causa tensão. Acalma, concentra, cria determinação, orienta quando existe pressão (Elm-Cerato). *Permite coordenar e administrar a atividade e ter descanso psíquico. Também permite dormir.* (pág. 85)

46. **Iris**[4] (azul-violáceo, **Iris (Blue Flag)**[5] (azul-violáceo claro). Estimula a criatividade artística, a inspiração e a intuição. *Apóia o talento e sua expressão.* (pág. 86)

47. **Lady's Slipper** (amarela). Bloqueios no rendimento, cansaço devido à energia desperdiçada. Esgotamento nervoso e sexual. Pessoas de raciocí-

4. A que se usa com mais freqüência é a *Iris Douglasiana*, nativa do norte da Califórnia.
5. *Iris Versicolor*, nativa do centro-oeste dos Estados Unidos, é a mencionada por MATTHEW WOOD em seu livro *Seven Herbs, Plants as Teachers*.

nio lento, que não mostram suas habilidades. *Tonifica, revela as capacidades e faz a pessoa ter bom desempenho no trabalho e no sexo.* (pág. 87)

48. **Larkspur** (azul-violáceo). Líderes desequilibrados ou pessoas que às vezes acham muito difícil manter de maneira controlada a autoridade (semelhante em alguns aspectos a Vine). *Permite exercer uma liderança carismática.* (pág. 87)

49. **Lavender** (azul-violáceo). Nervosismo. Sobreexcitação por estímulo demasiado. Dores provocadas por tensão. Age como diurético. *É sedativo, faz a pessoa relaxar.* (pág. 88)

50. **Lotus** (rosada). Delírios de grandeza. "Eu inflado" por um excessivo idealismo, que perde de vista a realidade. Favorece a meditação e a oração. Leva ao afloramento de enfermidades latentes para poder curá-las. Potencializa outras fórmulas. É denominada "elixir universal". *Abre e expande ao espiritual, permitindo ao mesmo tempo o discernimento e a síntese.* (pág. 89)

51. **Love-Lies-Bleeding** (vermelha). Permite transcender o sofrimento pessoal rumo a uma experiência partilhada com os outros e a maior alegria. *Ajuda a perceber que uma pessoa é apenas uma parte de um todo maior.* (pág. 91)

52. **Madia** (amarela com pontos vermelhos). Pessoas com muitos projetos, que não os concluem nem concretizam. Elas se distraem, perdem a concentração. Fantasias. (Clematis e Gentian mostram certa semelhança.) *Permite sair da letargia, concentrar-se e disciplinar-se.* (pág. 91)

53. **Mallow** (rosa-violácea). Pessoas envergonhadas, tímidas, que põem obstáculos às relações sociais. Medo da velhice e crise da meia-idade. Hemorróidas. Varizes. Alterações endócrinas. *Permite a amizade e os vínculos agradáveis.* (pág. 92)

54. **Manzanita** (branca-rosada). Como Crab Apple, é recomendável para pessoas que se acham feias fisicamente e que também se consideram impuras por terem desejos sexuais. Usa-se na anorexia nervosa. *Purifica, limpa.* (pág. 94)

55. **Mariposa Lily** (branca, centro amarelo com pontos púrpura). Para pessoas cujos vínculos precoces com a mãe sofreram perturbação, o que deixou nelas um vazio afetivo. Leva a pessoa a sentir-se querida e a poder amar.

Melhora a imagem feminina interior, tanto nos homens como nas mulheres. (pág. 94)

56. **Milkweed** (vermelha/púrpura ou roxa). Pessoas que têm medo das responsabilidades e delas se afastam com drogas, álcool, seitas etc. Insônia. Seres fascinados pelo ocultismo. *Permite a independência e a autoconfiança.* (pág. 95)

57. **Morning Glory** (azul-violáceo). Dependências, vida desordenada, noites em claro, comportamento autodestrutivo. Equilibra o ritmo biológico dia/noite. Tira a ressaca. Desintoxica. *Permite romper hábitos e ter uma vida mais saudável.* (pág. 96)

58. **Mountain Pennyroyal** (violeta). Seres muito sensíveis que se contaminam facilmente com o negativo do ambiente e ficam desvitalizados ou sem poder pensar com clareza. *Limpa a mente de pensamentos estranhos, elucidando os da própria pessoa.* (pág. 97)

59. **Mountain Pride** (magenta). Pessoas que vacilam e não podem enfrentar os desafios, mostrando pouca firmeza em suas convicções. Dá coragem para os confrontos e para defender a própria posição. Aumenta a capacidade e o espírito de luta para o trabalho e os esportes. Estimula a exprimir-se. (pág. 98)

60. **Mugwort** (amarela). Pessoas no limite do desequilíbrio, psiquicamente hiperativas. Problemas com a menstruação, com o envelhecimento. Epilepsia. Sonambulismo. Estimula o parto. Esterilidade nos homens. *Possui ação equilibradora.* (pág. 99)

61. **Mullein** (amarela). Pessoas desonestas, que mentem, enganam e não distinguem o bom do mau (com relação a elas mesmas e aos outros). Permite desenvolver a retidão, a veracidade, a honestidade. (pág. 100)

62. **Nasturtium** (alaranjada/vermelha). Pessoas obsessivas, "bitoladas", radicais, muito intelectualizadas. Essa essência proporciona flexibilidade, integra o sentimento ao pensamento. *Fortifica, desembaraça e aumenta o rendimento.* (pág. 101)

63. **Nicotiana** (branca). Dependência do tabaco, ansiedade, nervosismo, necessidade de negar-se. *Permite sentir paz de espírito e relacionar-se verdadeiramente com o ser interior.* (pág. 103)

64. **Oregon Grape** (amarela). Pessoas muito desconfiadas, que respondem com hostilidade porque esperam o mesmo dos outros. Costumam ser afeitas às brigas e às rixas, bem como pessimistas. Paranóia. *Esta essência permite descobrir as boas intenções dos outros com relação a si mesmo e confiar.* (pág. 103)

65. **Penstemon** (violeta/azul). Sentimento de incapacidade para superar as circunstâncias difíceis da vida, como mortes, perdas, acidentes, doenças. Autocompaixão. *Proporciona força interior apesar das dificuldades, e dá força na adversidade.* (pág. 104)

66. **Peppermint** (violeta/branca). Sensação de peso, letargia mental, preguiça, problemas de atenção, digestão lenta, apatia, sonolência, bocejos. Desopila o fígado. *Equilibra os pólos e proporciona clareza e atenção mental.* (pág. 105)

67. **Pink Monkeyflower** (rosada). Para pessoas que não se mostram por medo de ser censuradas e rejeitadas, por vergonha, culpa, desvalorização. Por causa disso, elas evitam as relações próximas, íntimas ou afetivas profundas. *Permite abertura e coragem para envolver-se com os outros.* (pág. 107)

68. **Pink Yarrow** (rosa/púrpura). Equivalente a Walnut. Pessoas que absorvem os problemas alheios. Hemorragias. *Age como um escudo protetor e ajuda a estabelecer limites emocionais apropriados.* (pág. 107)

69. **Poison Oak** (branca-esverdeada). Para aqueles que não toleram a aproximação de outra pessoa porque se irritam. São muito sensíveis, mas se defendem mostrando-se hostis, duros, distantes. *Permite fazer contato com os outros.* (pág. 108)

70. **Pomegranate** (vermelha). Ajuda na ambivalência entre o lar e a profissão, a maternidade e a carreira. Dificuldades para conceber. É bom tomá-la durante a gravidez. *Equilibra tudo o que se relaciona com a mulher, também em nível físico.* (pág. 109)

71. **Pretty Face** (amarela com listras pretas ou amarronzadas). Para pessoas muito preocupadas com a aparência exterior, que se sentem feias. Medo do envelhecimento. *Ajuda a poder ver a beleza interior e a aceitar a própria aparência.* (pág. 110)

72. **Purple Monkeyflower** (púrpura). Medo de experiências espirituais, mediúnicas ou relacionadas com o ocultismo. Medo do castigo numa vida futura por afastar-se de determinadas convenções religiosas, familiares,

sociais. Aos que só se sentem seguros se estão amparados por estruturas sociais ou religiosas nas quais na verdade não crêem. *Dá coragem para confiar nos próprios valores e convicções morais ou sociais. Espiritualidade baseada no amor em vez de no temor.* (pág. 111)

73. **Quaking Grass** (verde). Individualistas. Não conseguem trabalhar em grupo, não se adaptam às regras. Essa essência cria consciência grupal, flexibilidade e harmonia no trabalho em grupo. (pág. 111)

74. **Queen Anne's Lace** (branca). Para pessoas que, por negar, não podem ver. Pessoas fechadas ou que só vêem as coisas de um ângulo. É boa para problemas da vista. *Favorece o discernimento.* (pág. 112)

75. **Quince** (vermelha). Harmoniza os aspectos femininos e masculinos interiores. Para pais ou mães que criam sozinhos os filhos. Mães ou pais solteiros ou viúvos, por exemplo. *Equilibra a força ou o poder masculino com o feminino amoroso.* (pág. 113)

76. **Rabbitbrush** (amarela). Pessoas que se perdem ou se angustiam em virtude das muitas coisas que têm de fazer simultaneamente. Melhora a visão global, aguça a atenção, favorece o raciocínio alerta e rápido. *Ajuda a concretizar as coisas.* (pág. 114)

77. **Red Clover** (rosa-vermelha). Pessoas influenciadas pelo pânico coletivo ou pela loucura de massa. Acalma, equilibra, especialmente em situações de emergência. *Eficaz na medicina veterinária.* (pág. 114)

78. **Rosemary** (azul). Pessoas com memória ruim, desorientadas, com problemas circulatórios, cãibras, reumatismo. *É calmante e tonificante. Nas pessoas idosas, favorece a harmonia e o bem-estar.* (pág. 115)

79. **Sage** (violeta). Para a terceira idade, embora não exclusivamente. É uma essência para ser tomada nos momentos em que a pessoa precisa do conselho "dos anciãos da tribo". Útil em pessoas narcisistas, a quem mostra um caminho espiritual. *Permite extrair sabedoria do vivido, aprender com as experiências, reavaliar o processo da própria vida.* (pág. 117)

80. **Sagebrush** (amarela). Para pessoas que vivem de forma superficial ou ilusória, ou apreendem dessa maneira o ambiente. Permite ser autêntico, profundo, fiel a si mesmo. *Prepara para o futuro mediante o desapego de coisas do passado.* (pág. 118)

81. **Saguaro** (branca com o centro amarelo). Conflito com a autoridade, rebeldia, desarmonia. Para aqueles que sempre se sentem dirigidos e reagem opondo-se. *Permite aceitar a orientação quando esta é necessária, aprender com os que têm mais experiência e respeitar as tradições.* (pág. 119)

82. **Saint John's Wort** (amarela). Perturbações do sono, enurese, transpiração noturna, medos, alergias, medos ocultos, pesadelos. Usa-se muito nas crianças. Em creme, para pele delicada e queimaduras. *Equilibra e protege.* (pág. 120)

83. **Scarlet Monkeyflower** (vermelha). Para pessoas que têm medo de expressar suas emoções fortes — por exemplo, a raiva — e que depois "explodem" por uma ninharia. Temem o descontrole e a desaprovação. *Essa essência permite integrar em vez de reprimir.* (pág. 121)

84. **Scotch Broom** (amarelo-brilhante). Pessimismo, angústia, depressão, desespero. De modo semelhante a Gorse, do Sistema Bach, *permite retomar a luta diante da pergunta "para quê?" e recuperar o otimismo diante da vida.* (pág. 122)

85. **Self-Heal** (violeta). Extrema dependência da ajuda dos outros, pouca motivação para estar bem. Ajuda no esgotamento. *É um pequeno remédio de resgate para a cura de si mesmo. Permite que a pessoa se responsabilize pelo próprio bem-estar, usando para isso as forças interiores.* (pág. 123)

86. **Shasta Daisy** (branca com o centro amarelo). Para pessoas com grande capacidade de análise e pouco poder de síntese. É útil nos problemas de aprendizagem. Combate o soluço. *Este remédio permite integrar e dar sentido à informação recebida. Cria uma consciência holística.* (pág. 124)

87. **Shooting Star** (violeta/rosada). Para pessoas com pouco contato com o terreno, que não se sentem parte da família humana. Muito útil quando há risco de aborto. *Dá sensação de pertinência ao humano, de integração.* (pág. 125)

88. **Snapdragon** (amarela). É muito semelhante a Beech. Para pessoas demasiado críticas, agressivas, hostis. Personalidades fortes, irritáveis. Tensão mandibular, problemas dentais, nevralgia facial. Ansiedade oral. *Equilibra a expressão oral com vistas a uma comunicação mais saudável. Recupera a expressão serena do rosto.* (pág. 126)

89. **Star Thistle** (amarela). Para aqueles que temem a pobreza, a ruína, a carência, e por isso são incapazes de dar ou de abrir-se. De certa maneira, é semelhante a Chicory, do Sistema Bach, mas antes no material do que no afetivo. Em enfermidades que acarretam a esclerose. Constipação. *Proporciona generosidade, possibilidade de partilha e um sentimento interior de fartura.* (pág. 127)

90. **Star Tulip ou Cat's Ear** (branca/púrpura). Aos que são "duros" e incapazes de sentir ou meditar. Para a queda de cabelo. O uso dessa essência aumenta a receptividade e a compreensão de si mesmo. *Melhora a comunicação e a audição.* (pág. 128)

91. **Sticky Monkeyflower** (amarela). Para as pessoas com medo da intimidade sexual ou que se lançam à promiscuidade como reação à atitude anterior. Isto é, temerosas ou temerárias. *Esta essência permite integrar o sentimento ao sexo e poder exprimi-los.* (pág. 129)

92. **Sunflower** (amarela). Essência relacionada com a imagem masculina. Para dificuldades na relação com o pai, em ser pai. Harmoniza os aspectos masculinos, tanto nos homens como nas mulheres. *Confere equilíbrio entre a baixa auto-estima e a arrogância ou vaidade. Confere o "brilho do sol".* (pág. 129)

93. **Sweet Pea** (vermelha, púrpura, magenta). Para pessoas que não se integram de fato a um lugar. Vagabundos, nômades. Age de maneira semelhante a Wild Oat (Sistema Bach), já que permite criar raízes. *Dá sentido aos termos lar, família, comunidade e à própria situação nesta terra, ajudando a relacionar-se e a equilibrar-se.* (pág. 131)

94. **Tansy** (amarela). Indicado para pessoas que protelam as coisas, para as que têm dificuldade para movimentar-se por indiferença, letargia, incapacidade de agir. Dão voltas e voltas. *Reforça o propósito, a vontade e a iniciativa. Permite atingir as metas.* (pág. 132)

95. **Tiger Lily** (alaranjada com pontos escuros). Para pessoas agressivas e competitivas que procuram escalar posições sem se importar com os que deixam no caminho. Tendência a dividir. Equilibra hormonalmente na menopausa. Apresenta efeitos positivos em pessoas violentas, na rivalidade e na dominação. *Essa essência estimula a cooperação, a harmonia e a paz nos relacionamentos.* (pág. 133)

96. **Trillium** (púrpura). Pessoas materialistas, ansiosas, cobiçosas, possessivas, que invejam as riquezas materiais e o poder. Indicado também para os que engordam com facilidade, sofrem de constipação ou congestionamento. *Permite servir sem egoísmo e pensar mais no bem comum do que nos desejos pessoais.* (pág. 133)

97. **Trumpet Vine** (roxa-alaranjada). Ajuda a falar com mais confiança, clareza e facilidade. Gagueira. *Despoja a expressão de monotonia, dando-lhe cor e dinamismo.* (pág. 134)

98. **Violet** (violeta-azul/púrpura-ametista). Semelhante a Water Violet. Pessoas isoladas, reservadas, solitárias, que se retraem com relação aos outros e se fecham em si mesmas. *Permite partilhar com os outros, conservando a individualidade.* (pág. 135)

99. **Yarrow** (branca ou rosada). Parecida com Walnut, destina-se a pessoas muito vulneráveis, influenciáveis, sensíveis, afetadas pelo que acontece com aqueles que as cercam. Fortalece a aura demasiado porosa. *Proporciona e assegura uma sensibilidade adequada.* (pág. 136)

100. **Yellow Star Tulip** (amarela). Usa-se para pessoas inescrupulosas, que prejudicam os outros e são insensíveis ao sofrimento alheio, desprovidas de interesse pelas conseqüências de seus atos. *Ajuda a ter empatia e atenção, tanto pelos sentimentos pessoais como pelos alheios.* (pág. 137)

101. **Yerba Santa** (violeta/branca). Congestão pulmonar, dores na região do coração, asma, opressão, peso, angústia localizada na zona do peito. Como Agrimony, age sobre as emoções reprimidas. *Permite a livre expressão das emoções. Alivia a angústia e a opressão.* (pág. 138)

102. **Zinnia** (vermelha, o centro com florzinhas amarelas). Pessoas desprovidas de senso de humor, pouco espontâneas ou muito "sérias". Permite que a pessoa brinque, encontre a criança interior dentro de si mesma e encare a vida de maneira mais leve. *Melhora o humor e o ânimo.* (pág. 138)

103. **Yarrow Special Formula**. É uma fórmula composta por **Yarrow**, **Arnica** e **Echinacea**, mas preparada com água do mar, salgada. Usa-se diretamente da *stock bottle*, sem diluição, para neutralizar efeitos de radiações, raios X, queimaduras etc., presentes ou passadas. *Melhora a integridade do corpo etérico, reequilibra a força vital e os efeitos da radiação sobre o indivíduo.* (pág. 139)

CAPÍTULO 3

A importância das cores nas flores

"A sabedoria se manifesta
na agudeza da percepção
e na flexibilidade da ação."
Lair Ribeiro

O ser humano sempre esteve mergulhado num mundo de cores que exerceram influência sobre ele, de modo consciente ou inconsciente, mas só recentemente foi que se começou a estudar esse aspecto e a dar importância a ele.

O azul do céu, o vermelho do ocaso e o verde das árvores e das plantas são uma parte das cores naturais que causam impacto em nós, a tal ponto que chegam a relacionar-se com a nossa constituição física e psíquica.

A noite, associada à cor azul escura, é o momento em que cessa toda atividade e o ser humano repousa, relaxa, dorme. Daí que essa cor se relacione com a tranqüilidade e a passividade.

A ação começa ao clarear do dia; portanto, há uma atividade metabólica e glandular maior que traz energia e estímulo, sendo a cor associada o amarelo-claro da luz solar.

Esses fatores regeram o homem desde sempre, sem que ele tenha podido controlá-los.

---

6. Fontes: MAX LÜSCHER, *Test de los Colores*; KATZ E KAMINSKY, seminário em Buenos Aires, março de 1992.

Por outro lado, o homem primitivo caçava, atacando, ou era caçado e se defendia. Ambas as ações exteriores costumam ser representadas pela cor vermelha, a primeira, e pela sua cor complementar, o verde, a segunda. Esses são fatores controlados pelo homem.

Os estudos de mercado indicam que determinados produtos alimentícios são mais consumidos se se apresentam numa embalagem que inclua o azul (o açúcar, por exemplo), que conota "doçura", do que numa que mostre o verde, que implica "aspereza".

O *jardim da Califórnia* tem uma grande quantidade de flores amarelas (30 das descritas neste livro são dessa cor), 6 de cor laranja, cerca de 20 brancas, 18 vermelhas, 9 rosadas, 11 de cor violeta, 3 verdes, 6 azuis. Todos os remédios são obtidos pelo método solar.

Em algumas de suas visitas a Buenos Aires, RICHARD KATZ e PATRICIA KAMINSKY asseguraram que uma boa maneira de escolher as flores era "dar as de cor vermelha e laranja às pessoas pálidas; as mais claras, às pessoas escuras, as essências de flores mais brilhantes, como as amarelas ou douradas, aos depressivos ou aos introvertidos, porque se dirigem para fora. Do mesmo modo, o branco se relaciona com a aura que cerca o indivíduo, motivo pelo qual costuma ser usado como remédio para a saúde psíquica, e o rosado ajuda o coração a distinguir a relação verdadeira".

Eles diziam em seus seminários que há cores passivas, cósmicas, frias, como o violeta, o índigo e o azul, cores mediadoras e neutras, como o verde, e cores ativas, terrenas, quentes, como o amarelo, o laranja e o vermelho.

As várias experiências realizadas nessa área demonstraram que, quando uma pessoa olha por um longo tempo a cor **vermelha**, sua pressão arterial aumenta e o seu ritmo respiratório e cardíaco se acelera. Essa cor tem, portanto, um efeito *estimulante* sobre o sistema nervoso, especialmente sobre o sistema neurovegetativo simpático.

O vermelho relaciona-se ao centro da terra, sendo como uma matriz, como o ventre materno. No pólo positivo, é estimulante e se associa à fertilidade. Por exemplo, Pomegranate é uma flor (vermelha) para a fecundidade. Sua percepção sensorial é o apetite. Seu conteúdo emocional, o desejo, e se manifesta organicamente no sistema muscular estriado (voluntário), no sistema nervoso simpático e nos órgãos reprodutores. Ele se relaciona com o sangue, o princípio vital e a força criadora. Por conseguinte, mobiliza o arquétipo da força. Por essa razão, em todo o mundo costuma-se encontrar essa cor nas insígnias, bandeiras e escudos.

Quanto mais belicoso é um país e quanto mais quer conquistar, tanto mais vermelhos são os seus emblemas. Além disso, o vermelho representa o perigo, a zona de risco, o proibido, assinala limites e exorta ao bom humor, ao amor, à paixão e à transgressão.

A cólera, a raiva, o ódio, a guerra, a perda de limites, o risco, entre outros, são aspectos extremos e negativos dessa cor.

Outras formas de desequilíbrio são o esgotamento físico e nervoso, os problemas cardíacos e a perda da potência ou desejo sexual.

Contam-se entre as flores vermelhas:

- *Alpine Lily*
- *Cosmos*
- *Fuchsia*
- *Hibiscus*
- *Indian Paintbrush*
- *Indian Pink*
- *Love-Lies-Bleeding*
- *Milkweed*
- *Mountain Pride*
- *Pomegranate*
- *Purple Monkeyflower*
- *Quince*
- *Red Clover*
- *Scarlet Monkeyflower*
- *Sweet Pea*
- *Trillium*
- *Trumpet Vine*
- *Zinnia.*

O termo médio entre o vermelho e o amarelo é o laranja, mais harmonioso. Ele se relaciona sobretudo com a consciência temporal, com o aqui e agora, com o material, o sólido, a fidelidade do lar.

Na Grécia, o véu da noiva costumava ser de cor **laranja**. Na Índia, os mantos dos seres mais espirituais são dessa cor, símbolo do oculto e da santidade. É o equilíbrio entre o libidinal e o mental.

Os aspectos negativos são a infidelidade e a busca da felicidade no mundo exterior, que podem ser tratados por California Poppy; o excessivo apego ao material, bem como o hábito de "teorizar" ou de ser muito racional, de só acreditar no que se vê, ou a superficialidade e insatisfação.

No pólo positivo, associa-se ao útil, ao seguro, ao calor, à ternura, ao lar, ao grato, ao simples, ao dar e compartilhar.

As flores desta cor são as seguintes:

- *Calendula*
- *California Poppy*
- *Canyon Dudleya*
- *Nasturtium*
- *Sticky Monkeyflower*
- *Tiger Lily.*

O vermelho e o alaranjado representam a *força de vontade* em busca de ação e eficiência, a satisfação de ter realizado algo conveniente. Seus aspectos afetivos são: apetite, excitabilidade, autoridade, sexualidade.

Com o **amarelo**, vamos nos aproximando da superfície da terra, do ego, do emocional, do oposto à obscuridade.

Essa cor associa-se ao dourado e, por conseguinte, ao Sol, à figura paterna e à autoridade. É o equilíbrio da luz no corpo humano.

Desse ângulo, se o vermelho é força, o amarelo é eficiência, clareza, objetividade.

No pólo negativo, aponta para o excesso de intelectualismo, para o pensar muito e sentir pouco, para o orgulho, a arrogância, a traição, a mentira, a depressão, a melancolia, a decrepitude, a degeneração, a velhice, o medo.

Nos aspectos positivos, volta-se para a intensidade, a alegria, a amplitude, o deslumbrante, o transbordante, o prático, a eficiência. É uma cor que faz que as pessoas se mantenham atentas; precisamente para isso ela é usada nos semáforos.

Sua percepção sensorial é o sabor picante, seu conteúdo emocional é a esperança etérea, e manifesta-se organicamente nos sistemas nervosos simpático e parassimpático, mas de forma vaga e desigual.

Entre as flores que representam o amarelo estão as seguintes:

- *Aloe Vera*
- *Arnica*
- *Black Eyed Susan*
- *Buttercup*
- *Chaparral*
- *Chrysanthemum*
- *Corn*
- *Dandelium*
- *Dill*
- *Evening Primrose*
- *Fawn Lily*
- *Golden Ear Drops*
- *Golden Yarrow*
- *Goldenrod*
- *Lady's Slipper*
- *Madia Mugwort*
- *Mullein*
- *Oregon Grape*
- *Pretty Face*
- *Rabbitbrush*
- *Sagebrush*
- *Saint John's Wort*

- *Scotch Broom*
- *Snapdragon*
- *Star Thistle*
- *Sticky Monkeyflower*
- *Sunflower*
- *Tansy*
- *Yellow Star Tulip*.

O amarelo-claro representa a *alegria espontânea*, a capacidade de projetar-se e a expectativa. Seus aspectos afetivos são a variabilidade, a originalidade e o regozijo.

No **verde** conjugam-se o amarelo da terra e o azul do céu; por isso, ele é neutro e age como ponte entre ambos. Está associado ao repouso, à tranqüilidade, ao equilíbrio, à conciliação entre opostos, à trégua.

Em seu aspecto negativo costuma relacionar-se com a inveja ("está verde de inveja"), com as doenças ("como ele está mal, tem uma cor verde..."), com o incompleto ("considero-o ainda verde"), com o imaturo ("falta-lhe amadurecer, por ora está verde"), com o sujo ("bolorento, verde"), com a loucura, a degradação e com tudo o que engole ou traga. Por exemplo, Poison Oak (que é um carvalho venenoso com um pouco de branco) rejeita o contato íntimo com as pessoas e com a natureza.

Em seus aspectos positivos, complementa, dá equilíbrio, crescimento, regeneração, longevidade. É o nutritivo, aquilo que nos alimenta, que nos permite respirar, o pacífico, a união no Terreno.

Flores verdes:

- *Poison Oak*
- *Quaking Grass*
- *California Pitcher Plant (combinada com púrpura)*

O verde representa a *constância da vontade*, que permite que uma pessoa continue apesar das oposições e das contrariedades. Seus aspectos afetivos costumam ser a persistência voltada para o atingimento dos propósitos, a auto-afirmação, a obstinação, a auto-estima.

Corresponde a um temperamento austero e autocrático; sua percepção sensorial é a aspereza; seu conteúdo emocional é o orgulho, e ele se manifesta organicamente no sistema muscular não estriado, involuntário. Por isso, as úlceras gástricas e os transtornos digestivos (California Pitcher Plant) associam-se amiúde às preocupações com uma possível perda de *status* ou com fracassos pessoais.

A prolongada exposição ao azul acarreta o contrário do vermelho: a pressão sangüínea diminui e o ritmo respiratório e cardíaco se reduz. Ele é, pois, *sedativo* e age através do sistema nervoso parassimpático.

O **azul** não pertence a este mundo, mas à cúpula do céu; está relacionado com o cósmico, a atemporalidade do eterno, que se enraíza no passado para perpetuar no futuro a tradição e os valores imutáveis, os pensamentos e a intuição. Também é um símbolo da água em repouso. Sua percepção sensorial é a doçura, seu conteúdo emocional, a ternura, e ele se manifesta organicamente na pele. Assim, o eczema e a acne associam-se a relações afetivas perturbadas referentes à família, ao amor juvenil.

No pólo negativo, relaciona-se com a perda de raízes, no sentido dos excessos materiais, ou a falta de atitudes realistas, a renúncia, a perda em geral, o desamor, a tristeza, a mortalidade, o espanto, a dor, a suspeita, o excesso de idealismo e o perfeccionismo.

No pólo positivo, liga-se à limpeza, à veracidade, ao altruísmo, à sobriedade, ao conhecimento, à lei, aos escritos, à estabilidade. O azul costuma estar incluído no uniforme dos escolares. É o símbolo da liberdade.

As flores dessa cor são as seguintes:

- *Baby Blue Eyes*
- *Borage*
- *Forget-Me-Not*
- *Hound's Tongue*
- *Larkspur*
- *Morning Glory*

O azul, como cor passiva e tranqüila, não se associa à idéia de trabalho, mas à de paz e satisfação. Representa a *profundidade de sentimento*, e seus aspectos afetivos, além dos mencionados, são a ternura, o amor e o afeto.

Com o **índigo**, desapegamo-nos do que é visível para o homem, já que ele está entre o azul e o violeta. É a energia vital da alma, associado ao religioso e ao místico, ao fanatismo, à obstinação, à teimosia e à submissão cega. Pessoas que seguem estritamente os ditames da religião. É a cor usada pelos magos como emblema, junto com o preto, a cor das bruxas.

No aspecto positivo, reforça o espiritual, desenvolve a imaginação e está associado à clarividência, à cognição e à telepatia. Torna as pessoas mais tenazes, favorece a prudência e a previsão. Algumas das flores têm uma cor azul/violeta e poderiam na realidade ser consideradas pertencentes a esse grupo.

O **violeta**, composto de partes iguais de vermelho e de azul, liga-se à integração do centro da terra com o céu. É a cor usada pelos alquimistas e o símbolo da transmutação do secreto. Por trás, encontra-se o oculto. Cor da aflição, do luto e do recolhimento interior.

No pólo negativo, associa-se a um excesso de espiritualismo e competitividade, fanatismo, sonho e delírio místico.

No positivo, vincula-se com o apaziguamento, a obediência sem submissão; aplaca as paixões. O violeta procura unir o ardor impulsivo do vermelho e a dócil entrega do azul numa união mística, um estado mágico no qual os desejos se realizam. Pode levar a uma compreensão intuitiva e sensível.

Encontramos aqui:

- *Iris/Iris (Blue Flag)*
- *Lavender*
- *Mountain Pennyroyal*
- *Penstemon*
- *Peppermint*
- *Rosemary*
- *Sage*
- *Self Heal*
- *Shooting Star*
- *Violet*
- *Yerba Santa*

O **branco** não é uma cor. É pureza, limpeza, pensamentos elevados, espíritos desencarnados, inocência original, primeira infância, o puro, o limpo e o sereno.

No aspecto negativo, é frieza, falta de sentimento. O excesso de espiritualidade que afasta da vida afetiva, a perda, a dor, relacionada com o impuro, o sujo. No positivo, equilibra a proteção divina, a eternidade, a divindade, a virtude, o sagrado.

As flores brancas são as seguintes:

- *Angel's Trumpet*
- *Angelica*
- *Basil*
- *Black Cohosh*
- *Calla Lily*
- *Cayenne*
- *Chamomille*
- *Deerbrush*
- *Dogwood*
- *Easter Lily*
- *Fairy Lantern*
- *Garlic*
- *Manzanita*
- *Mariposa Lily*
- *Nicotiana*
- *Queen Anne's Lace*
- *Saguaro*
- *Shasta Daisy*
- *Star Tulip (Cat's Ear)*
- *Yarrow.*

"As flores rosadas transmitem paz e estão relacionadas com o coração."[7]

- *Blackberry*
- *Bleeding Heart*
- *California Wild Rose*
- *Echinacea*
- *Filaree*
- *Lotus*
- *Mallow*
- *Pink Monkeyflower*
- *Pink Yarrow*.

Acredita-se que a cor age através do sistema nervoso estimulando a secreção dos hormônios que regulam o equilíbrio químico e energético do corpo. Poucos médicos questionam o fato de a cor afetar o estado de espírito e, às vezes, o comportamento.

Os psicólogos sabem que as preferências de cor podem revelar traços de personalidade.

As radiações invisíveis influenciam de diversos modos o corpo e o ânimo, podendo-se reagir de maneira benéfica ou adversa. Os raios visíveis também influenciam as pessoas tanto física como psicologicamente, ainda que se tapem os olhos ou que se seja cego.

---

7. Patricia Kaminsky, seminário, Buenos Aires, 1992.

CAPÍTULO 4

As essências florais de A a Z

"A vida é como o eco:
se você não gosta do que está recebendo,
preste atenção ao que emite."
Lair Ribeiro

1. ALOE VERA

Aloe Vera (amarela)
(ALOÉS, BABOSA)
Estojo profissional

Trata-se de um cacto cultivado nas Índias Ocidentais desde o século XVI. Também se diz que é originário da África tropical, onde outras espécies relacionadas com esta são usadas como antídoto para ferimentos feitos por flechas envenenadas. Tanto os chineses como os romanos sabiam que as folhas desta planta contêm uma substância gelatinosa, usada por eles em cosmética, em algumas doenças da pele e em feridas.

Uma das recomendações de PLÍNIO era esfregar com suas folhas os "genitais ulcerados" do homem. As folhas são úteis para a prisão de ventre crônica (não devem ser usadas durante a gravidez), e o extrato era aplicado às unhas das crianças para evitar que estas as roessem.

Quando se usa a essência floral em cremes, também se pode acrescentar, se se deseja, o gel das folhas.

Estas são fortes, resistentes, pontiagudas nas extremidades, o que simboliza sua capacidade de curar feridas, visto que, se a planta fosse maltratada, poderia machucar a quem o fizesse, sendo essa a sua *assinatura*.

- Aumenta o corpo etérico, permitindo que o fluido etéreo circule entre as células, particularmente para curar diferentes afecções da pele.
- Em queimaduras, furunculoses, cortes, psoríase, picadas de insetos e úlceras (internas e externas).
- De acordo com GURUDAS, essa essência floral é útil em qualquer degeneração dos tecidos, como os tumores, na leucemia e no câncer.
- Friccionada nos pés, melhora os efeitos da reflexologia.
- Alivia os distúrbios estomacais e a indigestão.
- Estimula o sistema nervoso. Usa-se em casos de *stress*, cansaço excessivo, perfeccionismo, tensão, esgotamento.
- Em pessoas do tipo Oak, que trabalham sem perceber suas necessidades, emoções ou cansaço físico, chegando a limites perigosos para a saúde ou à beira de um colapso nervoso. Portanto, é útil nos casos de esgotamento de que a pessoa afetada não se dá conta. Para os que não sentem a "centelha da vida", estão esgotados física e espiritualmente, e se anulam emocionalmente, deixando de lado prazeres e refugiando-se nos deveres.
- Essas pessoas costumam ter muita força de vontade, mas acabam por sucumbir e prostrar-se.
- Essa essência, que equilibra, faz a pessoa ter uma sensação de renovação, de rejuvenescimento e prazer não só de trabalhar como também de viver. Revitaliza e reforça.
- Permite uma união maior entre os sentimentos e a ação, tornando possível, dessa maneira, o afloramento do criativo e do espiritual. Nesse sentido, estimula a percepção e a permissão de deixar-se guiar, num plano mais sutil, pela clarividência e pela clariaudiência.

Exausto, esgotado, apagado.
Problemas de pele.

2. ALPINE LILY

Lilium Parvum (roxa-alaranjada)
(LÍRIO ALPESTRE)
Estojo de pesquisa.

- Para mulheres que rejeitam as relações sexuais, e querem ter um homem ao seu lado, mas sem sexo. Esse aspecto também pode estar relacionado com problemas ginecológicos ou funcionais ligados ao desempenho sexual.

- Para mulheres que têm conflitos com a figura materna e, por conseguinte, com a feminilidade.
- Para a síndrome pré-menstrual, ou para a dificuldade de aceitar a menstruação por nojo quanto a isso, o que, na realidade, é uma recusa a ser mulher.
- Para o sentimento de inferioridade por ser mulher ("o homem é superior").
- Na esterilidade, na endometriose, nos períodos menstruais com muita dor. Em jovens adolescentes que começam a descobrir a sexualidade e sentem vergonha do próprio corpo, de seus desejos sexuais, e os negam.
- É mais específica para o feminino do que **Manzanita**.

Rejeição da sexualidade e da identidade feminina.

3. ANGEL'S TRUMPET

Datura Candida (branca)
(TROMBETA DE ANJO)
Estojo de pesquisa.

- Para as pessoas que estão à morte e sentem um medo profundo. Em geral, isso acontece com pessoas não desenvolvidas espiritualmente.
- Em outros momentos de mudanças profundas, que também têm semelhança com "a morte", quando há grande resistência a realizar essas mudanças, talvez em virtude da sensação do "desconhecido".
- Essa essência permite uma abertura espiritual para que a passagem de um estado a outro seja menos conflituosa.
- Aos que têm medo de envelhecer e mostram excessiva preocupação com a estética, tentando conservar a juventude a todo custo. Para essas pessoas, o exterior é mais importante do que o interior.
- Essa essência dá coragem para aceitar os momentos críticos da vida. Acalma, permite certo desapego e entrega. Alivia as tensões.
- É especialmente indicada para pacientes terminais, já que afasta o medo e dá ânimo para perdoar.
- No mal de Alzheimer ou em qualquer situação de perda de vínculos na velhice, equilibra e harmoniza. Favorece a lucidez em estados de confusão mental.
- Para doenças terminais e na agonia.

Medo da morte, de mudanças significativas; permite o desapego e a entrega.

4. ANGELICA

Angelica Archangelica (branca)
(ANGÉLICA)
Estojo de pesquisa.

"A água destilada de sua raiz...
alivia todas as dores e
tormentos devido ao frio e
ao ar..."[8]

Nicholas Culpeper, 1653

Seu nome está relacionado com o arcanjo Rafael — o anjo da cura — que revelou em sonhos as virtudes dessa planta, pois se acreditava que ela afugentava a peste, eliminava os venenos do corpo, prolongava a duração da vida e protegia dos espíritos malignos. Os primeiros herboristas conheciam-na como "erva do Espírito Santo" ou "raiz da longa vida".

Como planta, é usada em afecções por bactérias e por fungos; em espasmos, como diurético; favorece a transpiração, sendo usada na anemia e como tônico geral. Também tem qualidades expectorantes, na asma e na bronquite. É indicada em infecções urinárias e em menstruações dolorosas.

Por seu sabor delicioso, suas sementes fazem parte de numerosos licores monacais (Bénédictine, Chartreuse), genebra, elixires e vinhos. O sumo desta erva é irritante para a pele e as mucosas, devendo os diabéticos evitar comer grandes quantidades de **Angelica** devido ao seu alto teor de açúcar. A infusão tem fama de provocar aversão ao álcool. Também pode ser usada em compressas para o cansaço dos olhos e para limpar a pele.

Pertence à família das Umbelíferas. É uma planta de grande tamanho, que amiúde chega a medir dois metros de altura, com flores em forma de guarda-chuva (sendo esse o motivo pelo qual lhe foi atribuído o poder de proteger). É intensa e agradavelmente aromática.

- Como essência floral, tal como seu nome o indica, é uma essência *angélica*, relacionada com o nosso mundo espiritual, que convoca o nosso *anjo protetor*. Na Idade Média, davam-lhe esse nome porque esta planta conferia grande proteção contra as enfermidades.
- Faz a pessoa enfrentar o sentimento de desamparo e de desproteção de uma perspectiva espiritual. As pessoas mergulhadas num mundo materialista costumam sentir-se muito sós nesse sentido.

---

8. PENÉLOPE ODY, *Las plantas medicinales*.

- Essa essência possibilita a união com um mundo mais sutil, permite chegar às causas dos problemas, orientando, protegendo, fortalecendo.
- Desfaz qualquer desequilíbrio.
- Facilita a união harmoniosa entre o terreno e o espiritual.
- Costuma ser usada em crises ou etapas evolutivas.
- É indicada para situações de transição, situações-limite: doenças graves ou terminais, morte iminente, cirurgias de alto risco. Também é conveniente dá-la àqueles que cuidam de pessoas em situações graves ou as acompanham nesses momentos.
- Cria uma sensação de proteção ao redor. Confere a consciência de nossa necessidade de ser protegidos. Desenvolve a confiança para enfrentar o desconhecido.
- Nas pessoas idosas, aumenta-lhes a integração; faz com que valorizem seu próprio mundo.
- Acaba com a sensação de estar à margem da sociedade, tão comum nas pessoas da terceira idade.
- Rejuvenesce e regenera os tecidos deteriorados, razão pela qual é indicada em casos de arteriosclerose.
- Aumenta a capacidade de perceber e de discriminar intuitivamente.
- É indicada no tratamento de desequilíbrios psicológicos, tais como desorientação, desintegração, dissociação.
- Integra e harmoniza os chakras.
- Pode ser útil em perturbações neurológicas como a epilepsia.
- Integra a pessoa ao seu Eu Superior. Transmite-lhe as forças de cura do mundo espiritual, ajudando-a a não abandonar-se.
- Nas crianças, ajuda a enfrentar situações difíceis, como a separação dos pais, o abandono, os problemas escolares freqüentes.

Segundo PARACELSO, graças a essa erva foi possível frear a epidemia de peste que castigou Milão em 1510. Ele a definiu como "o remédio maravilhoso", já que era usada não só para afastar a peste como também para neutralizar o efeito dos venenos e prolongar a vida. Ajudava a vencer o medo do contágio.

Proteção espiritual em situações difíceis, desvinculação, desamparo, desequilíbrio.

5. ARNICA

Arnica Mollis (*amarela*)
(ARNICA)
Estojo profissional.

É uma planta alpina, que foi usada na medicina popular a partir do século XII. A tintura de arnica costuma ser utilizada externamente sobre a pele para curar pancadas, hematomas e outras lesões. O remédio floral age de modo semelhante sobre o corpo etérico. No século passado, a planta foi considerada a *quinina dos pobres*, por suas qualidades febrífugas.

Da família das Compostas, é uma das ervas venenosas que desempenharam um papel importante no desenvolvimento da medicina homeopática desde o seu começo.

- É uma essência usada para traumas alojados no corpo, de maneira semelhante a Star of Bethlehem. Ajuda a reviver a experiência emocional que acompanhou a experiência traumática e integrá-la, reconfortando e tornando possível a recuperação.
- Esses traumas podem manifestar-se como enfermidades psicossomáticas que não respondem aos tratamentos convencionais.
- Para acidentes ou choques que ficaram alojados no corpo e que, portanto, bloqueiam a pessoa.
- Em pessoas que, devido a psicoses, lutos e outras circunstâncias, se encontram dissociadas ou *fraturadas* entre a mente e o corpo, desprovidas de energia, com esgotamento emocional e bloqueio energético.
- É um selador áurico. Permite ao Eu reunificar-se quando este se encontra separado do corpo etérico. (Depois de um trauma, uma pessoa só está parcialmente dentro de seu corpo.)
- Para pessoas que vêem o próprio corpo longe de si, o que é semelhante a uma experiência de morte.
- Também age quando há traumas no sistema nervoso por motivos diversos.
- **Arnica**, usada em forma tópica, praticamente permite observar como as bordas de um corte, de um machucado ou de uma ferida começam a se juntar.
- Emprega-se muito em cremes ou substâncias para uso local; por exemplo, para apagar cicatrizes, já que, como diz RICHARD KATZ: *cada cicatriz tem uma história a contar*.
- Em fraturas, torceduras, entorses, cirurgias e qualquer outro trauma físico.

- Essa essência neutraliza, repara os danos, alivia, reconforta, regenera, revitaliza.

> *Transmite bem-estar e regenera em choques e traumatismos.*

6. BABY BLUE EYES

Nemophila Menzies II (azul-celeste)
(Bebê de Olhos Azuis)
Estojo de pesquisa.

- Em casos nos quais a figura do pai esteve ausente, seja física ou emocionalmente.
- Também em situações em que o pai se mostrou muito violento e cruel.
- Isso leva o paciente a sentir o mundo ou seu ambiente como um lugar pouco seguro e a desconfiar, defendendo-se de supostos maus-tratos. Como conseqüência, pode ao mesmo tempo ser agressivo, hostil e cínico, ou usar uma couraça, como defesa quando se sente agredido.
- Esse tipo de pessoa poderia parecer insensível, mas na realidade se isola emocionalmente, chegando a ser anti-social. Restringe seu contato com os outros.
- Essa essência devolve a confiança infantil que nos possibilita trabalhar com os nossos semelhantes.
- Para aqueles que costumam ter problemas com a autoridade.
- Complementada com **Mariposa Lily**, melhora a relação com ambos os pais, vivos ou mortos.
- Muito usada nos reformatórios, onde há crianças abandonadas, marginalizadas ou que vagabundeiam porque não querem permanecer em casa, ou porque não têm uma.

> *Falta de confiança no mundo.*
> *Sentimento de rejeição e abandono do pai na infância.*
> *Estar na defensiva.*

7. BASIL

Ocimun Basilicum (branca)*
(MANJERICÃO)
Estojo profissional.

*"Esta erva e a arruda não crescem juntas...
e sabemos que a vida é mais
inimiga dos venenos do que qualquer
outra planta."*

Nicholas Culpeper, 1653[9]

Originária da Índia, ela era considerada uma planta da realeza, uma erva sagrada, e ainda hoje continua a sê-lo. No Egito, também era usada nas oferendas aos deuses e fazia parte da preparação de bálsamos. Nas tradições populares gregas e romanas, desempenhava um papel importante, já que lhe eram atribuídas virtudes mágicas.

Alguns a associavam ao ódio e à desgraça, e outros a consideravam um sinal de amor e erotismo.

É amiúde citada como afrodisíaca, sendo também usada em muitas regiões para ajudar nos partos.

É da família das Labiadas; foi levada da Europa para a América do Norte pelos primeiros colonizadores.

- Quando se esconde a sexualidade por ser esta vivida como pecaminosa.
- Às vezes, o resultado desse conflito é justamente a busca de situações *proibidas*, como relações fora de um vínculo estável, ou de tipo pornográfico ou ilegal.
- Esta essência ajuda a integrar a sexualidade à afetividade e à espiritualidade. Isto é, não viver o amor e o sexo como contrapostos.
- Àqueles que têm medo do casamento, mas não do sexo fora dele.
- Para pessoas que procuram relações extraconjugais, dissociando em sua relação a esposa "mãe" da amante "prostituta". Em outros termos: amam a mulher mas não a desejam. Por outro lado, buscam uma amante, mas não a tornam seu cônjuge oficial.
- Para homens dependentes da pornografia.
- É útil em vínculos nos quais costuma haver constantes discussões, facilitando o entendimento.

---

* Do grego *ozei* = cheirar; *basileus* = rei ou real.
9. PENÉLOPE ODY, *Las plantas medicinales*.

- São-lhe atribuídas virtudes afrodisíacas, motivo pela qual se costuma usá-la em períodos de perda do desejo sexual, tanto nos homens como nas mulheres.
- Indica-se a sua administração aos dois membros de um casal se o conflito afetar a relação em comum. Nesses casos, tem uma ação semelhante à de Elm.
- Nas perversões sexuais, ajuda a superar a violência ou a agressividade para que aflore o amor.

Oposição entre sexo e espírito. Integra.

8. BLACK COHOSH

Cimifuga Racemosa (branca)
Estojo suplementar.

Trata-se de uma planta peculiar, já que o seu nome se deve ao fato de ela ter uma parte alta e uma baixa. É denominada **Black** por ter uma raiz escura e comprimida; depois, numa espiga alta, encontram-se suas flores etéreas, brancas. Essa é a forma pela qual ela age, levando o escuro, o inconsciente à claridade, à consciência.

- Para pessoas que têm comportamento destrutivo com relação a si mesmas ou com relação aos outros. Essas pessoas se envolvem e ficam presas a situações conflituosas ou perigosas. Não conseguem tomar a si o encargo daquilo que geram. Chegam às vezes a ser líderes e inclusive manipuladoras. De caráter forte e sedutoras, são compatíveis com personalidades de tipo psicopático.
- Também indicada para pessoas sadomasoquistas, ou que sofrem de histeria, paranóia, zelotipia, perversões.
- Em casos de sujeição sexual ou em mulheres com tendências sexuais que ultrapassam os limites.
- Em crianças que sofreram abusos.
- Para transtornos nos órgãos da reprodução.
- Visto ser catártica, permite observar as emoções que surgem e registrar sonhos.
- Regenera os vínculos danificados por velhas cicatrizes psicológicas.
- Transmite coragem para ter uma vida melhor.
- Nas relações sexuais destrutivas ou quando existe o sentimento de estar preso a uma relação negativa, ajuda a encontrar uma saída.

- *Como é difícil que uma pessoa marque uma consulta por todos esses motivos, trata-se de algo que deve ser descoberto na entrevista.*

> *Relações abusivas e destrutivas. Violência e autocastigo.*

9. BLACKBERRY

Rubus Ursinus (branca-rosada)
(AMORA-PRETA)
Estojo profissional.

É uma planta perene que costuma ser encontrada no noroeste e centro-oeste dos Estados Unidos, sendo usada tradicionalmente para o tratamento da diarréia, de gengivas que sangram, das afecções renais e da apendicite.

A planta constitui um tipo de mato muito resistente, que invade a área de modo contínuo. Dessa forma, opera sobre a pessoa, fazendo com que ela comece a agir.

- Em seu uso como essência floral, age sobre os 6 "i": inércia, imobilidade, indecisão, improdutividade, ineficácia, inutilidade.
- Para pessoas que não conseguem pôr em prática suas idéias, razão pela qual se mostram inativas. Essa essência as impulsiona a fazer, a concretizar.
- Permite esclarecer o objetivo e implementá-lo nos atos adequados. Nesse sentido, age à maneira de Elm-Gentian.
- Ajuda a sair da paralisação, da preguiça ou da letargia, a ter a vontade de fazer o que se deseja. Permite passar do pensamento à ação. Por exemplo, para quem quer viajar, lê folhetos de agências de turismo mas nunca faz a viagem.
- Tem efeito antidepressivo. Age sobre a depressão em virtude da morte de um ente querido.
- Permite ensinar algo novo a um animal e entusiasmá-lo.

> *Concretização. Ajuda a sair da inércia, da imobilidade, da improdutividade.*

10. BLACK-EYED SUSAN

Rudbeckia Hirta (amarela com centro preto)
(RUDBÉQUIA OU MARGARIDA-AMARELA)
Estojo profissional.

- Age de maneira extraordinária quando há repressão de episódios muito traumáticos, ou *negros* (como o centro desta flor, que parece uma máscara) do passado. Mesmo que não sejam recordados conscientemente, esses episódios de alguma maneira se filtram em cada indivíduo.
- Com essa essência, as vivências vão emergindo aos poucos à consciência e podem começar a ser elaboradas. Integra à consciência as partes mais obscuras do psiquismo.
- Aumenta a capacidade de introspecção nas pessoas que se defendem sendo superficiais. Melhora a auto-estima e diminui o *stress* relacionado com o dia-a-dia.
- Em violações. Em melancolias. Em paranóias ou em pacientes que, sem chegar a esses extremos, costumam ser importunadas.
- Em bloqueios na terapia.
- Proporciona alívio para sonhos traumáticos.
- Pacientes com comportamento autodestrutivo ou agressivos com relação aos outros como reação aos traumas vividos.
- Ao desenvolver a consciência, ajuda a liberar a energia bloqueada, diminuindo o cansaço e a estagnação.
- Age no nível do plexo solar.
- Usada em forma oral e local, ajuda a drenar furúnculos, inflamações, toxinas do corpo e impurezas do psiquismo (neste sentido, é semelhante a Agrimony, do Sistema Bach).
- Essa essência às vezes é associada a **Self-Heal** para aumentar a harmonização e atenuar os impactos demasiado fortes, visto que esta última dá confiança e faz a pessoa gostar de si mesma.
- Para o medo de enfrentar partes ocultas ou veladas de si mesmo.
- É um excelente catalisador que confere coragem para enfrentar os níveis de consciência rejeitados e que, por isso, são obstáculos à evolução e à transformação.
- Para pacientes que nem sequer deixam que seu terapeuta os conheça. Diferencia-se do Agrimony porque este último parece mais brando, ao passo que **Black-Eyed Susan** é mais "agressivo".

Censura, bloqueio, repressão em situações difíceis.

11. BLEEDING HEART

Dicentra Formosa (rosada)
(CORAÇÃO-DE-MARIA)
Estojo profissional.

Essa espécie se desenvolve em estado selvagem nos bosques de coníferas no oeste dos Estados Unidos. Em sua forma está a sua *assinatura*, já que é uma flor em forma de coração com uma fenda no meio, que aponta para os *males do coração*.

- Como seu nome indica, destina-se ao *coração que sangra*. Para pessoas que sofrem em virtude de relações que se romperam por qualquer motivo; proporciona-lhes equilíbrio emocional.
- No período de luto, para atenuar a dor.
- Também nos casos em que o apego é excessivo, patológico, simbiótico, e asfixia ou sufoca o outro. Para pessoas que vivem no espaço emocional de outras (Chicory-Star of Bethlehem). Nessas circunstâncias, **Bleeding Heart** permite mais liberdade e um vínculo mais sadio, menos possessivo.
- Ajuda no sentimento de abandono, de perda, ou nos sofrimentos emocionais.
- Para pessoas que têm medo de envelhecer e vivem um verdadeiro luto (patológico) em virtude da perda da juventude.
- Para pessoas com relações conflituosas, que ficam transtornadas quando esse vínculo chega ao fim.
- Para as pessoas que sentem que valem em função de sua relação com outro e que, se esta acaba, não encontram valor em si mesmas. A essência aponta para a necessidade de recuperar a autovalorização.
- Quando se acrescenta **Borage** (que atua contra a tristeza), consegue-se mais força para superar a situação.
- Num segundo momento, associa-se a **Forget-me-not** para criar uma relação mais forte no âmbito espiritual, relação que não se apóie apenas no físico.
- Essa essência não costuma funcionar bem no primeiro momento de maior apego e dor.
- Estimula o chakra cardíaco, equilibra a pressão sangüínea e alivia os problemas circulatórios.
- Proporciona paz e harmonia.

Simbioses, relações e apegos excessivos, possessividade.

12. BORAGE

Borago Officinalis (azul)
(BORRAGEM)
Estojo profissional.

"*... com a conhecida virtude de reviver o hipocondríaco e alegrar o estudante aplicado.*"[10]

John Evelyn, 1699

Essa erva recebe seu nome do latim *borra*, que significa pêlo, por se mostrar completamente coberta de penugem. Um famoso herborista do século XVI escreveu que "essa erva torna felizes e alegres homens e mulheres, carregando toda tristeza e melancolia... e acalma os inquietos e lunáticos", "para levantar o ânimo e alegrar o espírito", "para afastar toda tristeza".

Em pesquisas mais recentes, descobriu-se que de fato a borragem estimula as supra-renais, favorecendo a produção de adrenalina, hormônio que prepara o corpo para a ação em situações de tensão. JOHN GERARD, um grande botânico, escreveu em 1597: "*ego borago gaudia semper ago*" ("eu, a borragem, sempre gero coragem").

Os gregos denominaram essa erva *euphrosynon*, pela euforia que produz.

Pertence à família das Boragináceas. As flores têm forma de estrela; quando se abrem, são de cor rosa, mudando depois para o azul-vivo. Apresentam certa inclinação para a frente, dando uma impressão de peso, de tristeza. Reside nisso a sua *assinatura*.

- É tônico ou balsâmico para pessoas que se encontram deprimidas, angustiadas, tristes, desanimadas, taciturnas, aflitas, com dificuldades para recuperar-se.
- Essa essência alegra o coração, dá otimismo, uma sensação de leveza, felicidade e bem-estar, eliminando o sentimento de peso ou opressão.
- Fortalece e abre o meridiano do coração; por isso, proporciona um rápido alívio se há opressão no peito, angústia ou sentimento de que a vida é pesada.
- Favorece a lactação nas mulheres que acabaram de dar à luz, ao mesmo tempo que age nas depressões pós-parto.
- Dá coragem, força e valor para sobrepor-se às desilusões, à adversidade e ao perigo, tal como o faz Gentian.
- Ajuda no metabolismo do cálcio.

10. PENÉLOPE ODY, *Las plantas medicinales*.

- Algumas pessoas comentaram comigo que ela também é útil para baixar a febre e desinflamar.
- Ajuda a assimilar o oxigênio do ar em grandes alturas; por exemplo, ao escalar montanhas.
- Também é aconselhável administrar essa essência como tônico depois da terapia com esteróides (quimioterapia).

Abatimento, peso, insipidez, desilusão. Dá coragem.

13. BUTTERCUP

Ranunculus Occidentalis (amarela)
(BOTÃO-DE-OURO)
Estojo profissional.

É uma planta de que não se faz uso em fitoterapia, visto ser tóxica e conter um poderoso alcalóide.

- À maneira de Larch, é indicada para pessoas com baixa auto-estima, que sempre se comparam com as outras e ficam em desvantagem. É excelente para a pessoa ter mais confiança e valorizar a si mesma. A diferença entre ambas é que Larch é indicada quando existe medo do fracasso, do ridículo, do que leva a pessoa a censurar-se, a estagnar-se. **Buttercup** é usada, além disso, quando a pessoa é tímida, reservada, muito desvalorizada e sente que nada tem para contribuir com os outros, bem como quando precisa de um cantinho de amor no seu lar. Ambas podem ser combinadas.
- Com essa essência, o paciente começa a apreciar o seu próprio valor, as suas virtudes, e a aceitar-se tal como é.
- Para pessoas que temem o fracasso ("não vou me sair bem") ou que não valorizam o que fazem ("o que eu faço não tem nenhuma importância").
- Para a dificuldade na comunicação, a gagueira, a sensação de impotência, a insegurança, a auto-anulação, e a timidez.
- É muito valiosa nas crianças introvertidas que têm problemas de relacionamento e se sentem diminuídas no âmbito da família, porque ajuda a encontrar a aceitação.
- Estimula a memória e a lucidez. Tranqüiliza em momentos de provação e melhora o rendimento e a expressão.
- Permite falar em público. Proporciona calma e equilíbrio.

- Ajuda os idosos que sentem que a vida deixou de ter um objetivo ou que já não se sentem nem tão capazes nem tão necessários quanto antes.

> *Baixa auto-estima,*
> *Subestimar-se a si mesmo, timidez.*

14. CALENDULA

Calendula Officinalis (alaranjada)
(CALÊNDULA)
Estojo profissional.

> *"A forma de dizer algo é tão importante quanto o que queremos comunicar."*
>
> *Lair Ribeiro*

Seu nome procede do latim *calendae*, que significa o primeiro dia de cada mês. Os romanos designaram-na assim por observar que todos os meses havia calêndulas.

O herbário de MACER, do século XII, recomenda simplesmente olhar a planta para melhorar a vista, desanuviar a cabeça e induzir à alegria.

Nos tempos de CULPEPER, a **Calêndula** era tomada "para fortalecer o coração, combater a varíola e o sarampo". Os gregos usavam essa planta para os problemas nos olhos, como catarata e visão borrada.

Na atualidade, é muito usada na medicina homeopática. Pertence à família das Compostas, tolera quase qualquer tipo de solo e floresce do início do verão ao final do outono, propagando-se facilmente por si só.

- Quando as pessoas tendem a brigar ou a usar palavras ásperas, cortantes ou costumam ser taxativas, injuriosas, destrutivas e duras em termos verbais.
- Proporciona calidez, receptividade, cordialidade, doçura à comunicação, permitindo ao mesmo tempo uma escuta e uma recepção melhores das mensagens dos outros.
- É muito indicada para terapeutas, advogados, médicos, agentes de cura, psicólogos, docentes que trabalham com a palavra, já que confere a esta certo valor de cura ou de contenção, pelo modo de dizê-la. Dá empatia e compaixão. Ajuda a perceber sentidos diferentes por trás das palavras.
- Aumenta a sensibilidade, a delicadeza, a tolerância, a paciência, a sinceridade.

- Ajuda a distinguir o ouvir do escutar, privilegiando este último por ser mais receptivo e poder comprometer-se com o que o outro diz; ou seja, é útil para as pessoas que costumam ouvir de maneira superficial.
- Permite um melhor uso do poder verbal.
- Ajuda nas afasias e em outros quadros orgânicos.
- Ajuda os idosos a entender melhor o que lhes está sendo dito.
- Acrescenta calidez e receptividade à palavra. Modifica o modo, o *como* mais do que o *quê*, sendo por isso usada em pessoas que costumam empregar termos injuriosos, ou que brigam com facilidade.
- Em creme, acompanhada de *Calendula homeopatica*, é excelente para a acne rosácea, cicatriza feridas e chagas, é antisséptica, desinflama, alivia os eczemas, as fístulas, a irritação do bico dos seios no período de lactação; usa-se para queimaduras e, em compressas, para frieiras ou úlceras varicosas. É útil para a cútis e como loção cicatrizante e curativa. Inclusive para bebês.
- Além disso, pode ser usada para cicatrizar úlceras na boca e doenças das gengivas.
- Também se demonstrou sua eficácia nas anemias e na inflamação dos gânglios.

Escuta superficial.
Comunicação cortante. Suaviza.

15. CALIFORNIA PITCHER PLANT

Darlingtonia Californica (verde-púrpura)
(SARRACENA DA CALIFÓRNIA)
Estojo profissional.

É uma planta carnívora (devora insetos), que cresce em áreas pantanosas. Suas folhas ocas atraem os insetos, digerem-nos e absorvem as proteínas, integrando-as a seu metabolismo. Reside precisamente nisso a sua *assinatura.*

- Para pessoas com problemas digestivos, que apresentam dificuldade para digerir ou assimilar os alimentos. Por esse motivo, também é indicada em distúrbios relacionados com desordens na alimentação, como a magreza excessiva, anorexia nervosa etc.
- Para a dor de estômago.
- Para pessoas que desumanizam a sexualidade ou se dissociam diante dela por medo do instintivo.
- Para os casos em que a sexualidade é exercida tão-somente como uma tentativa de diminuir o desejo instintivo (animal).

- Em pessoas com manifestações de fadiga, fraqueza generalizada, "que parecem pudim", sem força nem vigor. Aumenta a força física.
- É útil na impotência sexual.
- Também indicada para as pessoas anêmicas.

Desequilíbrios instintivos ou pulsionais.
Dificuldades na assimilação.

16. CALIFORNIA POPPY

Eschscholzia Californica (dourada)
(PAPOULA-DA-CALIFÓRNIA OU GLOBO-DO-SOL)
Estojo profissional.

Pertence à família da planta antigamente usada para produzir ópio; é a flor que representa o Estado da Califórnia nos Estados Unidos.

- Para os que procuram encontrar fora o que devem buscar dentro de si mesmos e que, portanto, usam drogas, ingerem álcool, participam de rituais, de seitas e de tudo aquilo que lhes possa transmitir certa paz espiritual, mas que na realidade não é autêntico.
- Essa essência permite que o indivíduo volte a se concentrar e a desenvolver a sua própria espiritualidade, vincular-se com o que há em seu interior. O ouro é símbolo de riqueza, e o que se consegue tomando **California Poppy** é ver que o verdadeiro ouro está em nosso coração.
- Para as pessoas cobiçosas, vorazes, que buscam o sucesso rápido e sem esforço próprio.
- É uma essência que ajuda na criatividade artística se o indivíduo a possui naturalmente mas não consegue desenvolver.
- Fortalece a responsabilidade por si mesmo e diminui a necessidade de buscar — idealizando os outros — o bem-estar no exterior. Permite aprender que aquilo que se procura já existe dentro de cada um.
- Excelente na dependência de drogas psicodélicas.
- Facilita a assimilação do ouro (isso tem relação com a sua cor e com os lugares onde cresce), razão pela qual pode ser útil em doenças como a esclerose em placas, ou esclerose múltipla.
- É útil nos problemas do ouvido médio.
- Torna possível a escuta interior e a realização, ajudando-nos a reconhecer nossas qualidades e capacidades pessoais, tornando-as conscientes e ajudando-nos a saber o que verdadeiramente buscamos.

- Para a insônia, quando o paciente acorda muitas vezes durante a noite.

Escapismo para soluções fáceis.
Busca de estimulantes.

17. CALIFORNIA WILD ROSE

Rosa Californica (rosada)
(ROSA SILVESTRE DA CALIFÓRNIA)
Estojo profissional.

É da família das Rosáceas. As rosas costumam estar relacionadas com o amor, a aceitação, a dor e a luta.

- É uma essência para reativar o entusiasmo no cotidiano.
- Indicada para pessoas que não conseguem responsabilizar-se por suas obrigações nem comprometer-se de maneira nenhuma.
- São pessoas apáticas, passivas, de baixa vitalidade, desinteressadas, pouco motivadas e indolentes. Adiam o que têm de fazer. Nada capta o seu interesse. Aborrecidas para si mesmas e para os outros.
- Permite que os adolescentes ou adultos jovens se encontrem com seus ideais, sua vocação ou seu chamado na vida.
- Ajuda os idosos a reatar o vínculo com o cotidiano, proporcionando-lhes alegria e entusiasmo.
- Cria um maior apego à vida. Ajuda a pessoa a ficar mais ativa, a se ocupar de suas coisas e de suas amizades.
- É um remédio para o chakra do coração.
- Ajuda a alma a encarnar (o que também significa ter *desejos carnais*).
- Ajuda as pessoas introvertidas a superar-se.
- Também é útil em fobias referentes a lugares pequenos ou fechados.
- É usada para superar a estagnação e a lentidão.

Apatia, indiferença, alienação.
Espectador não participante da vida.

18. CALLA LILY

Zantedeschia Aethiopica (branca com centro amarelo)
(CALA OU COPO-DE-LEITE)
Estojo de pesquisa.

Vê-se na *assinatura* dessa flor para que ela é usada, já que ela põe à mostra a dualidade das pessoas.

- Quando existem confusão e ambivalência com relação à identidade sexual; com essa essência, consegue-se integrar os aspectos masculinos e femininos e resolver qual deles deve ser privilegiado. Ajuda a determinar-se.
- Nas pessoas com tendências homossexuais que sofrem em função da luta entre ambos os pólos.
- Na adolescência, diante da indefinição e da tortura psíquica concomitante. Em outras palavras, dá aos bissexuais, homossexuais ou heterossexuais uma maior clareza com respeito à sua identidade sexual.
- Também é usada quando a pessoa sente que os pais teriam desejado um filho do sexo oposto e sofre por não se sentir amada nesse sentido.
- Em pessoas que, depois de uma desilusão amorosa, perdem o interesse pelo sexo.
- No plano físico, para o esgotamento mental, a vertigem e o aturdimento.

Confusão e ambivalência na identidade sexual. Indefinição entre o masculino e o feminino.

19. CANYON DUDLEYA

Dudleya Cymosa (alaranjada-avermelhada)
(DUDLEYA CYMOSA)
Estojo de pesquisa.

- Para pacientes que dramatizam e exageram todas as situações, dando-lhes mais importância do que a que de fato têm.
- Para pessoas que costumam ser irresponsáveis no cotidiano.
- Segundo esses pacientes, o que acontece com eles é pior do que o que acontece com os outros e se sentem *no limite*. Assim cresce essa planta, à beira de um abismo sobre o leito violento de um rio. A coloração da flor dá a impressão de fogo, e sua qualidade parece aquosa. Eis aí a sua *assinatura*.

- É uma essência que ajuda a dimensionar adequadamente os problemas cotidianos, grandes ou pequenos.
- Para pessoas fanáticas, sugestionáveis, hipersensíveis, suscetíveis, que se desvinculam facilmente da realidade.
- Nos estados alterados ou dissociados de consciência, funciona como uma âncora.
- Para os que precisam perceber a beleza e qualidade da vida cotidiana, apreciando as coisas simples do dia-a-dia.
- Nos casos em que o corpo etérico é excessivamente ativo, sendo necessário acalmá-lo.
- Esta essência reestrutura e equilibra.

Redimensiona o fanatismo, a dramatização e as emoções extremas.

20. CAYENNE

Capsicum Annuum (branca com fruto vermelho)
(Pimentão-de-Caiena)
Estojo profissional.

É uma planta da família das Solanáceas do Novo Mundo que chegou à Europa graças a Cristóvão Colombo. Seu fruto é triturado para a obtenção de um pó; este é o chamado de pimentão ou páprica, que tem uma infinidade de usos na cozinha, serve de corante vermelho e é rico em vitaminas, em especial em vitamina C.

A tintura é usada para prevenir a queda de cabelo, e é usada na preparação de pomadas contra as dores reumáticas e a artrite.

- Sob a forma de essência floral, usa-se em pessoas que sentem que têm um limite e não podem ir além dele. Por exemplo, detêm-se num tratamento, num processo de crescimento; sentem-se imobilizadas.
- Favorece o progresso em qualquer sentido.
- Para pessoas sem estímulo para seguir adiante, fleumáticas, que protelam as coisas.
- Nas psicoses, para o característico estado de negligência.
- Para bloqueios na criatividade e na aprendizagem, ou lentidão psíquica. Sugere motivação e transformação.
- Para pessoas que parecem adormecidas. Essa essência desperta e dá vigor.
- Atuam tanto a flor como o fruto que sai dela. Quando uma pessoa não consegue agir ou quando se sente "travada", ateia um pouco de fogo onde

este é necessário, acende a chama da vontade, aviva-a, dá coragem e entusiasmo.

- Tem ação estimulante para pessoas de vida sedentária, com tendência à estagnação.
- É útil na obesidade.
- Quando uma pessoa não quer sair de casa e sabe por quê.
- Ajuda os "lentos", os que têm dificuldade para mover-se, dão voltas ao redor da mesma coisa e protelam as coisas.
- Para pessoas que tendem habitualmente a ficar ruborizadas.
- Ativa os chakras inferiores.
- Àqueles que se encontram imobilizados, paralisados ou querem uma transformação, embora não saibam como efetuá-la.
- Essa essência favorece a circulação da energia quando esta se encontra bloqueada ou estagnada.
- Ajuda a superar a inércia, a indecisão, a imobilidade e os bloqueios interiores.
- Desenvolve a vontade e a motivação para ir adiante, comparando-se por isso, de certa maneira, com Wild Rose.

Lentidão, estagnação, bloqueio.
Transformação e motivação.

21. CHAMOMILE

Anthemis Cotula (branca com centro amarelo)
(CAMOMILA)
Estojo profissional.

"*A camomila... é muito adequada à natureza humana e... é boa contra o esgotamento...*"
William Turner, 1551[11]

Essa espécie, que cresce nos campos, não tem o aroma de maçã, não costumando ser usada para infusões.

Costumava-se chamar a camomila de *matricária*, referindo-se essa designação a seu papel como erva ginecológica.

---

11. PENÉLOPE ODY, *Las plantas medicinales*.

É uma das plantas medicinais mais antigas, enaltecida em todos os herbários. Está incluída nas "Nove Ervas Mágicas" dos anglo-saxões.

Pertence à família das Compostas, e há muitas espécies de macelas, todas muito semelhantes.

- Na tensão emocional concentrada no estômago ou no aparelho digestivo, na distensão abdominal. Quando há sensação de *pança cheia*, estômago dilatado.
- Para as pessoas com flutuações emocionais e que são caprichosas. Equilibra os ciclotímicos. Portanto, atua muito bem naqueles que têm acessos de raiva.
- Para flatulência e arroto.
- Para a acne rosácea, em creme ou gel, já que desinflama (tira o calor) e é sedativa.
- Em uso local, além de desinflamar, é adstringente, alivia as irritações da pele. É muito eficaz em compressas para os olhos.
- Equilibra a região do plexo solar e diminui a tensão.
- Quando há hiperatividade, ajuda a "acalmar as revoluções", controlar as emoções e relaxar.
- Segundo GURUDAS, exerce ação reguladora sobre o sistema nervoso autônomo.
- No nível dos tecidos, estimula as propriedades morfino-miméticas recém-descobertas no cérebro. Estimula as endorfinas.
- Equilibra o corpo mental, diminuindo a tensão emocional, visto que, quando os corpos emocional e mental se integram, as emoções são examinadas com maior objetividade.
- Também é útil nos problemas renais.
- Usa-se no chakra pituitário.
- Tem efeito benéfico se acrescentada à água de regar as plantas, porque permite uma melhor absorção dos minerais.
- Nas crianças que se queixam de "dor de barriga" quando ficam nervosas ou tensas, ou que são muito ativas e hipersensíveis.
- Dá tranqüilidade e serenidade a crianças e adultos com insônia.
- Na dentição, aplicada localmente na gengiva do bebê.
- É sedativa nas cólicas infantis, na menstruação com dor ou durante o parto.
- Para o cólon irritadiço, a colite, a falta de apetite e a indigestão.
- Para o nervosismo e a instabilidade emocional.
- Facilita a hipnose.
- Em banhos de imersão, serve para o relaxamento.

Desequilíbrio, tensão emocional, ansiedade. Tranqüiliza, relaxa.

22. CHAPARRAL

Larrea Tridentata (amarela-clara)
(CARVALHO OU AZINHEIRA PERENE)
Estojo profissional.

É uma planta que cresce em lugares secos, desérticos. Tem um aroma forte que produz um efeito de limpeza e purificação. Eram feitos de azinheira os arados primitivos, e também se dizia que, quando entre suas folhas cantava alegre o cuco, era o momento mais propício para pedir chuva a Zeus.

- Para pessoas com energias negativas ou *intoxicadas* por tensões psíquicas provenientes de estímulos cotidianos ou outras emoções violentas, reais ou imaginárias, que lhe perturbam o descanso, seus sonhos e sua ordem interior, sem possibilidade de *descarregá-las*.
- Purifica e organiza psiquicamente as pessoas expostas a estímulos violentos ou àqueles que sofrem as conseqüências da ingestão de drogas ou de outras intoxicações.
- Para pessoas com carga energética negativa ou *stress*.
- Para pessoas que não conseguem dormir nas cidades em virtude do clima tenso que as rodeia.
- Estimula sonhos nos quais são liberadas imagens conflituosas e caóticas que depois podem ser elaboradas.
- Em nível mental, purifica à maneira de Crab Apple.
- Em nível físico também limpa e, devido a isso, em alguns casos pode chegar a provocar diarréia ou vômitos, mas de forma passageira, deixando a pessoa *brilhante*. Age no nível do baço, do sistema imunológico, endócrino e sangüíneo. (Como erva, costuma ser usada com a função de purgante.)
- Algumas pessoas afirmam que determinados estados negativos, como o câncer, têm uma melhoria com **Chaparral** no nível da aura.
- Costuma-se vaporizá-lo nos ambientes para obter um efeito balsâmico ou de limpeza.

Intoxicações, energia negativa, stress. *Purificador de estados negativos.*

23. CHRYSANTHEMUM

Chrysanthemum Morifolium (amarela-amarronzada)
(CRISÂNTEMO)
Estojo de pesquisa.

- Quando há bloqueios no espiritual e o paciente tem medo de envelhecer e morrer, apegando-se aos valores materiais ou ao exterior, ao estético, em vez de aos valores interiores. Deseja manter-se jovem, ser rico, ter poder, sem dar-se conta de que aquilo que mais vale são as riquezas interiores e essenciais.
- É comum indicar-se esta essência a partir dos 40 anos, no final de décadas, em virtude da angústia provocada pela passagem do tempo e do medo da morte.
- Nas crises da meia-idade, no climatério, quando há preocupação excessiva com o aspecto físico, com o econômico, com a aposentadoria, com a saúde...
- Ajuda a aceitar a própria mortalidade ou as perdas dolorosas que ocorrem ao longo da vida, vendo o aspecto bom de cada etapa vital.

> *Medo da velhice e da morte. Apego aos valores externos, terrenos. Crises vitais.*

24. CORN

Zea Mays (amarela/branca)
(MILHO)
Estojo profissional.

PHILIPPE DEROIDE nos lembra afirmações de PATRICIA KAMINSKY referentes ao fato de que "o milho — **Corn** — depende por completo da civilização humana para sobreviver e desenvolver-se. Seus grãos estão bem fechados em seu invólucro para que o vento, os pássaros ou outros meios naturais possam dispersá-los. Se ninguém se ocupasse dele, as espigas de milho cairiam no chão e produziriam muitas plantas agrupadas, que se sufocariam umas às outras por falta de espaço, até extinguir-se. O milho precisa da mão do homem para desenvolver-se de forma harmoniosa". Precisamente nisso reside a sua *assinatura*, já que ele proporciona equilíbrio, estabilidade, harmonia na cooperação e no intercâmbio.

- Para pessoas que não toleram viver ou estar na cidade, que precisam de muito espaço e, caso não o tenham, se sentem presas, sufocadas; pessoas que se angustiam quando há muita gente, muitos edifícios etc.
- Para as pessoas que não toleram roupas justas nem sapatos, ou não suportam que as pessoas se aproximem demais delas.
- Para mulheres que, durante a gravidez, sentem como se seu corpo tivesse sido invadido.
- Para os que têm facilidade para sofrer congestões.
- Favorece o desenvolvimento de relações sociais harmoniosas. "Assim como o homem proporciona a essa planta o espaço de que ela precisa para seu desenvolvimento, assim também seu elixir nos oferece o espaço interior necessário ao nosso equilíbrio. Ajuda-nos a recuperar o contato com as *forças primigênias* da Terra."[12]
- Para aqueles que costumam fechar-se em si mesmos devido a um sentimento de hostilidade ou de alienação por viver confinados nas cidades, longe do contato com a terra.
- Não é conveniente dá-la a pessoas alérgicas ao milho.
- Abre o chakra abdominal.

Pessoas alienadas por viverem confinadas em cidades.
Desenraizamento, fechamento, inadequação.

25. COSMOS

Cosmos Bipinnatus (vermelha-púrpura/amarela)
(COSMOS)
Estojo de pesquisa.

- Age sobre a expressão.
- Quando uma pessoa pensa mais rápido do que fala (ou exatamente o contrário).
- Quando alguém tem muitas idéias na cabeça e isso prejudica a sua maneira de se comunicar.
- Quando uma pessoa se sente oprimida pelas idéias e não consegue expressá-las.
- Para os que falam de forma sobreexcitada, precipitada, desajeitada, gaguejam e, como conseqüência, acabam tornando-se introvertidos.

12. PHILIPPE DEROIDE, *Elixires florales, armonizadores del alma.*

- **Cosmos** ajuda a articular o pensamento com a palavra e a exprimir-se de maneira harmoniosa. Isto é, atua sobre a coordenação e a expressão.
- Dá agilidade mental e coerência.
- É muito útil em todo tipo de transtornos da linguagem.
- Ajuda a integrar as idéias. Usa-se quando há problemas de comunicação, autismo (nesse caso, com **Trumpet Vine**), grande introversão, quando o indivíduo vive isolado em seu próprio mundo.
- Para pessoas que falam de maneira demasiado nervosa ou rápida.
- Ajuda a responder, a verbalizar e a expressar sentimentos, ter um melhor e maior contato social. Deve-se tomá-la durante muito tempo, aproximadamente um ano. Se se acrescenta **Yarrow**, a pessoa se sente menos exposta.
- Combina o chakra da garganta com o do coração, proporcionando serenidade e compostura para falar e comunicar-se.
- Ajuda todas as pessoas que realizam tarefas relacionadas com a comunicação, seja verbal ou escrita: oradores, artistas, escritores, líderes. Mas, ao contrário de **Calendula**, essa essência não cria empatia, permitindo apenas falar com fluidez, tranqüilidade e clareza.
- No plano físico, alivia as inflamações da garganta e dos brônquios, em especial quando essas inflamações podem ser vinculadas com problemas de expressão.

Desequilíbrio entre o pensamento e a palavra.
Harmoniza e coordena a comunicação.

26. DANDELION

Taraxacum Officinale (amarela)
(DENTE-DE-LEÃO)
Estojo profissional.

"... é fria, mas purifica e abre os condutos em virtude do amargor que a acompanha..."[13]
John Gerard, 1597

Esta flor só se abre quando há sol. Sua capacidade para harmonizar e equilibrar forças opostas pode ser apreciada em seu crescimento. Possui raízes muito pesadas e profundas, e os frutos que nascem de suas flores são muito leves e

13. PENÉLOPE ODY, *Las plantas medicinales*.

penugentos. As crianças costumam dar-lhes o nome de "anjinhos" e os sopram para ver flutuar inúmeras peninhas que espalharão as sementes levadas pelo vento. Na Idade Média, era considerada uma planta mágica que trazia sorte.

Ao que parece, seu nome se deve a um cirurgião do século XV que comparou as folhas recortadas à maneira de profundos dentes de serra com o dente de um leão, o *dens leonis*.

A planta chegou a ter mais de quinhentos nomes diferentes, o que demonstra a sua grande popularidade.

Pertence à família das Compostas, tolera quase qualquer tipo de condição climática e cresce como erva daninha em muitos jardins.

- Do ponto de vista físico, é um relaxante para a tensão e a dor muscular; quando se experimenta a sensação de envergar uma couraça. Para cãibras, contrações, problemas digestivos, tremores, tiques. Age como miorrelaxante. Também é usada em creme para massagens, bem como em compressas para serem aplicadas em regiões doloridas.
- Emocionalmente, diminui a hiperatividade e a agitação. As pessoas que fazem esforços além da própria capacidade e sofrem de esgotamento por excesso de tensão, luta, *stress*, ao tomar essa essência, conseguem perceber as mensagens de seu corpo e de suas emoções, desbloqueando as tensões contidas. Ao relaxar, permite que a pessoa se torne, em geral, mais perceptiva e receptiva.
- No que se refere a seus efeitos, ela pode ser considerada bastante semelhante a Impatiens e, em alguns aspectos, a Vervain.
- Também se parece com Oak, quando existe compulsão para envolver-se em muitas atividades, com muito entusiasmo, excedendo as possibilidades naturais do corpo para esse ritmo de vida tão intenso.
- Para pessoas que estruturam demasiadamente sua vida e que por isso estão tensas. Para pessoas que não agüentam esperar; os angustiados, desajeitados, desprezados, apressados.
- É útil para reduzir os quistos nos ovários.
- No reumatismo, diminui a dor; isso é às vezes conseguido acrescentando-se **Lavender** e **Rosemary** a Water Violet.
- Melhora os tremores do mal de Parkinson, também com o acréscimo de **Rosemary**.
- Em acidentes de automóvel, quando se sofre a chamada "torção do pescoço"; administra-se em gotas por via oral e friccionando-se localmente.
- Essa essência associa-se ao chakra da base do arco do pé, chakra que, por sua vez, está vinculado com o intestino delgado.
- Segundo GURUDAS, melhora as febres, a leucemia, a degeneração muscular.
- Para pessoas muito nervosas, com má postura corporal.
- Para os que têm dificuldade para dormir (pessoas e animais).

- Usada com a água da regadura, ajuda as plantas a absorver a energia da terra, tal como o faz a raiz da planta.
- Favorece a cicatrização de úlceras.

Relaxante muscular; impaciência, eliminação da tensão.

27. DEERBRUSH

Ceanothus Integerrimus (branca)
(RABO DE VEADO)
Estojo profissional.

- A flor parece uma nuvem branca, que dá uma sensação de purificação.
- Destina-se àqueles que não agem de acordo com o que dizem ou o que dizem pensar. Os nativos usam a planta para lavar-se e para lavar a roupa.
- Ajuda a justificar-se consigo mesmo e facilita a coerência entre a ação e o pensamento, de modo tal, que essas pessoas podem acabar tornando-se um exemplo para os outros.
- Para as pessoas pouco claras em suas intenções, pouco honestas. Essas não conhecem o motivo profundo de suas ações mas são pouco autênticas em sua expressão.
- Esclarece as intenções, elucida as motivações. Confere honestidade emocional. Nos casos em que agimos de acordo com o que queremos que os outros vejam, mas não somos sinceros (Agrimony). Combinadas, essas duas essências ajudam a manifestar mais o que está oculto.
- Ajuda a tornar consciente o inconsciente.
- Favorece uma auto-observação mais objetiva e ajuda a pessoa a ser honesta consigo mesma.
- Atua sobre a imunidade (AIDS, leucemia, câncer), diminuindo os sintomas.
- Para pessoas que guardam segredos importantes por medo de ser vulneráveis, para proteger-se ou por vergonha.
- Dá maior transparência, clareza e pureza nas relações.
- Liberta das manipulações e dos jogos do poder.

Pouca clareza e honestidade nas intenções. Ocultação. Proporciona transparência.

28. DILL

Anethum Graveolens (amarela)
(ENDRO)
Estojo profissional.

O antigo nome escandinavo do endro era *dilla*, que significa *sossegar*, sendo ele já mencionado num tratado médico egípcio de cerca de 5.000 anos de idade. Desde então, tem sido constantemente usado como medicamento. Aparece em todos os antigos herbários, em especial como um remédio eficaz contra o soluço. Ele sempre foi considerado uma planta muito benéfica, de bom augúrio.

Além disso, essa planta é usada em fitoterapia para favorecer a digestão, diminuir as cólicas e os gases, assim como os espasmos e as congestões respiratórias; empregada na celulite.

Pertence à família das Umbelíferas e costuma alcançar 1,5 metro de altura. Essa planta e o funcho são duas espécies que podem ter fertilização cruzada, sendo às vezes confundidas em função disso.

"Os gladiadores romanos esfregavam o corpo com o azeite essencial que se extrai de suas sementes, para fortalecer-se antes dos combates. Por outro lado, as mulheres lactantes preparavam um líquido com as sementes e friccionavam os seios para que as crianças, depois de mamar, adormecessem."[14]

- Como essência floral, descongestiona, permitindo reorganizar-se, ordenar-se em situações nas quais a pessoa vê que as circunstâncias a ultrapassam.
- Em situações conflituosas, pessoais ou profissionais.
- Quando se prepara algum trabalho ou viagem, ou diante de algum fato que exija mais energia, ordem, com uma sobrecarga maior do que a habitual.
- Também indicada para o período pós-parto, diante da sensação de não dar conta de tudo.
- Tranqüiliza e permite assimilar a situação com maior abertura.
- Para as pessoas hipersensíveis aos ambientes onde há muita atividade. Elas se sentem oprimidas e superestimuladas.
- Harmoniza psiquicamente quando é necessário atuar nesse tipo de ambientes; além disso, diminui a autocrítica, que é muito grande nesses indivíduos.
- Em pessoas obcecadas pela idéia de que estão velhas ou próximas da morte.
- *Stress*. Peso do tempo. Falta de clareza. Pessoas que fazem rodeios e não sabem por onde começar em virtude do muito que têm de fazer.

---

14. PENÉLOPE ODY, *Las plantas medicinales*.

- Permite organizar os estímulos provenientes do exterior.
- Na insônia, relacionada com o item anterior. Também restitui a clareza de pensamento quando se está cansado.
- Para assimilar experiências quando há informação demais.
- É útil em pacientes com paralisia cerebral.

> *Abatimento por excesso de responsabilidades; excesso de estímulos ambientais.*

29. DOGWOOD

Cornus Nuttalii (centro amarelo/brácteas brancas)
(CORNISO)
Estojo profissional.

- Usa-se quando algum trauma emocional infantil está alojado no corpo. (Maus-tratos sofridos que se instalaram fisicamente.)
- Nas pessoas empedernidas, rancorosas, desconfiadas, com disfarces ou que se defendem emocionalmente por causa de abusos (castigos, violações) vividos em épocas passadas.
- É um harmonizador físico/psíquico. Ajuda a expandir-se fisicamente. Torna possível a integração entre amor e sexo. Ajuda a demonstrar mais o afeto ou o carinho, eliminando a aspereza.
- Para pessoas que são rigorosas, duras consigo mesmas e que carregam feridas do passado.
- São pouco flexíveis e pouco elásticas em seu corpo e costumam *repetir* o ultraje recebido maltratando-se depois a si mesmas. Em minha experiência, isso é o que a distingue de outras essências florais semelhantes.
- Para pessoas que costumam ser desajeitadas, acanhadas, autodestrutivas, rígidas, contidas e com tendência a ter acidentes físicos e psíquicos.
- Em crianças maltratadas, também fisicamente, que depois usam o corpo como armadura e, por isso, são desajeitadas, pouco flexíveis, pouco graciosas.
- Essa essência restaura a inocência original, ajuda a perdoar.

> *Trauma, abuso, dureza, rigidez emocional. Autodestruição. Ajuda a perdoar.*

30. EASTER LILY

Lilium Longiflorum (branca)
(Lírio do Leste)
Estojo suplementar.

Essa planta floresce por volta da Páscoa, daí decorrendo a sua denominação. Depois da rosa, é a flor preferida na literatura e na poesia para simbolizar a inocência e a castidade.

- Seria o arquétipo de Virgem, porque a personalidade está muito relacionada com a pureza.
- É útil para as pessoas que pensam que o sexo é algo sujo, impuro, e que portanto deve ser evitado.
- Para pessoas que freqüentaram colégios religiosos ou receberam uma educação muito rigorosa, e valorizam negativamente a sexualidade no que diz respeito ao prazer que proporciona.
- Para a oposição entre sexualidade e pureza.
- Para pessoas promíscuas ou muito liberais, que são assim por reagirem a algo, ou extremamente puritanas.
- Para pessoas excessivamente recatadas, reprimidas, tímidas, moralistas, pudicas, hipócritas, preconceituosas, celibatárias.
- Histeria. Culpa por sentir excitação. Virgens que não querem deixar de ser virgens. Síndrome pré-menstrual.
- Transtornos funcionais da sexualidade feminina (frigidez, falta de sensibilidade etc.).
- Transtornos nos órgãos sexuais ou da reprodução.
- Usada juntamente com **Hibiscus**, dá muito bons resultados.

Oposição entre sexualidade e pureza.

31. ECHINACEA

Echinacea Purpurea (rosada/púrpura)
(EQUINÁCEA)
Estojo de pesquisa.

"Demonstrou ser uma droga útil para melhorar a resistência do corpo em todo tipo de estados infecciosos."[15]

Rudolf Weiss, 1985

- Restaura a dignidade.
- Integra a pessoa que passou por alguma situação traumática que a afastou da vida social.
- Uma pessoa que enfrentou situações de violência sexual ou de qualquer outro tipo, que degradam o ser humano, volta a ser ela mesma.
- Aumenta as defesas imunológicas e dá forças quando o indivíduo sente que querem aniquilá-lo, destruí-lo.
- Para pessoas muito sofridas, que suportaram humilhações. Para aqueles que foram feridos, ofendidos por causa de sua raça, religião, idade ou opinião, sem ter podido defender-se para não arriscar a vida ou sofrer maiores humilhações. Exemplos: campos de concentração, perseguições políticas etc.
- Idosos que se sentem discriminados, deficientes que não assumem a sua deficiência, homossexuais que se sentem socialmente rejeitados.
- Ajuda a refazer a auto-estima, a sair da alienação e a assumir a própria individualidade, dignidade, aceitação, confiança e respeito.
- Para pessoas que se sentem permanentemente ameaçadas. Psicose (risco de despersonalização).
- Quando a pessoa sente que perdeu a dimensão dos valores humanos.
- Para pessoas que não sabem triunfar e, quando percebem que estão sendo bem-sucedidas, fracassam por sentir que não merecem estar bem. Não se trata de um mecanismo consciente para o indivíduo; é o terapeuta que costuma perceber essa situação.

Dignidade debilitada, discriminação, alienação.

15. PENÉLOPE ODY, *Las plantas medicinales*.

32. EVENING PRIMROSE

Onenothera Hookeri (amarela)
(ONAGRA ou ENOTERA)
Estojo de pesquisa.

- Para pessoas que não foram desejadas ou queridas, remontando a sua rejeição à concepção ou à mais tenra infância.
- Para pacientes que souberam (ou não) que deviam ter sido abortados ou que foram negligenciados desde o nascimento, ou que foram concebidos fora do casamento.
- Para pessoas frias que evitam comprometer-se em estreitos vínculos emocionais ou afetivos, como o casamento, a sexualidade, a paternidade.
- Essa essência proporciona a matéria-prima emocional que faltou no momento adequado, permitindo a calidez e o compromisso.
- Pessoas com dificuldade para estabelecer vínculos estáveis, que erguem barreiras e mantêm relações superficiais. Isso ocorre por medo da rejeição, de não ser queridas ou aceitas devido à marca mnemônica do que já lhes ocorreu.
- Em pessoas adotadas (crianças ou adultos), quando aparecem essas características.
- Em pacientes que estão em conflito com os pais, com antecedentes de abandono, etc.
- Em mulheres grávidas que desejam abortar (de forma consciente ou inconsciente), violadas ou enganadas afetivamente.
- Em pessoas que não se sentem saciadas, motivo pelo qual comem sem parar.
- Fisicamente, podem ter um abdômen proeminente, como de gravidez (é um modo de "engravidar-se a si mesmos" e reverter, retificar, reparar sua situação), tensão nos punhos e nos músculos da nuca.
- Em pessoas que, pelo que foi dito anteriormente, são incapazes de irradiar calidez, amor, ponderação.
- Esta essência ajuda a corrigir as primeiras experiências da encarnação, que foram extremamente devastadoras, e renascer com os nutrientes emocionais que estiveram ausentes num primeiro momento.
- Atua muito bem combinada com Heather.

Rejeição materna. Sentir-se não desejado, não querido. Medo do compromisso por temor de voltar a sofrer.

33. FAIRY LANTERN

Calochortus Albus (branca)
(ONAGRA, ENOTERA)
Estojo de pesquisa.

- Para pessoas com aspecto muito juvenil, que parecem não crescer, inclusive no que diz respeito às mudanças corporais. Personalidades muito infantis.
- Essa essência permite aceitar o crescimento, o amadurecimento em todos os sentidos e, portanto, uma passagem menos conflituosa da puberdade ou adolescência à idade adulta.
- Para seres dependentes, incapazes, impotentes e necessitados que esperam que os outros os protejam.
- Essa essência estimula o amadurecimento e permite aceitar responsabilidades adultas; por isso, é usada para atrasos em termos de amadurecimento, tanto no aspecto físico como no emocional.
- Em irregularidades menstruais, desenvolvimento sexual tardio, nas mulheres e nos homens.
- Na anorexia nervosa.
- Nas crianças que dizem não querer ser grandes.
- Em crianças que passam por etapas de crescimento que se mostram difíceis; por exemplo, o desmame, a separação, o jardim-de-infância...

Dificuldade no crescimento e no amadurecimento sexual, social e físico.

34. FAWN LILY

Erythronium Purpurascens (branca, interior amarelo/púrpura-rosada ao murchar)
(LÍRIO ALMISCAREIRO)
Estojo de pesquisa.

- Para pessoas que, por sua grande espiritualidade, tiram demasiadamente os pés da terra.
- Para aqueles que, no afã de proteger-se, se isolam do mundo, de suas imperfeições, do *stress* cotidiano.
- É uma essência que permite uma maior relação com o ambiente.
- Para pessoas que não partilham nem o trabalho nem o tempo livre com ninguém, sequer com a família. São muito introvertidas.

- Têm pouco interesse pelas atividades físicas e consideram o mundo material perigoso, hostil. Por isso, essa planta costuma ser útil na anorexia nervosa, ou em pessoas magras, enfraquecidas, que se esquecem de comer.
- Místicos. Indiferentes. Desvitalizados. Anêmicos. Pessoas que não se adaptam.
- Psicose. Autismo. Evasão do mundano.

Autoproteção, isolamento, medo, desinteresse pelo mundo.

35. FILAREE

Erodium Cicutarium (rosado-púrpura/azul-violeta)
(ERÓDIO)
Estojo profissional.

- Preocupação excessiva com os problemas cotidianos.
- Pessoas que *fazem tempestade em copo d'água.*
- Detalhistas, críticas, obsessivas, enfadonhas, compulsivas, tensas.
- Pessoas que, dessa forma, desperdiçam energia e, em lugar de serem produtivas, desgastam-se e ficam cansadas para fazer coisas mais proveitosas.
- À maneira de Crab Apple, restaura o sentido da proporção para ver os problemas cotidianos em sua justa medida.
- Costumam ser hipocondríacas, porque se fixam em tudo.
- Jamais concordam com os outros, não apenas no que se refere à sua maneira de ser, mas também com relação ao seu modo de vestir etc., e os censuram.
- São monótonas (como o são os obsessivos) em seus relatos, e as pessoas acabam por cansar-se deles.
- Desordens de caráter. Tiques e tremores. Rituais de qualquer tipo.
- Em equilíbrio, são pessoas muito fortes e valiosas.

Detalhismo, compulsividade, crítica, desproporção.

36. FORGET-ME-NOT

Myosotis Sylvatica (azul)
(MIOSÓTIS)
Estojo de pesquisa.

É uma das plantas preferidas pelos poetas românticos. Existe na Europa uma lenda sobre essa pequena flor. "Uma bela donzela e seu cavaleiro passeavam à margem de um rio quando a mulher viu algumas florzinhas de cor azul-celeste. O cavaleiro, para agradar à amada, abaixou-se e colheu uma dessas flores. Infelizmente, escorregou e caiu no rio, onde foi arrastado pela violência da corrente. Fazendo um grande esforço, jogou a flor à margem e disse com voz apagada: 'Não se esqueça de mim.' Foram suas últimas palavras, porque, um instante depois, a água o sepultou."[16]

Essa flor delicada é o símbolo do amor sincero e da fidelidade.

- Para voltar a ligar-se espiritualmente consigo mesmo e com os outros. Usa-se quando há bloqueios relacionados com dimensões superiores.
- Para pessoas nostálgicas, pessimistas, pouco integradas na vida atual, cujos entes queridos lhes parecem, por assim dizer, "mortos", ainda que presentes, e que ficam taciturnas, caladas.
- Para pessoas com tendência à depressão por não conseguir desvincular-se do passado e de seus entes queridos perdidos.
- Para os que se drogam, têm vida sexual promíscua ou praticam a mediunidade para fugir de antecedentes desagradáveis.
- Essa essência ajuda a manter uma excelente relação com os que partiram, ampliando a consciência no sentido da relação com a humanidade.
- Abre o subconsciente e permite que aflore à consciência o contato com os que já não estão neste mundo, com todo amor.
- Melhora o vínculo entre duas pessoas.
- É aconselhável para os que procuram um vínculo com o além por meio de práticas como o espiritismo e a mediunidade, sem desestabilizar a pessoa.
- Recomenda-se para os que praticam a meditação e o ioga.
- Faz emergir as emoções reprimidas e as libera nos sonhos.
- É útil para as pessoas que têm sonhos agitados e pesadelos, sofrem de insônia ou têm ansiedade com relação ao mundo dos sonhos.
- Confere paz diante da morte de um ser querido, transformando em espiritual uma relação terrena.
- Aumenta a capacidade da memória, a perspicácia, a clareza de pensamento, incrementa a comunicação celular no cérebro, influindo sobre a sinapse.
- Libera os padrões de pensamento negativo.
- Alivia a paranóia.
- Se tomar essa essência, uma pessoa que teve um acidente poderá aprender algo bom com o ocorrido, já que na realidade os "acidentes" não existem. Isso vale para as pessoas e para os animais.
- Para mulheres grávidas que desejam estabelecer contato com o filho ou reforçar os laços mãe-filho antes do nascimento.
- Nos abortos espontâneos, junto com **Bleeding Heart**.

---

16. Rita Schnitzer, *Leyendas y mitos de las flores*.

- Estimula o inconsciente.
- Essa essência está relacionada com Clematis. É útil na insônia, no sonambulismo e quando se fala durante os sonhos.

> *Reconexão espiritual consigo mesmo e com os entes queridos.*

37. FUCHSIA

Fuchsia Hybrida (vermelha/púrpura)
(FÚCSIA)
Estojo profissional.

- Para pessoas muito emotivas que apresentam sintomas psicossomáticos devido a traumas psíquicos profundos.
- Para pessoas cuja aparência não corresponde ao que são interiormente em termos de emoção. Por isso, esta essência ajuda a entrar em contato com os sentimentos mais profundos e íntimos e a compreender as emoções ocultas.
- Alivia emocionalmente pela catarse e pela descarga que produz, com o que se consegue exprimir as sensações mais profundas. Às vezes, essas se mostram como cefaléias, alterações estomacais, sobreexcitação, ruídos na cabeça, medos relacionados com o sexual. Não age sobre os sintomas da repressão, como a dor de estômago ou de cabeça, funcionando antes como catalisador para levar a compreender, aceitar e eliminar as causas da dor e da tensão.
- Ajuda nas doenças da pele (psoríase, eczemas, pruridos).
- Ajuda a transformar o sofrimento, a raiva ou a rejeição reprimidos e arraigados.
- Em geral, trata-se de pessoas que se reprimiram desde pequenas e nas quais os acontecimentos posteriores reativam os mesmos sentimentos.
- Permite assumir abertamente a sexualidade e os sentimentos negativos.
- Esta essência é usada na histeria porque age muito bem sobre seu principal mecanismo de defesa: a repressão.
- É um remédio floral que pode ser muito reativo, de grande mobilização num primeiro momento, de maneira semelhante a Agrimony.

> *Contato com emoções reprimidas. Catarse. Psicossomatização.*

38. GARLIC

ALLIUM* SATIVUM (*rosada-violácea*)
(ALHO)
Estojo profissional.

"... Nos homens oprimidos pela melancolia... produzirá... muitas visões estranhas no cérebro; portanto, deve ser usado internamente com grande moderação."

Nicholas Culpeper, 1653[17]

Essa planta foi registrada primitivamente pelos sumérios há cerca de 5.000 anos. Os egípcios e os romanos costumavam usá-la como remédio estimulante e revigorante, para proteger das doenças em geral. Os construtores das pirâmides, os soldados e os marinheiros gregos e romanos recebiam diariamente uma ração de alho.

Na Idade Média, atribuiu-se a ele o poder de prevenir ou de curar a peste. Mais tarde, seu uso se estendeu à magia, e diz-se popularmente que ele protege dos maus espíritos e afasta os demônios. Penduravam-se dentes de alho ao redor do pescoço das crianças e do gado para afugentar os espíritos malignos. Ainda hoje, vendem-se réstias de alho como enfeite e amuleto para proteger a casa, o carro e as pessoas.

A medicina ortodoxa reconhece que a planta diminui o risco de pacientes cardíacos sofrerem ataques ulteriores. É também um estimulante do sistema imunológico; é antibiótico, reduz o nível do colesterol no sangue, combate a arteriosclerose, previne o risco de trombose e contribui para baixar os níveis de açúcar no sangue. Não é conveniente exceder-se em sua ingestão durante a gravidez e a lactação.

Pertence à família das Liliáceas. Rico em enxofre, exerce um efeito benéfico se plantado no jardim, já que as excreções e secreções de suas raízes favorecem o crescimento de outras plantas, especialmente as rosas, embora seja antagonista de toda variedade de feijões verdes.

- Atua sobre as toxinas do medo, sobre a insegurança e a sensação de estar possuído. Também age sobre o nervosismo.
- Para pessoas que parecem desvitalizadas, fracas, com o olhar inexpressivo, vazio, pálidas.

---

* *Allium* vem do celta *all* = ardente, o que define o seu sabor picante.

17. PENÉLOPE ODY, *Las plantas medicinales*.

- Alivia as tensões concentradas no plexo solar.
- Para pessoas que têm problemas imunológicos. Purifica o sangue e revigora os glóbulos vermelhos. É muito adequado a pessoas com tendência a ter infecções freqüentes, inflamações ou parasitas (crianças ou adultos).
- Tem um efeito restaurador, estimula os processos metabólicos e dá força, resistência, coragem. É estimulante e purificador.
- Para pessoas que ficam paralisadas quando têm de falar em público ou diante de situações nas quais se sentem postas à prova.
- É indicada nos casos de medos não conhecidos, inconscientes, ansiedades e angústias que freiam a vontade, impedindo de agir. Nesse sentido, se parece com Aspen. É semelhante a Gorse na medida em que ajuda a superar a sensação de abandono e de obscuridade. Mas também assemelha-se a Mimulus, já que reverte medos concretos. (Seu efeito é um pouco mais forte.)
- Paranóias. Fobias. Gagueira. Hipertensão. Sudorese excessiva.
- É útil quando existe preocupação com exames.
- Quando usada localmente, alivia as picadas de insetos e, na forma de vaporização ambiental, afugenta-os, já que cria um campo protetor que é irritante para eles.
- Por ser uma essência que age sobre os medos e sobre o sistema imunológico, é útil dá-la a crianças que reúnem ambas as características: temor e infecções reiteradas. Nesses casos, ela deve ser administrada durante um tempo prolongado.
- Atua sobre o chakra do fígado.

> *Liberação de medos, insegurança, ansiedade, nervosismo.*

39. GOLDEN EAR DROPS

Dicentra Chrysantha (amarela)
(BRINCO-DE-PRINCESA)
Estojo profissional.

- Permite fechar as feridas do passado guardadas no coração e na lembrança, processando e elaborando os sofrimentos vividos que não puderam ser metabolizados no momento em que ocorreram.
- Para pessoas que reprimem lembranças dolorosas da primeira infância. Tomando essa essência, tais lembranças podem ser rememoradas e descarregadas emocionalmente. Por esse mesmo motivo, esse remédio pode provocar o choro como reação. Libera sentimentos dolorosos da meninice e permite recordar.

- Uma vez atualizadas, também é possível resgatar as lembranças positivas associadas às que se reprimiram.
- Para pessoas que lembram muito pouco do seu passado, de quando eram crianças. Seres que vivenciam rancor ou medo, sem saber com clareza por quê.
- Age como limpador de venenos abrigados no coração.
- Para os que sempre se sujeitaram diante do pai.
- Ajuda a obter maior êxito nas relações interpessoais. Confere abertura à vida onírica.
- Em amnésias. Ajuda a falar para curar-se.
- Equilibra a pressão e os problemas circulatórios.

Feridas e traumas infantis esquecidos. Dores emocionais.

40. GOLDENROD

Solidago Californica (amarela)
(VARA-DE-OURO ou VIRGA-ÁUREA)
Estojo profissional.

Pertence à família das Compostas e é uma erva elogiada em todos os antigos herbários. Os sarracenos levavam-na nas batalhas contra os cruzados. O nome genérico deriva do latim *solidare* = soldar.

- Assemelha-se um pouco a Larch.
- Para pessoas muito influenciáveis pelos familiares e amigos, ou por aquilo que as convenções sociais indicam, de modo que vivem "como se".
- Pessoas que temem não ser aceitas se não cumprirem o que julgam que se espera delas.
- É uma essência que fortalece a segurança em si mesmo e ajuda a sentir-se bem ainda que se façam coisas diferentes do que as que se supõe que uma pessoa *deveria* fazer.
- Algumas das pessoas que precisam dessa essência imitam outras que admiram, porque sentem que assim estão bem.
- Essas pessoas têm dificuldade para defender suas idéias e duvidam delas. Nesse sentido, é comparável com Cerato.
- Este remédio é necessário para pessoas com certo grau de dependência ou depressão, que caem facilmente nas mãos de psicopatas (personalidades de tipo melancólico).
- São indivíduos sugestionáveis que procuram alguém com quem identificar-se para sentir-se seguros. Buscam lugares onde possam se integrar

(de tipo religioso, militar etc.), porque com isso adquirem certa identidade, "sabem quem são" ou têm um lugar.

- Indicada para adolescentes para afirmar sua identidade. Dá força à individualidade, integridade. Eles já não precisam recorrer a seu *grupo* para sentir-se seguros.

> *Falta de individualidade, sugestionabilidade, mimetismo.*

41. GOLDEN YARROW

Achillea Filipendulina (amarela)
(MILEFÓLIO DOURADO)
Estojo de pesquisa.

- Para pessoas muito sensíveis e introvertidas que não se mostram ou não se movem com facilidade em público.
- Para artistas que não conseguem apresentar-se sem drogar-se, porque não conseguem controlar bem as emoções, coisa que se torna possível tomando-se essa essência.
- É uma essência que fortalece e protege, proporcionando uma espécie de "escudo dourado".
- Para pessoas que costumam deixar sem conclusão o que começaram, adiam suas decisões, dão a sensação de estar desprotegidas. Por essa razão, muitas vezes buscam na droga a força de que sentem precisar.
- São pessoas refinadas, com qualidades artísticas, e essa mesma sensibilidade que poderia ajudá-las, se se encontra desequilibrada, as bloqueia; assim, elas se retraem ou se enfraquecem dentro do contexto social.

> *Hipersensibilidade, introversão diante do público.*

42. HIBISCUS

Hibiscus Rosa - Sinensis (vermelha)
(HIBISCO)
Estojo de pesquisa.

- Para pessoas "frias" sexualmente, sem muita personalidade, desanimadas em conseqüência de experiências traumáticas. Costumam ter relações sexuais por obrigação, com pouco carinho ou sem nenhuma afetividade.

- Proporciona mais energia e sensualidade à mulher.
- Frigidez e apatia sexual feminina. Passividade, falta de interesse ou de motivação. Facilita o orgasmo na mulher. Melhora o jogo erótico.
- Vida sexual inexistente ou desequilibrada.
- Desperta a sensualidade que une o calor da alma à paixão do corpo.
- Permite que os homens sejam mais carinhosos e amorosos na relação, diminuindo a pressa e o egoísmo de buscar a própria satisfação.
- É afrodisíaco. Além disso, ajuda a reforçar a união entre o corpo e a alma no sentido de expressar, por meio da sexualidade, os sentimentos profundos de amor, abertura e calidez.
- Costuma funcionar muito bem com **Easter Lily**.

> *Frigidez e apatia sexual. Dá calidez à união corpo-alma-sexualidade.*

43. HOUND'S TONGUE

Cynoglossum Grande (azul/branca)
(LÍNGUA-DE-CÃO OU CINOGLOSSA)
Estojo profissional.

- Para pacientes muito materialistas ou apegados às posses, o que suscita neles um intenso sentimento de pesar, solidão, desproteção pelo temor de perdê-las.
- Ajuda a ter pensamentos mais profundos, não só em termos intelectuais ou racionais, mas também incluindo o espiritual e o afetivo. Proporciona certo desapego que tranqüiliza o espírito.
- O que prevalece nessas pessoas é a lógica; portanto, elas se angustiam diante de algo que não podem compreender (ver para crer).
- Pessoas que se *matam* pelo físico, muito narcisistas, voltadas para si.
- Outra característica dessas pessoas é que sua percepção se acha hiperdesenvolvida à custa de uma intuição reprimida.
- É uma essência que tem um efeito lento e profundo.

> *Apego a posses, materialismo, racionalismo, atitude de voltar-se exclusivamente para si mesmo.*

44. INDIAN PAINTBRUSH

Castilleja Miniata (vermelha)
(Pincel Índio)
Estojo profissional.

- Indica-se para pessoas criativas que sentem que fisicamente não conseguem levar o trabalho adiante, que se distraem, se cansam, perdem vitalidade e até chegam a adoecer corporalmente.
- Essas pessoas têm a inspiração; o que lhes falta é força para fazer.
- Essa essência permite a atividade artística, a vontade, a vitalidade, a resistência, a energia.
- Estimula as crianças a criar, mas também é recomendada quando há dificuldades na atividade criativa em qualquer idade.
- Neurose do artista, síndrome da página em branco. *Stress*.
- À maneira de Clematis, incrementa a criatividade e a produtividade (também ajuda a engravidar). Situa, vincula com a terra se a pessoa *voa* em demasia. Equilibra a quantidade e a qualidade.
- Integra a energia espiritual à física, sem que uma "sugue" a outra.
- Complementa a **Iris**.
- Energiza os chakras inferiores.

Falta de resistência. Favorece a produtividade na criatividade.

45. INDIAN PINK

Silene Californica (vermelha)
(Cravo-da-Índia)
Estojo profissional.

- É uma essência da família Elm e Cerato, no sentido de que se recomenda a pessoas muito ativas que vivem intensamente e fazem diversas coisas ao mesmo tempo. Isso as desorganiza, lhes causa tensão e as esgota. Estão em *stress* permanente.
- Ajuda pessoas muito atarefadas e ativas a manter *um canto de tranqüilidade*.
- Permite que, em vez de dispersar-se, elas concentrem a atenção, e a partir disso se organizem em suas atividades.
- Também é útil quando a pessoa sente angústia em meio a situações confusas ou caóticas.

- Acalma, diminui o nervosismo e orienta. Permite pensar com mais clareza sem se sentir importunado por ruídos ou estímulos exteriores.
- Tranqüiliza as pessoas que estão em atividade com grande *stress* e pressão, permite que se concentrem e até as orienta diante do peso de exigências simultâneas diferentes.
- Em casos de insônia, ajuda a desligar-se do ambiente e a dormir.
- Proporciona ponderação diante do excesso. Harmoniza.
- Permite usar conceitos definidos em vez de perder-se em detalhes.
- As beiradas irregulares da flor mostram o que acontece com as pessoas: cansaço, irritabilidade, *destruição* em nível físico (Olive-Hornbeam).

Desorganização, caos, pressão diante de um excesso de atividade.

46. IRIS

Iris Douglasiana (azul-violáceo)
(LÍRIO OU FLOR-DE-LIS)*
ÍRIS (BLUE FLAG)
Iris Versicolor (azul-violáceo claro)
(LÍRIO AZUL OU FLOR-DE-LIS)*
Estojo profissional.

A bela Íris era a mensageira dos deuses, mas só levava boas notícias. Como tinha de deslocar-se com muita freqüência da mansão dos deuses à terra e aos mares, Hera transformou-a no arco-íris, ponte entre a terra e o céu, algumas de cujas cores assumiu.

A espécie *Versicolor* é originária do centro-oeste dos Estados Unidos. *Iris Douglasiana* é do norte da Califórnia e costuma ser encontrada em solos pantanosos. Sua flor, de cor azul-violácea, tem manchas brancas e amarelas.

Todas as espécies apresentam qualidades semelhantes quando usadas como essência floral.

- Estimula a criatividade. Deve ser tomada quando esta última falha, quando não há inspiração, quando se sente que a vida é aborrecida. Age sobretudo no que se refere ao artístico.
- Algumas pessoas procuram diminuir essa sensação comendo (especialmente doces), por julgar que desse modo se estimulam.
- Para pessoas que se sentem vazias, *secas*, limitadas e frustradas porque, embora as idéias não lhes faltem, eles não chegam a dar-lhes forma.

---

* Este nome (*flor de Luís*) lhe foi dado por Luís VII como emblema heráldico. Transformou-se depois em *flor de Lis* da coroa da França.

- Para perfeccionistas.
- Amplia as propriedades do hemisfério direito do cérebro. Também aumenta a intuição; disso resulta uma maior fluidez na criação, como também na arte de curar com as essências florais.
- Recomendada também quando as pessoas se deprimem por ter estancado.
- Exerce um efeito maravilhoso sobre as crianças, favorecendo a expressão criativa que, por alguma razão, pode ter-se visto reprimida.
- Para delírios fantásticos e fantasiosos.
- Proporciona o aumento da criatividade ou o lado artístico que a pessoa já possui e permite recuperá-la.
- Desperta talentos artísticos latentes, mas não a intuição.

Frustração, falta de inspiração na criatividade artística.

47. LADY'S SLIPPER

Cypripedium Parviflorum (amarela)
(CIPRIPÉDIO)
Estojo suplementar.

- Destina-se àqueles que não usam todo o seu potencial, seu talento ou suas capacidades — pessoas que costumamos designar por *tapadas*.
- Tudo isso faz que sua energia seja drenada, o que leva essas pessoas a sofrer de fadiga e cansaço, além de ter pouca atividade sexual.
- Tonifica o sistema nervoso e redistribui a energia psíquica, sobretudo nos pés, talvez para caminhar melhor pela vida.
- Torna possível a manifestação do indivíduo, permitindo-lhe ser ele mesmo e fazer o que deve fazer.

Cansaço, falta de exteriorização das capacidades.

48. LARKSPUR

Delphinium Nuttallianum (azul-violácea)*
(ESPORINHA CONSOLDA REAL)
Estojo profissional.

Conta a lenda que Ajax, considerado o mais valente dos gregos, ao ver-se vencido por Ulisses, enlouqueceu de raiva e desespero, vindo a matar-se. Seu

* Em grego: relacionado com os delfins por sua cor violácea, que se associa ao arquétipo dos reis.

sangue transformou-se numa flor, na base de cujas pétalas se vêem as letras AY, que formam o princípio de seu nome e o som com que ele exprimiu a sua dor.

Essa flor representa a guerra, sendo também símbolo de agilidade, porque em seu conjunto se assemelha às falanges articuladas de uma ave pernalta.

- Usa-se em líderes que sentem que sua tarefa se torna momentaneamente demasiado pesada.
- Também em pessoas que têm de assumir esse papel sem ter-se preparado de antemão. Quando têm de exercer algum cargo de chefia ou de direção sem treinamento prévio.
- Em líderes que se desequilibram, se exaltam e acabam por desembocar no autoritarismo ou na manipulação (Vine).
- Proporciona uma liderança natural, cálida e carismática, que anima e equilibra. Uma tarefa feliz, não uma carga. Um doar-se mais aos outros e não concentrar-se na própria importância. Ajuda a ser autêntico e a fazer o que é preciso.
- Convém dá-la quando os papéis materno ou paterno estão mal assumidos.
- Em quadros maníacos, ajuda a diminuir a exaltação.

Inflexibilidade, autoritarismo, poder.

49. LAVENDER

Lavandula Officinalis (azul-violácea)*
(LAVANDA)
Estojo profissional.

"Especialmente boa para todos os transtornos e dores de cabeça e para o cérebro."
John Parkinson, 1640[18]

Pertence à família das Labiadas; suas flores e folhas estão cobertas de brilhantes glândulas de óleo. Era usada antigamente para curar a dor de cabeça, uso que persiste até hoje. Todos os antigos herbários descrevem o efeito refrescante da lavanda sobre uma *leve enxaqueca* e as *vertigens do cérebro*. Em doses altas, pode ter efeitos narcóticos.

* Do latim *lavare* = limpar. Os romanos diziam que significava "lavar" e tomavam banhos de lavanda e se esfregavam com ela, a fim de curar as doenças de pele.

18. PENÉLOPE ODY, *Las plantas medicinales*.

Também era usada para perfumar e como proteção contra traças ou outros insetos na roupa branca. O óleo diluído friccionado na pele serve de repelente de moscas e mosquitos, e afirma-se que, esfregado sobre o couro cabeludo, favorece o crescimento do cabelo.

- Como remédio floral, tem efeito sedativo e tranqüiliza, motivo pelo qual se usa quando há tensão interior, excitação, cefaléia, enxaqueca, hemicrania, problemas de visão, contração nos ombros e no pescoço, e insônia.
- Reequilibra o sistema nervoso, tonifica os nervos nas pessoas que manifestam grande sensibilidade nesse nível.
- Para mulheres que, além de cuidar das tarefas do lar, do trabalho, do marido etc., são muito solicitadas como mães.
- Para a meditação; ajuda relaxar e a fazê-lo com tranqüilidade.
- Harmoniza e equilibra as emoções.
- Diurética. Pode ser estimulante uterino, de modo que não convém exagerar na ingestão durante a gravidez.
- Diminui o desassossego, a irritabilidade, o nervosismo, a superestimulação; relaxa e restabelece o equilíbrio emocional.
- Também é útil para pessoas sexualmente insatisfeitas ou com uma descarga inadequada de sexualidade.
- *Limpa* a alma e permite o restabelecimento da paz interior.
- É muito conveniente usá-la em banhos de imersão, visto que tem o efeito de integrar e equilibrar o corpo, a mente e o espírito.
- Em cremes, junto com **Chamomile**, age como sedativo nos eczemas e na acne rosácea. Também é boa para as queimaduras de sol (mas não age como protetor solar) e para as inflamações em geral.
- Ativa o chakra da coroa.

Purificação, equilíbrio, tonificação emocional diante do desassossego.

50. LOTUS

Nelumbo Nucifera (rosada)
(LÓTUS)
Estojo profissional.

É o símbolo universal da purificação, da iluminação espiritual e do renascimento. A planta era considerada sagrada pelos hindus e pelos egípcios, que a comparavam com o Sol, a ressurreição e o organismo humano.

É uma planta aquática, em geral encontrada em grandes reservatórios e cujas folhas, de forma circular e que podem chegar a ter um metro de diâmetro, bóiam na superfície da água.

Os orientais diziam que suas raízes enterradas no lodo se relacionam com vida física, com o corpo e com a matéria. Os talos e folhas quase submersos representavam o aspecto emocional do indivíduo; quanto à flor aberta, livre ao ar, simbolizava o intelecto e a espiritualidade.

- É uma essência de uso universal, visto que se dirige a todos os aspectos do indivíduo, não aos estados emocionais específicos, embora atenue problemas de qualquer tipo nesse sentido.
- Para pessoas que buscam na religião ou na prática de rituais ou cerimônias místicas o modo de desenvolver-se espiritualmente e vincular-se com o seu Ser Superior.
- Favorece a meditação e a oração, assim como a visualização criativa.
- Se nessa busca a pessoa se julga superior, ou se por orgulho se distancia demasiadamente dos outros, se se torna fanática ou cultiva um excesso de idealismo, isto é, perde de vista a realidade, essa essência a estabiliza e harmoniza.
- Fisicamente, favorece uma melhor assimilação das substâncias nutritivas. Purifica o organismo de toxinas.
- É muito útil nos desequilíbrios emocionais (psicose, obsessões).
- Relaxa e harmoniza a consciência num plano elevado.
- Ajuda em delírios de grandeza (ego inflado). Se a cabeça pesa muito, mais do que o resto do corpo, ela permite a integração.
- Equilibra a informação espiritual.
- Desenvolve a telepatia e outras capacidades psíquicas.
- Adicionada a fórmulas florais, ainda que seja uma única gota, intensifica a ação destas.
- Usada localmente, favorece a regeneração dos tecidos danificados.
- Trata-se de um remédio que, mais do que para um desequilíbrio emocional específico, é ótimo para mitigar qualquer sofrimento emocional.
- Deve-se ter cuidado com essa essência, já que potencializa outros remédios vibracionais que possam estar sendo tomados, podendo, além disso, fazer que aflorem doenças que se encontram em germe, para que sejam expulsas. Mas isso significa que se deve usá-la com moderação.
- GURUDAS diz que o chakra da coroa se desenvolveu junto com a flor de lótus, motivo pelo qual há grande semelhança nos padrões etéricos de ambos. Por isso, ela é usada por aqueles que desejam canalizar energia.
- Leva a pessoa a praticar a sinceridade, a humildade, a entrega e a receptividade, promovendo o crescimento espiritual.
- É indicada para os distraídos, os indecisos, os que vivem sonhando, já que aumenta a capacidade de concentração e fortalece a memória.

- Acaba com o excesso de idealismo, sobretudo em alguns místicos que rejeitam a vida material e perdem o sentido da realidade.

Purificador, equilibrador, potencializador.

51. LOVE-LIES-BLEEDING

Amaranthus Caudatus (vermelha)
(AMARANTO)
Estojo suplementar.

- Ajuda a emergir da dor, do sofrimento, da angústia, do tormento ou da enfermidade pessoal por meio de uma integração transpessoal.
- Ajuda a sair da depressão, no sentido de passar do isolamento, do fechamento individual, à compreensão do propósito desse estado, e num nível que transcende o pessoal.
- Ajuda a compreender que a própria dor é parte de uma experiência humana maior, despertando o amor e a compaixão por todos os seres vivos.
- Ajuda a aceitar a dor do sofrimento e o sacrifício, bem como a conseguir desse modo a transformação espiritual.

Amortecedor do sofrimento por integração transpessoal.

52. MADIA

Madia Elegans (amarela com pontos vermelhos)
(MÁDIA)
Estojo profissional.

Essa flor se fecha quando o sol está muito forte. No abrir-se e fechar-se diários dos capulhos e no pegajoso da planta reside o efeito dessa essência: permite apegar-se aos detalhes e aos projetos até completá-los. As pequeníssimas manchas vermelhas que se encontram em cada flor são um símbolo do criativo. Essa é a sua *assinatura*.

- Ajuda a pessoa a se concentrar.
- Costuma ser ingerida de tempos a tempos e no meio da tarde, quando a pessoa se sente mais cansada.

- Para pessoas que têm muitos projetos mas que nunca terminam nenhum. Tendem a distrair-se, não se fixam nos detalhes, desconcentram-se com facilidade e não concentram a atenção; são muito imaginativas mas não conseguem realizar seus objetivos (semelhante a Gentian-Clematis).
- Essa essência ajuda a chegar à meta, sem extraviar-se pelo caminho nem "devanear". Pelo contrário, permite concentrar-se e não perder a perspectiva.
- Convém dá-la quando há letargia e confusão mental, falta de lucidez, ilusões. Por exemplo, para pessoas que não se agasalham porque não percebem que está frio.
- Para pessoas com grandes qualidades mas que não conseguem concretizar seus objetivos.
- Inflamações, "*ites*".
- Essa essência favorece um processamento e uma assimilação melhores da glicose, associada com a vitalidade.
- Nos *almoços de negócios*, depois de tomar vinho, afasta a sonolência.
- Se ingerida em demasia, pode causar insônia.

Distração, desconcentração, cansaço, ilusões. Para a concentração.

53. MALLOW

Sidalcea Glauscens (rosa-violácea)
(MALVA)
Estojo profissional.

É uma planta que tem grande força e belas flores. Tanto as flores, que secam rapidamente, como a própria planta, que mostra um súbito envelhecimento, simbolizam as pessoas que, gozando de boa saúde, costumam estar preocupadas demais com a aparência. Essa é uma essência que age retardando o processo do envelhecimento.

Por outro lado, o rápido emurchecer da flor também representa as diferentes condições da pele que esta essência trata.

É uma planta muito comum que cresce espontaneamente entre as pedras das trilhas de montanha, em ruínas, prados e bosques; já no século VIII a.C. ela era usada com propósitos medicinais.

- Pertence à mesma família do **Hibiscus.**
- É boa para aliviar as moléstias que ocasionam as hemorróidas e as varizes; alivia a flebite, tanto em uso externo como tomada em gotas.

- Para as pessoas que têm dificuldade para estabelecer relações sociais, pessoas envergonhadas, tímidas, inseguras, que temem a rejeição e, portanto, não "se abrem" e até criam barreiras, tais como mostrar-se frias, distantes, desagradáveis, para que ninguém se aproxime demasiadamente delas.
- Para as pessoas que se isolam, se desvinculam de suas relações. Mostram dificuldade para dar e receber.
- Esta essência dá confiança no sentido de poder ser cálido e amistoso no contato com outros seres.
- Ajuda nas crises da meia-idade e no medo da velhice. Também em sintomas de perda de audição e atenção; permite concentrar e recordar pensamentos, melhora a memória na senilidade ou velhice prematura.
- Nos homens, restaura a virilidade.
- Para atenuar os sintomas da menopausa e o medo das mudanças ou dificuldades na adaptação a elas.
- Ajuda a aceitar com menos preocupação as mudanças que ocorrem ao longo da vida.
- Ajuda a abrir-se e a envolver-se afetivamente (como Agrimony, nesse sentido) e a ter um melhor relacionamento com as pessoas.
- Essa essência funciona no coração, no centro, derretendo o "gelo" que impede o contato com os outros.
- Proporciona o sentimento de dignidade na idade madura.
- É aconselhável a todas as pessoas tímidas, isoladas, que por isso mesmo se mostram orgulhosas. Por conseguinte, é muito útil àqueles que têm dificuldade de estabelecer e conservar amizades.
- Na adolescência, dá confiança diante da insegurança provocada pelas mudanças na aparência física e na psique.
- É um bom tônico para todo o sistema endócrino.
- Nos animais, esta essência costuma ser usada para aliviar os problemas causados pelo envelhecimento e também pelas mudanças prematuras em seu sistema reprodutor como efeito da castração.
- Ajuda a aceitar qualquer um dos processos de transformação que acontecem no decorrer da vida.
- Para entender as mudanças fisiológicas e aceitar bem cada etapa: puberdade, adolescência, idade adulta, menopausa, velhice.
- Em cremes, atenua as manchas da velhice na pele.
- É um remédio floral que tem muitas aplicações no uso externo.

Ostracismo por insegurança, falta de aceitação de si mesmo. Abertura social.

54. MANZANITA

Arctostaphylos Viscida (branca-rosada)
(MACELA)
Estojo profissional.

- Assemelha-se a Crab Apple, já que também é um *purificador*.
- Usa-se especialmente em pessoas que rejeitam o próprio corpo porque o consideram feio e disforme, bem como porque sentem ser ele a sede da corrupção, do carnal contra o espiritual, e privilegiam este último.
- Nesse sentido, é muito útil na anorexia nervosa, em que esse é precisamente um dos problemas.
- Também para as pessoas que sentem asco do corpo dos outros.
- Em problemas de despersonalização física, abandono do corpo, gravidez, se se vive o corpo como disforme.
- Purifica no que se relaciona com o físico.
- É útil na sinusite, na congestão pulmonar, na anemia e em qualquer doença associada aos glóbulos vermelhos. Favorece o metabolismo do ferro.
- Tem muitas aplicações em uso externo.
- As plantas regadas com essa essência têm o seu crescimento acelerado.

Sujeira, impureza, vergonha, asco.

55. MARIPOSA LILY

Calochortus Leichtlinii
(*branca, centro amarelo com pontos púrpura*)
(LÍRIO-TULIPA)
Estojo profissional.

Esta planta costuma ser relacionada com Deméter, deusa grega irmã de Zeus, com o qual teve Perséfone. Hades, deus do inferno, raptou sua filha. Zeus obrigou-o a devolvê-la todos os anos no período da primavera ao outono (época em que esta planta floresce). Deméter é, além disso, deusa da agricultura e da fecundidade, bem como símbolo da mãe nutridora que protege, cuida de seus filhos e luta por eles.

Esta flor é cálida, mas cresce com suas raízes ao ar entre as pedras. Na realidade, mal tem raízes.

- O remédio floral age sobre pessoas que tiveram algum tipo de perturbação em seus vínculos com a mãe: abandono, maus-tratos, desapego, superproteção, família muito numerosa e uma mãe sobrecarregada. Seja pelo que for, isso deixou no paciente uma sensação de distância, de vazio afetivo.

- Isso se relaciona com a falta de modelo feminino na mulher, e também no homem.
- No homem, podem aparecer rejeição ou hostilidade com relação à mulher; por exemplo, *machismo*. A mulher pode ter dificuldade com seu papel e também com suas funções maternas.
- Esta essência melhora os vínculos com a mãe interior, ajuda a criar modelos a partir de si mesmo, melhora a relação com todo o feminino, tanto nos homens como nas mulheres, e, portanto, também com os seres que nos cercam. Ela faz que a pessoa se sinta amada e possa amar.
- É bom dá-la a bebês prematuros (com pouco tempo de gestação), doentes ou que passaram por cirurgias desde muito pequenos, que estiveram numa incubadora ou sofreram separações prematuras.
- Melhora a relação com a mãe, em especial nos adolescentes, mas em geral também com outras figuras femininas.
- Para filhos não-desejados, quer tenham consciência disso ou não. Filhos de lares destruídos. Filhos adotivos.
- É um remédio bom não apenas para a maternidade mas também para a paternidade positiva.
- Enternece.
- Para pessoas que foram *abandonadas* deve-se alternar o uso dessa planta com Chicory.

Identificação com o feminino.
Nutrição e calor materno.

56. MILKWEED

Asclepias Cordifolia (vermelha/púrpura ou roxa)
(Algodãozinho-do-Campo, Asclépia, Oficial-de-Sala)
Estojo de Pesquisa.

A planta tem uma seiva leitosa, razão do nome que recebeu.

- Para pessoas que temem responsabilidades, não conseguem enfrentar a realidade e fogem dela de diferentes maneiras: drogando-se, alcoolizando-se, comendo em excesso, fazendo parte de seitas religiosas de tipo místico ou absoluto, entrando num estado de fantasia ou turvando a lucidez com alguma substância.

- Essas pessoas não fazem nada sozinhas, são muito dependentes, imaturas, com comportamentos infantis, não parecem adultas.
- Um exemplo são os pacientes do tipo *borderline*.
- Também é útil em depressões nas quais o paciente não consegue enfrentar os problemas cotidianos.
- Ansiedade, desespero, misticismo como fuga da realidade. Pacientes psiquiátricos que não conseguem um bom relacionamento com eles mesmos.
- Crianças com problemas de aprendizado. Estimula o amadurecimento.
- Tranqüiliza quando há problemas de insônia.
- É útil para pessoas fascinadas pelas coisas ocultas.
- Do mesmo modo, para pessoas que estiveram internadas durante muito tempo e precisam receber cuidados para aprender a ser mais independentes.

Dependência total com relação aos outros.
Carência de defesa diante do mundo.

57. MORNING GLORY

Ipomea Purpurea (azul-violácea)
(IPOMÉIA)
Estojo profissional.

Esta planta produz uma semente que exerce um efeito de droga; a flor parece um funil. Floresce nas primeiras horas da manhã e vai-se fechando depois; nisso reside a sua *assinatura*.

- Como essência floral, é um bom tônico para todo o sistema nervoso, especialmente para o simpático. Ajuda a levantar-se pela manhã e a manter-se com vitalidade durante todo o dia.
- Este remédio floral é útil para pessoas que rangem os dentes, roem as unhas, são muito nervosas e inquietas, não param de falar, não conseguem descansar à noite, a tal ponto que chegam a sofrer de insônia.
- Para dependências ou outros hábitos (fumo, café, álcool, doces, drogas) que destroem a personalidade. Vida desordenada, irregular, tresnoitada, condutas erráticas.
- Estimula as endorfinas, torna a dor mais tolerável.
- É uma excelente essência para uso externo.
- Ajuda a romper com padrões de comportamento. Equilibra o ritmo biológico do dia e da noite, e ajuda a recuperar o ritmo diurno (por exemplo, para crianças que choram à noite e dormem durante o dia).

- Para pacientes com dificuldade para levantar-se pela manhã e para fazer coisas ao longo do dia por causa da insônia noturna.
- Também ajuda a desintoxicar-se. Ajuda a sentir mais respeito pela vida e aumenta o interesse pela natureza.
- Deve ser dada quando a pessoa esteve em coma por choque.
- Para pacientes que precisam tomar estimulantes.
- Também é eficaz em transtornos imunológicos relacionados com intoxicações, transtornos hepáticos e nervosos.
- Walnut e Chestnut Bud, de Bach, são úteis de igual maneira para quebrar padrões de hábitos e aprender com a experiência; Agrimony é útil para os que evitam sentir a angústia interior.
- Funciona muito bem com **Sunflower** e com **Star Tulip**.
- Acrescentada à água de rega, protege as plantas do contágio de alguma doença das plantas vizinhas.
- É um equilibrador e tonificador, já que é dada a pessoas demasiado ativas, agitadas e muito nervosas que se desgastam a ponto de depois sentir-se abatidas e cansadas sem motivo aparente.
- Para pessoas com grandes oscilações.
- Este remédio floral ajuda a transformar positivamente costumes, comportamentos estereotipados, hábitos arraigados, especialmente relacionados com um tipo de vida desequilibrado.

Dependências, ritmo errático de sono, irritabilidade, caráter autodestrutivo, nervosismo.

58. MOUNTAIN PENNYROYAL

*Monardella Odoratissima** *(violeta)*
(POEJO DA MONTANHA)
Estojo profissional.

- Para pessoas muito sensíveis que se *contaminam* facilmente com os pensamentos negativos de seu ambiente, à maneira de Walnut, e ficam mentalmente sem energia, de modo que não conseguem pensar com clareza nem decidir logicamente.
- Para pessoas com qualidades mediúnicas que *recebem* e não podem erguer uma barreira.

* Relacionada com a menta, de aroma forte, protege a aura.

- Essa essência repele da mente os pensamentos estranhos, negativos, alheios a essa pessoa, como Crab Apple. Do mesmo modo, esclarece e depura os próprios pensamentos.
- Para pessoas pessimistas, com idéias negativas. Também protege das "ondas negativas" provenientes dos outros, como o "olho gordo".
- Na neurose obsessiva (idéias impostas, vozes interiores), purifica mentalmente.
- Pode ser útil em processos infecciosos recidivantes.
- Quando há falhas na aura e sentimento de sujeira.
- O óleo é usado como repelente de insetos; psiquicamente, ajuda a repelir pensamentos inúteis (White Chestnut).
- No alcoolismo ou no uso de drogas psicodélicas; na esquizofrenia, tapa os orifícios do corpo etérico.
- Alivia a confusão mental e a torrente de pensamentos que se produz em diferentes transtornos psíquicos.
- No que se refere às pessoas muito fanáticas com relação ao trabalho, estimula-as a descansar e a tirar férias.
- Pode ser adicionada a uma solução oftálmica, sendo benéfica para os olhos como purificador e para despertar uma certa visão telepática.

Pensamentos negativos, falta de vitalidade, pessimismo, falta de clareza mental.

59. MOUNTAIN PRIDE

Penstemon Newberryi (magenta)
(ORGULHO DA MONTANHA)
Estojo profissional.

É uma bela flor que luta para crescer por entre as gretas da montanha, sendo difícil de ser colhida.

- Para pessoas que temem ou evitam os desafios, esta essência dá força, coragem e vontade para enfrentar os obstáculos em lugar de retirar-se sem defender a própria posição ou afirmar-se onde cabe fazê-lo. Fortalece o caráter, a personalidade.
- Proporciona maior resistência física e mental em situações difíceis, sejam elas quais forem.
- Equilibra a energia masculina (tanto nos homens como nas mulheres) para combater ou lutar pelo que vale a pena.
- Para pessoas que confundem paz com passividade.

- Ajuda a assumir uma postura ou a tomar posição diante das crenças e animar-se a opinar.
- Aumenta a capacidade para o trabalho ou o esporte.
- Melhora o desempenho nas competições (pessoas e animais).
- É útil para os que estão enfrentando grandes dificuldades na vida.
- É um remédio para pessoas muito dinâmicas que precisam expressar muita energia.
- Apresenta certa semelhança com Centaury.

> *Resistência diante da adversidade.*
> *Competitividade.*
> *Equilibrador da energia masculina.*

60. MUGWORT

Artemisia Douglasiana (amarela)
(ARTEMÍSIA)
Estojo profissional.

Seu nome grego significa "privado de doçura", já que tem um sabor tão amargo que é mencionada como símbolo do sofrimento na vida. Como erva, pode intoxicar se tomada em excesso.

Na linguagem das flores, não obstante, Artemísia significa "felicidade", devendo seu nome à deusa grega que ajudava as mulheres em suas enfermidades.

Para os anglo-saxões, a artemísia era uma das "Nove Ervas Sagradas" que dera ao mundo o deus Woden. Os romanos plantavam-na ao longo dos caminhos e introduziam raminhos nas sandálias para aliviar a dor dos pés nas viagens muito longas.

As flores crescem em pequenos cachos, bastante parecidos com os *agregados de neurônios* no cérebro.

- É uma essência muito eficaz para os tiques, os espasmos ou as contrações nervosas.
- Para pessoas que estão em situações-limite, psiquicamente hiperativas. Desequilíbrios emocionais. Fantasias ou idealização excessiva.
- Ajuda a entrar no estado alfa. Facilita a compreensão do sentido dos sonhos ou vivências que não se podem explicar racionalmente. Dá maior lucidez. Aumenta o coeficiente intelectual.
- Tem um efeito benéfico no nível neuronal, visto que regulariza a sinapse e a comunicação entre as células cerebrais. Por isso mesmo, é muito útil na epilepsia e no sonambulismo.

- Equilibra quando a pessoa procura fugir da realidade por meio de práticas pseudo-espirituais, descontrolando-se psiquicamente.
- Para transtornos menstruais e para as mudanças de caráter com eles relacionadas. Regulariza a menstruação.
- Ajuda no parto, já que estimula o nascimento. Deve-se ter a precaução de não dar essa essência antes dos trabalhos de parto para evitar que ele seja prematuro.
- É muito útil quando há fluxos corporais.
- Para pessoas que têm problemas com o envelhecimento.
- Para os muito sensíveis, emotivos a ponto de se tornar irracionais.
- Para os que sonham e se desequilibram no que se refere ao que canalizam. Isso se torna tão traumático que essas pessoas não conseguem deixar de falar do assunto e ficam irascíveis.
- Equilibra o psiquismo dos que têm qualidades perceptivas e permite que extraiam informação positiva dos seus sonhos. Afirma-se que quando se dorme perto da planta, esta estimula o sonhar.
- É conveniente avisar o paciente que ignora os efeitos desta essência que, quando de sua ingestão, talvez se abram muito certas faculdades psíquicas (se se têm tendência a elas).
- Estimula a fertilidade masculina.
- Na água de rega, estimula as plantas a crescer de forma mais ordenada e regular.

Situações-limite, hiperatividade,
tiques, contrações nervosas.
Equilibrador.

61. MULLEIN

Verbascum Thapsus (amarela)
(VERBASCO)
Estojo profissional.

"As bestas de carga afetadas não só pela tosse como também pela falta de respiração encontram alívio no seu extrato."

Plínio, 77 d.C.[19]

Tem uma grande espiga floral que chega a medir até um metro de altura, reta, qualidade que se transmite ao remédio floral, desenvolvendo a virtude da retidão e da honestidade. Reside nisso a sua *assinatura*.

---

19. PENÉLOPE ODY, *Las plantas medicinales*.

- Para os desonestos, que enganam, sendo esse o seu modo de ser cotidiano. São assim com eles mesmos e com os outros.
- Para pessoas que não vêem claramente tudo o que diz respeito aos valores morais; pessoas que mentem e não distinguem o bom do mau (por exemplo, os psicopatas).
- Pessoas cujos projetos de vida são muito frágeis e instáveis.
- Também para as pessoas que sentem que não podem sobreviver sem mentir.
- Com essa essência, desenvolvem-se a retidão, a veracidade e a honestidade. Ela permite também que se adote uma postura com referência à própria verdade, apesar da pressão ou das convenções sociais.
- Para pessoas promíscuas, imprudentes, que não conseguem ouvir *a voz da consciência.*
- Para pessoas indecisas no que diz respeito à direção que pretendem seguir na vida e aos valores. Em geral, isso é conseqüência de alguma influência proveniente de um ambiente perturbado.
- Vervain tem algo do que caracteriza esta flor.
- Ajuda a desenvolver a paciência e a equilibrar o entusiasmo.
- Fortalece a coluna, relacionando-se isso com a sua forma, que parece uma espada que se ergue.
- Ajuda nos problemas do ouvido.
- Permite encontrar a verdade por e para nós mesmos, bem como enfrentar o mundo.
- No âmbito de um grupo, favorece a união e desenvolve a confiança, estimulando o trabalho grupal com vistas a um projeto compartilhado, já que une em nível energético.
- É útil na impotência sexual masculina; incrementa a virilidade.
- Esse tipo de paciente não costuma consultar-se em função das formas de desequilíbrio descritas, de modo que cabe ao terapeuta descobri-los.

Desonestidade, distorsão dos valores.
Escuta interior, retidão, veracidade.

62. NASTURTIUM

Tropaeolum Majus (alaranjada/vermelha)
(AGRIÃO-DO-MÉXICO)
Estojo profissional.

Esta planta pertence à família das Tropeoláceas, e é originária da América; já no século XVI, foi levada à Europa do Peru. Suas folhas, botões e flores dão um toque picante às saladas. Também é usada para aromatizar vinagretes.

Contém importantes minerais e um elevado teor de vitamina C. Tem efeito tônico, purificador e antisséptico. Em uso externo, costuma ser usada para acalmar dores e em furúnculos. É conhecida comumente como *agrião-do-méxico*.

- A qualidade essencial deste remédio floral é a vitalidade. É estimulante.
- Usa-se em pessoas que têm a mente fechada, esgotadas pelo excessivo processo de raciocínio. Em pessoas monotemáticas, obsessivas, com idéias fixas, rígidas de caráter, excessivamente intelectuais.
- Esta essência restaura a energia física quando há uma intensa atividade intelectual. Integra os sentimentos e o pensamento quando estes se encontram dissociados.
- Dá abertura mental, flexibilidade.
- Depois de uma intensa atividade intelectual durante certo tempo, quando as pessoas estão esgotadas mentalmente, ou muito cansadas fisicamente, elas se distanciam do mundo e descuidam do corpo. Isso leva a uma diminuição de suas defesas imunológicas, e as pessoas adoecem, mesmo que seja contraindo um simples resfriado; essa essência renova a energia. Nesses casos, deve-se dar junto com **Yerba Santa**. Também quando há congestão na cabeça.
- Ajuda as pessoas que privilegiam em demasia o raciocínio e o intelecto a voltar a pôr os pés no chão. Também é útil para os obsessivos ou pessoas que sofrem de letargia.
- Nos estudantes, é muito importante para dar vitalidade e vigor em ambos os níveis, mental e físico, de modo a elevar o rendimento.
- Também quando esses estudantes estão esgotados, pálidos depois dos exames.
- É muito útil em pessoas que dão primazia ao intelectual e se cristalizam nesse pólo, desvinculando-se do resto dos centros vitais. Também para as pessoas *de visão estreita*, já que amplia-lhes os horizontes.
- Sua aplicação externa fortalece o cabelo.
- De quando em quando, pode-se vaporizar o rosto com esta essência para acabar com a sonolência e despertar.
- É útil para a fraqueza ou o cansaço da vista.
- Quando as mulheres são demasiadamente cerebrais, junto com **Pomegranate** para alimentar os chakras inferiores e equilibrar os pólos.
- Com Rock Water, para pessoas radicais.

Excessivo intelectualismo.
Mente fechada. Obsessão.
Esgotamento. Revitaliza.

63. NICOTIANA

Nicotiana Alata (branca)
(NICOTIANA)
Estojo suplementar.

Assim como nas cerimônias dos índios da América se costumava fumar o cachimbo da paz, assim também com esta essência floral de tabaco se pode selar a paz com a vida.

- Este remédio floral confere estabilidade e ajuda a enfrentar os desafios que se apresentam na vida cotidiana.
- Usa-se em pessoas que procuram anular, adormecer ou anestesiar seus sentimentos ou emoções, esconder-se por trás de uma máscara de dureza ou frieza, assim como naqueles que buscam estimulantes que os ajudem a aliviar a vida.
- É muito recomendável para pessoas dependentes do fumo.
- Também para os que caem em dependências com o propósito de insensibilizar-se e proteger-se dos verdadeiros sentimentos que brotam no coração.

Dependência do fumo. Anestesia das emoções.

64. OREGON GRAPE

Berberis Aquifolium (amarela)*
(PILRITEIRO)
Estojo profissional.

- Para pessoas muito desconfiadas, ou que sempre interpretam negativamente as intenções dos outros, imaginam ou esperam agressão e hostilidade, e por isso respondem da mesma maneira. Pessoas querelantes, briguentas, pessimistas, suscetíveis.
- Esta essência ajuda a confiar nos outros. Nisto, ela se assemelha a Holly, embora seja mais forte. As folhas são parecidas.
- Para pessoas que têm problemas com a lei.
- Nos paranóicos ou naqueles que, sem chegar a esse extremo, sempre pensam que as pessoas que os cercam são hostis, injustas, vão prejudicá-los de alguma maneira. Este tipo de pessoas cria mal-estar em nível social.

---

* *Aquifolium* = folhas pontiagudas.

- Não conseguem dar nem receber afeto, visto que todo tipo de aproximação é motivo de suspeita e, portanto, mal-interpretado.
- Em zelotipias ou outras formas de paranóia, como delírios de perseguição ou reivindicatórios. Caracteropatias, homossexualidade, sentimentos negativos, falta de laços afetivos.
- Para pessoas que se sentem injustamente rejeitadas (Holly-Willow). Sentem que os outros as odeiam ou lhes são hostis.
- Para as pessoas que se defendem tanto, que terminam por ser extremamente rígidas. A defesa é do atual, não do passado.
- Tomando-se esta essência, pode-se desenvolver confiança e reconhecer que os outros podem ser bem-intencionados com relação à pessoa.
- Numa terapia, esta essência faz que o paciente possa ter confiança no terapeuta.
- Como ela ajuda em tudo o que se acha estagnado, também pode ser usada quando há quistos.

Desconfiança, querela, briga, paranóia.

65. PENSTEMON

Penstemon Davidsonii (violeta/azul)
Estojo profissional.

- Trata-se de uma essência que transmite força na adversidade. Com **Penstemon**, a pessoa que passa por uma desventura pessoal e julga não poder continuar enfrentando a vida sente que pode seguir adiante. Mostra-se nisso a sua *assinatura*, já que é uma planta que cresce numa região que se encontra coberta pela neve nove meses por ano, nas montanhas de Serra Nevada, a cerca de 3.500 metros de altura, suportando condições climáticas adversas.
- É útil quando há mortes, perda de dinheiro, acidentes ou qualquer situação inesperada ou chocante. Diante do desânimo, do pessimismo, da pena de si mesmo, esta essência dá resistência e força para enfrentar as dificuldades pessoais.
- Confere força interior e capacidade de resistência e perseverança para vencer os obstáculos.
- Ajuda a enfrentar derrotas em competições esportivas, em exames; também em doenças terminais.
- Também dá coragem para aceitar a própria morte.

- Em pessoas adultas, gera forças para não resignar-se e para lutar para viver o melhor possível.
- É útil quando a pessoa sente que a vida foi injusta com ela, por exemplo, diante de uma incapacidade pessoal, morte ou deficiência dos filhos etc.
- Em situações de trabalho, quando uma pessoa se sente inadequada ou está sendo examinada.
- Este é uma essência muito útil no trabalho cinesioterápico.
- Em crianças ou adultos, ajuda em situações muito duras, de grande exigência.
- O remédio confere coragem, ânimo, confiança para sustentar-se nos momentos difíceis em que a vida nos põe à prova.

Adversidade, provação, resistência.
Força e aceitação em momentos difíceis.

66. PEPPERMINT

Mentha Piperita (violeta/branca)
(HORTELÃ-PIMENTA)
Estojo profissional.

"Se alguém é capaz de relacionar... todas as propriedades da menta, sem dúvida saberá também quantos peixes nadam no Oceano Índico."

Wilfried de Strabo, s. XII[20]

Segundo a lenda grega, Minta, filha de um rio, era concubina de Hades, o deus do Inferno. Sua esposa legítima, Perséfone, muito ciumenta, transformou-a em planta e condenou-a à esterilidade. Diz-se que, por essa razão, os frutos da menta são malconformados e a planta procura os solos úmidos e vive perto da água. Na Antigüidade, usava-se a menta, entrançada em coroas, em festas e cerimônias, e também a empregavam como remédio caseiro. Hoje, ela é uma das nossas tisanas favoritas, sendo considerada uma planta de inegável qualidade afrodisíaca.[21]

20. PENÉLOPE ODY, *Las plantas medicinales.*
21. RITA SCHNITZER, *Los secretos de las hierbas.*

Esfregando as folhas frescas
sobre as mesas, conseguimos
provocar... um grande desejo
de comer.[22]

Pertence à família das Labiadas, sendo crença geral que existem mais de trinta espécies diferentes. Na atualidade, a **Mentha Piperita** é a mais usada com fins medicinais.

Ela reúne em si ambas as qualidades: a estimulante e a relaxante. A menta tem essas características: gosta de crescer em ambientes úmidos, quentes ou mornos e frescos ou frios ao mesmo tempo. Sente-se isso, por exemplo, ao tomar a tisana.

- Como essência floral, é recomendada para a sensação de peso, a letargia psíquica, a preguiça mental, os problemas de atenção, as náuseas, a flatulência, as cólicas e os enjôos durante as viagens.
- É indicada para pessoas de digestão lenta, ou depois de comer, quando a digestão monopoliza toda a energia, privando dela o pensamento. Também para a indigestão.
- Essa essência faz a mente pensar melhor, desenvolvendo a capacidade de assimilação.
- Para pessoas apáticas, pouco vivazes, enfastiadas; no embotamento mental, na sonolência, nos estados crepusculares.
- Para pessoas com trabalhos muito rotineiros, que passam o tempo bocejando.
- Nos primeiros meses de gravidez.
- Segundo KATZ e KAMINSKY, "esfria os órgãos inferiores, em especial o fígado, para que a consciência possa ser liberada para realizar uma atividade superior".
- Nos idosos, junto com **Rosemary**, ajuda a tornar mais vital o pensamento, aumenta a clareza, a concentração e a vivacidade.
- Ajuda na digestão. É particularmente indicada para os que não conseguem deixar de fazer a sesta depois do almoço.
- Deve-se levar em conta que em algumas pessoas a atividade sexual pode diminuir.
- Ao contrário de **Nasturtium**, **Peppermint** precisa proporcionar mais atividade ao pensamento, ao sistema metabólico e digestivo, dar vida a sonhos.
- Vaporizada no ambiente, alivia o torpor e o peso das obrigações.

Letargia e preguiça mental.
Digestão lenta.

22. SARAH GARLAND, *Gran libro de las hierbas y especias*.

67. PINK MONKEYFLOWER

Mimulus Lewisii (rosada)
(MÍMULO)
Estojo de pesquisa.

***Pink Monkeyflower** é um remédio para o coração, pois nos ensina que só poderemos experimentar o calor do amor e do afeto humanos se permanecermos abertos e arriscarmos nossa vulnerabilidade.*[23]

- Para pessoas que não se mostram como são por medo de expor-se, de não ser compreendidas, de ser censuradas, rejeitadas. Por tudo isso, elas escondem seu verdadeiro ser, evitam relacionamentos com certo grau de intimidade, e dessa maneira se sentem menos vulneráveis.
- Para pessoas que temem ligar-se afetivamente em profundidade, que querem ser amadas mas se sentem inseguras, criticadas, ou têm medo de que se descubra algum segredo doloroso de um passado que mantêm oculto, por vergonha, culpa ou desvalorização.
- Para os que não suportam ser olhados nem tocados, que se escondem, temem ser *descobertos* por algo que guardam em seu íntimo.
- Com esta essência, assume-se a possibilidade de um maior compromisso emocional atual e de contato físico com menos repressão.
- Às vezes também se mostra útil em pessoas naturalmente extrovertidas, mas que se mostram *presas*, voltadas para dentro.

Medo de expor-se, vulnerabilidade.

68. PINK YARROW

Achillea Millefolium Var. Rubra (rosa/púrpura)
(MILEFÓLIO, MIL-EM-RAMA ROSA OU ERVA-DE-CARPINTEIRO)
Estojo profissional.

Pertence à família das Compostas. Sua variedade rosada é bastante rara. *Sempre foi considerada uma planta de grande poder, tanto para proteger do demônio como para invocar a magia negra. Foi utilizada como erva divinatória pelos chineses antigos, cujo livro, I Ching, é também conhecido como O oráculo da vara de mil-em-rama, bem como pelos druidas e anglo-saxões.*[24]

---

23. KATZ e KAMINSKY, citações.
24. SARAH GARLAND, *Gran libro de las hierbas y especias.*

- Em algum sentido, esta essência se parece com Walnut, porque é usada em pessoas que tornam seus os problemas dos outros, isto é, são muito vulneráveis e absorvem as dificuldades ou as características dos outros, identificando-se ou estabelecendo uma simbiose. Se o outro se aborrece, por exemplo, elas se aborrecem, embora não saibam bem por quê.
- Não se sentem à vontade em grandes grupos, são hipersensíveis, emotivas e influenciáveis. Compadecem-se dos outros à custa de suas próprias renúncias.
- Muitas vezes, confundem-se ou entram em fusão, não conseguem distinguir-se o suficiente para saber quem sente o quê, perdendo sua própria identidade. Isto costuma ocorrer quando os laços são muito fortes.
- Esta essência costuma ser dada a adolescentes, a mulheres grávidas, a personalidades paranóides, a crianças (especialmente quando o ambiente familiar não é tranqüilo), em situações de *stress*.
- Com este remédio floral, consegue-se encontrar a distância adequada com relação aos outros e discriminar quais sentimentos pertencem a quem.
- Na menstruação abundante, diminui o desgaste físico. Do mesmo modo, contribui para que o eu não "sangre" demasiadamente, protegendo dos impactos negativos.
- Fortalece a aura, criando um escudo protetor.

Confusão ou fusão com outros.
Mimetismo. Hipersensibilidade.

69. POISON OAK

Rhus Diversiloba (branca-esverdeada)
(HERA VENENOSA)
Estojo de pesquisa.

A característica deste arbusto é o fato de conter um óleo que irrita a pele quando se toca a planta, como se queimasse; nisso reside a sua *assinatura*.

- De maneira semelhante, este tipo de pessoa não tolera a aproximação nem o toque de outras pessoas, pois se irrita, se aborrece, se mostra agressiva para manter afastado todo mundo.
- Às vezes, para que ninguém se aproxime delas, essas pessoas têm erupções e coceira por todo o corpo.
- Na realidade, por trás de tudo isso estão seres muito sensíveis, que têm dificuldade para assumir a própria delicadeza, suas emoções. Vê-se isso mais nos homens, já que, de acordo com nossos parâmetros culturais, eles devem ser "durões".

- Para os que se assustam com o contato íntimo e se defendem mostrando-se frios e distantes.
- Nos homens, vê-se o medo dos aspectos femininos interiores, ou de serem absorvidos pelos valores femininos, de sensibilidade e suavidade.
- Em síntese: essa essência relaciona-se com os limites emocionais das pessoas que não querem que os outros se aproximem delas. Hostis, agressivas por fora, embora vulneráveis por dentro. Essas pessoas não se abrem à intimidade.
- **Poison Oak** ajuda-as a abrir-se mais e a aceitar.
- É muito eficaz nas disfunções sexuais.
- Assim como **Star Tulip** ajuda a melhorar a sensibilidade, **Poison Oak** ajuda a abrir-se.
- É muito eficaz em creme se aplicado quando há prurido.

> *Fuga de todo contato e aproximação.*

70. POMEGRANATE

Punica Granatum (vermelha)
(ROMÃ)
Estojo profissional.

Na linguagem das flores, considera-se esta flor como símbolo do amor mais ardente. Por sua cor vermelha sangüínea e pela grande quantidade de grãos do fruto, ela é o símbolo da riqueza, da fecundidade e da fertilidade feminina.

- É uma essência que deve ser dada a mulheres que acham difícil assumir suas funções de dona de casa e de profissional. Ajuda na resolução da ambivalência e da culpa que se cria no que se refere a dedicar-se à profissão, ao lar, aos filhos etc.
- Dificuldades na concepção e na gravidez. Aumenta a fertilidade.
- Em pré-adolescentes, quando há atraso da menarca. Em alterações menstruais, como irregularidade, dores. Facilita o orgasmo. Favorece o fluxo sangüíneo na região genital.
- Dilata o colo do útero e harmoniza durante o parto.
- É eficaz em problemas ginecológicos de qualquer tipo; na endometriose; em tumores ou quistos nessa área; em inflamações, junto com Crab Apple.
- Nas etapas críticas da mulher, aos 40 ou aos 50 anos, na menopausa, quando se produz nela uma luta interior, **Pomegranate** ajuda a ver com mais clareza suas escolhas e seu verdadeiro destino.

- Aumenta a criatividade feminina, tanto para procriar como no cotidiano.
- Esta essência é importante para equilibrar os aspectos femininos e masculinos de cada pessoa.
- Ajuda algumas mulheres a aceitar a identidade feminina.
- Costuma permitir que os homens desenvolvam seu lado maternal, podendo assim expressar melhor seu amor pelos filhos ou pela mulher.
- Além do que foi dito, esta essência pode ser útil no diabetes, quando há dificuldade na absorção e produção de insulina; na esclerose múltipla e nos transtornos das conexões nervosas do cérebro, tal como ocorre no mal de Alzheimer. Age como equilibradora.
- Favorece a assimilação do ferro e da vitamina E.
- Na água da regadura das plantas, permite a estas uma melhor comunicação com a *mãe terra.*

Dificuldade de assumir suas funções como mulher.
Para situações relacionadas com a mulher.

71. PRETTY FACE

Triteleia Ixioides (amarela com riscas pretas ou amarronzadas)
(ROSTO BONITO)
Estojo de pesquisa.

- Para pessoas preocupadas demais com a aparência exterior, que fazem cirurgias plásticas com freqüência.
- Elas querem ser bonitas e agradar. Do contrário, temem ser rejeitadas, desvalorizadas, temem sentir-se como o *patinho feio.*
- Esta essência ajuda a vincular-se com a beleza interior de modo a haver um equilíbrio entre o ser e o mostrar.
- Para os adolescentes, na menopausa, na gravidez, para as pessoas que sofrem em virtude de seu aspecto etc.
- Para os que têm medo do envelhecimento e sentem grande angústia.
- Ajuda os que se consideram feios e sem valor a sentir sua beleza espiritual.
- Junto com **Mariposa Lily**, permite que a pessoa se sinta plena, harmoniosa, bem como que se aceite com a segurança e a calma proporcionadas pela beleza interior.

Menosprezo, feiúra, envelhecimento.
Dá beleza e coragem interior.

72. PURPLE MONKEYFLOWER

Mimulus Kellogii (púrpura)
(MÍMULO PÚRPURA)
Estojo suplementar.

- Tal como todas as *Monkeyflowers*, essa também está relacionada com o medo. Neste caso — e isso pode ser visto pela cor —, ela proporciona calma e lucidez quando se está passando por um fenômeno espiritual ou mediúnico.
- Transmite confiança e coragem para viver e guiar-se pela própria experiência espiritual, que deve basear-se no amor em vez de no temor.
- É útil àqueles que, devido a uma excessiva necessidade de segurança, se apegam a estruturas sociais ou religiosas convencionais, embora estas não sejam o que eles de fato necessitam ou desejam, motivo pelo qual se cria neles um conflito nesse sentido.
- Para pessoas *divididas* entre o que buscam no nível espiritual e o que julgam que se espera delas.
- Para pessoas que se sentem pressionadas por uma ameaça interior de *serem condenadas* se seguirem o caminho que sentem verdadeiramente como seu.
- É um remédio que livra as pessoas de superstições relacionadas com coisas triviais, no que concerne à religião ou à cultura de um modo geral.
- Quando há medos fortes, alucinações, paranóia, seja como conseqüência da ingestão de drogas ou de manipulações esotéricas, etc.

> *Segurança por meio de estruturas sociais ou religiosas. Superstições, medos que se aplacam quando se faz o que deve ser feito.*

73. QUAKING GRASS

Briza Maxima (verde)
(TREME-TREME)
Estojo profissional.

- Para os individualistas, que não sabem ou não conseguem sentir-se à vontade em grupos.
- Pessoas que não toleram outras opiniões. Não partilham nada (recebendo e dando) num grupo, seja este social, familiar, de trabalho, de estudo etc.

- É uma essência que proporciona flexibilidade nesse sentido e possibilita a participação em equipe; leva a pessoa a ser mais maleável e lhe permite agir em função de um propósito comum em vez de um objetivo particular, sem com isso renunciar à sua individualidade.
- Ajuda a tolerar as idéias dos outros.
- É conveniente que seja usada por todos os membros de um grupo ou por toda uma família.
- Cria consciência social.

Individualismo, intolerância a trabalhar em grupo.

74. QUEEN ANNE'S LACE

Daucus Carota (branca)
(CENOURA SILVESTRE)
Estojo de pesquisa.

A *assinatura* dessa planta é interessante, já que a maioria das raízes das cenouras é semelhante aos cones e bastões (ou células visuais), que são os receptores situados na retina.

- Por isso, esta essência se relaciona com a visão, fortalecendo esses cones e bastões.
- Tem flores brancas, que simbolizam a capacidade de se concentrar no espiritual, mas também tem uma flor púrpura no centro, que representa a atividade espiritual em si mesma, muito útil no plano terreno. Pertence à família das Umbelíferas.
- Como essência floral, é empregada em pacientes muito negadores, que não vêem o que não querem ver, seja porque é algo doloroso, seja porque os leva a questionar coisas etc. "Não há pior cego do que aquele que não quer ver."
- São muito fechados, com um pensamento linear, rígido, estruturado; por isso, nada novo entra em sua cabeça. Têm pouco senso comum, são superficiais.
- Má memória seletiva.
- Nos casos em que a pessoa recebeu alguma pancada na cabeça ou ingeriu drogas ou medicamentos, proporciona lucidez e tonifica.
- Também aumenta a clarividência, ajuda a ver mais a partir do plano psíquico. Aumenta a sensibilidade e a intuição, sendo por isso aconselhável aos terapeutas.

- É útil nas distorções físicas da visão, fortalece os olhos e é boa para qualquer problema relacionado com eles.
- É tonificante do sistema visual e indicado também para o cansaço ou o uso excessivo da vista, às vezes junto com Rock Water.
- Permite uma melhor assimilação da vitamina A.
- Às vezes, ajuda a diminuir de peso porque desloca a energia para outro lugar do corpo.

Falta de objetividade. Negação ou visão distorcida da realidade.

75. QUINCE

Chaenomeles Speciosa (vermelha)
(MARMELEIRO)
Estojo profissional.

- Para equilibrar ao mesmo tempo a firmeza, o rigor, a disciplina, por um lado, e a doçura, a ternura e a liberdade, por outro.
- Harmoniza os arroubos e autoritarismo dos aspectos femininos e masculinos dentro de cada um. Quando uma pessoa é excessivamente forte e poderosa, em oposição ao receptivo e ao terno. Isso vale tanto para as mulheres como para os homens.
- Para pais ou mães que têm de criar os filhos sozinhos.
- Para ser firme e carinhoso ao mesmo tempo. Por exemplo, mães solteiras, pais viúvos...
- Ajuda a ser afetuoso sem cair no medo de mostrar-se fraco.
- *Com **Quince**, a alma aprende que o verdadeiro poder pode dar amor e que o verdadeiro amor também dá poder.*[25]
- Equilibra a luta familiar entre pai e mãe no que se refere a quem manda, ao modo de educar os filhos, a quem tem o poder econômico, a quem é a autoridade.

Conflito entre o rigor e o amor, equilíbrio entre o poder e a ternura.

25. KATZ e KAMINSKY, citações.

76. RABBITBRUSH

Chrysothamnus Nauseosus (amarela)
(RABO DE COELHO)
Estojo profissional.

- Para pessoas que se perdem ou se sentem oprimidas pelo excesso de detalhes ou pelas muitas coisas que têm de fazer ao mesmo tempo, o que as leva a ter dificuldade para lembrar-se de tudo.
- Esta essência melhora a visão global, possibilitando a incorporação dos detalhes e a realização simultânea de diferentes atividades.
- Torna a atenção mais vívida. Elimina o sentimento de angústia. Dá mobilidade e flexibilidade.
- Desenvolve a atenção e a concentração sem fechar o campo de visão total, o que permite integrar ambos os aspectos.

Angústia decorrente da excessiva atenção dada aos detalhes e da perda da visão total.

77. RED CLOVER

Trifolium Pratense (rosa-vermelha)
(TREVO-DOS-PRADOS)
Estojo profissional.

"Plínio escreveu, e deixou estabelecido, que as folhas do trevo tremem e se erguem quando está para cair uma tormenta ou tempestade."
John Gerard, 1597[26]

Era usado antigamente como forragem para o gado bovino. GERARD conhecia-o como trevo dos prados ou "erva de três folhas", e os cristãos da Idade Média o associavam à Trindade.

- Como essência floral, é útil para pessoas facilmente influenciáveis por emoções coletivas como o pânico ou a ansiedade, por exemplo. Essas pessoas se angustiam muito em situações caóticas, ainda que quase não

26. PENÉLOPE ODY, *Las plantas medicinales*.

sejam atingidas por elas. O paciente fica confuso e não consegue distanciar-se da situação.

- Acalma e equilibra, elimina o medo ou o pânico excessivos de tipo coletivo em situações como explosões, conflitos, desastres naturais, guerras, catástrofes etc., fazendo desaparecer a confusão provocada por essas situações de crise.
- Costuma ser usado em situações de emergência. Tranqüiliza, permite que a pessoa volte a ser ela mesma e que pense com calma.
- Também em situações familiares que vão além dos limites (alguém com sufocamento devido à asma, por exemplo).
- É útil nos animais diante de situações difíceis que tenham de enfrentar.
- É uma essência para ser usada sempre que houver pânico coletivo.
- É recomendável usar essa essência floral nas pessoas que sempre vêem um futuro negativo para o lugar em que lhes coube viver.
- Também purifica o sangue, as situações confusas em que há laços de sangue, de família, de nacionalidade.
- É semelhante, em alguns aspectos, a Cherry Plum e/ou ao Remédio de Resgate.
- Para medos relativos ao mundo exterior. Claustrofobia. Agorafobia.
- Em vaporização, quando o ambiente está muito agitado.

Pânico coletivo. Acalma em situações que saem do comum.

78. ROSEMARY

Rosmarinus Officinalis (azul)
(Alecrim)
Estojo de pesquisa.

"Se estás fraco, cozinha as folhas em água limpa, banha-te com ela e ficarás resplandecente... Se a aspirares amiúde, ela te conservará jovem."

Herbário de Banckes, 1525[27]

Existe o seguinte refrão popular: *Sobre as virtudes do alecrim pode-se escrever um livro inteiro.**

27. Penélope Ody, *Las plantas medicinales*.

* No original: *De las virtudes del romero se puede escribir un libro intero.* (N. do T.)

Na Antigüidade, essa planta foi consagrada a Vênus, e se acreditava que trouxesse alegria, felicidade e eterna juventude.

Ela floresce praticamente durante todo o ano e atrai as abelhas, que fazem um delicioso mel com o seu néctar.

Considerava-se também que seu aroma ajudava a conservar o corpo dos mortos. Os gregos usavam a sua flor como incenso para afugentar os demônios.

A planta é um excelente tônico e um estimulante geral, tendo sempre sido considerada revigorante e energética. GERARD dizia que ela *conforta e alegra o coração.*[28]

Pertence à família das Labiadas. Sua haste é semelhante à da lavanda, visto que é aparentada a esta última. Apresenta forte aroma, motivo pelo qual é usada na cozinha, mas com moderação.

- Como essência floral, tem também múltiplas aplicações. Usa-se com pessoas que se esquecem das coisas, distantes, etéreas, desinteressadas. Esta essência *ajuda a habitar o corpo*, dando paz interior e um estado de êxtase.
- Nos casos em que houve traumas físicos prematuros, que levam a pessoa a querer sair do seu corpo.
- Proporciona calor interior tanto ao corpo como à alma; por isso, convém dá-las às pessoas que sentem muito frio.
- Transtornos circulatórios nas extremidades, frio, desvitalização. Cãibras, má digestão.
- Como favorece o estado de alerta e a lucidez mental, essa planta é recomendável quando há desorientação, esquecimento, perda de memória e sonolência. É boa para os idosos, já que com ela eles voltam a criar raízes e se revitalizam. É um tônico cerebral.
- Para as pessoas intratáveis, carrancudas, solitárias, inadaptadas, desprovidas de vitalidade ou esgotadas por grandes esforços intelectuais; permite que elas se transformem em seres felizes e sensíveis.
- Permite que aqueles que, por exemplo, têm dificuldade de escrever possam exprimir a sua criatividade.
- Também é bom tomá-la de tempos em tempos, quando é preciso realizar alguma negociação.
- Associado a Water Violet, o alecrim diminui a dor nas afecções reumáticas. Em uso externo, é recomendado para reumatismos das articulações e nas pancadas.
- Na forma de creme, também serve para massagear os pés frios.
- Ao contrário de Clematis, que é sonhador, **Rosemary** perdeu a vitalidade.
- Ajuda no autoconhecimento.

Desairragamento, falta de vitalidade, esquecimento, sonolência, deterioração.

28. PENÉLOPE ODY, *Las plantas medicinales*.

79. SAGE

Salvia Officinalis (violeta)
(SÁLVIA)
Estojo de pesquisa.

> *"Por que terá o*
> *homem de morrer de uma doença*
> *se pode ter sálvia*
> *no jardim?"*
>
> *Herbário de Macer, s. X*[29]

Seu nome vem do latim *salvus*, "a salvo", "salvação" ou "sadio", e *officina*, "farmácia". Diz-se popularmente que essa planta é dotada de tantas e tão grandes propriedades que o seu uso contínuo não só devolve a memória aos idosos como "torna o homem imortal".

No Egito, depois das epidemias de peste, era dado às mulheres suco de sálvia para restituir-lhes a fecundidade.

Na Grécia, as mulheres costumavam esfregar os dentes com folhas de sálvia para que ficassem mais brancos e brilhantes.

A sálvia contém tuyona; portanto, como erva medicinal, deve ser evitada pelos epilépticos, pois pode provocar ataques. Isso não acontece com a essência floral. Pertence à família das Labiadas.

- É um remédio indicado especialmente (embora não de modo exclusivo) para a terceira idade, visto que ajuda a extrair sabedoria e compreensão das vivências, a reconhecer sentidos e propósitos da vida, a curar e aconselhar os outros.
- Dá paz e sabedoria interior. Ajuda a recordar as experiências de vida e a ter uma sensação de plenitude que provém de *permitir* que essas experiências *falem*.
- Da mesma maneira, quando acontecem coisas às pessoas mas estas, apesar disso, não aprendem e repetem comportamentos que as levam a cair nas mesmas situações, julgando que esse é o seu destino, que não merecem isso e que nada têm que ver com o que lhes acontece (Chestnut Bud-Willow.)
- Personalidades narcisistas. Indivíduos com dificuldade de introspecção. Dificuldade no processo de aprendizagem. Teimosia. Depressão.
- Relaxa. Permite que se pense antes de agir. Suaviza tensões. Ajuda a rir.

29. PENÉLOPE ODY, *Las plantas medicinales*.

- Esta essência floral confere a capacidade de refletir sobre e de compreender os acontecimentos vividos, proporcionando paz interior diante deles.
- É benéfica para pessoas que sofrem e se perguntam "Para quê?" (Isto é, questionam o sentido da vida.).
- Favorece a digestão e a assimilação dos alimentos. Também é útil como laxante suave.
- Recomenda-se dar esta essência quando uma pessoa está numa situação em que tem necessidade do *conselho dos mais velhos* e procura entrar em contato com a sabedoria e a experiência do pai ou de outra figura para sentir-se aceita e tomar as decisões adequadas.
- Quando regadas com esta essência, as plantas absorvem mais a água.

Sabedoria e compreensão de sentidos e propósitos.

80. SAGEBRUSH

Artemisia Tridentata (amarela)
(ARTEMÍSIA)
Estojo profissional.

Usava-se antigamente como incenso. É uma flor que cresce ao ar livre, com muito vento, o que significa que, se não estiver bem enraizada, a planta será arrancada; nisso reside a sua *assinatura.*

- Ocorre o mesmo com as pessoas que precisam desta essência. Ela purifica o que não é essencial, genuíno e que as impede de evoluir, quer se trate de sintomas físicos e/ou espirituais.
- Para pessoas hipócritas, que baseiam sua existência na adulação, nas riquezas, no reconhecimento social; com essa flor, elas poderão desapegar-se de falsas imagens de si mesmas, desligar-se de hábitos antigos e de padrões de comportamento inúteis.
- Em formas de dependência ou em estilos de vida falsos.
- Ajuda a ser fiel a si mesmo, deixando de lado o supérfluo, assim como a deixar de lado a dependência familiar e fazer mudanças pessoais.
- Ajuda a libertar-se das coisas do passado para preparar-se para o futuro. Favorece o desapego.
- Também ajuda a eliminar o acúmulo de objetos materiais inúteis no lar.
- Walnut relaciona-se com os pensamentos e influências. **Sagebrusch**, com quem cremos que somos. Ambas as essências são usadas em com-

binação para casamentos, transferências, mudança de emprego e situações equivalentes.

> *Necessidade de elogios, de reconhecimento. Estilo de vida não-autêntico. Transição.*

81. SAGUARO

Cereus Giganteus (branca com centro amarelo)
(PITAMAYA, cacto gigante do oeste dos EUA e do México)
Estojo profissional.

- Para pessoas que têm conflitos com a autoridade, que são rebeldes, que rejeitam os valores tradicionais ou o que é socialmente aceito. Sentem-se inadequadas no meio em que nasceram, cresceram ou que lhes coube viver.
- Pessoas que costumam ter ressentimento com relação à figura masculina ou não aceitam que lhes digam o que fazer, nem se deixam guiar. Sentindo-se dirigidas ou *mandadas*, reagem opondo-se.
- Usa-se muito nos adolescentes ou nos adultos jovens rebeldes (sem causa), nos psicopatas, nos psicóticos ou nos pacientes *borderline* (no limite da loucura).
- Faz a pessoa acatar as leis em vez de competir ou de combater inutilmente, respeitando a autoridade e as tradições.
- Na forma de creme, é eficaz no tratamento de eczemas ou de outros problemas cutâneos.
- Purifica através do sistema linfático, especialmente em edemas e tumores.
- Pode-se usar em pacientes soropositivos, mas não quando a doença irrompeu, visto que, devido a seu efeito purificador, esta essência agrava os sintomas.

> *Conflito com a autoridade. Rebeldia. Reação a figuras dotadas de poder.*

82. SAINT JOHN'S WORT

Hypericum Perforatum (amarela)*
(MILFURADA OU ERVA-DE-SÃO-JOÃO)
Estojo profissional.

"Para as frieiras, cozinham-se as raízes do toutsain e se colocam sobre leite coalhado. Macera-se tudo com manteiga rançosa e aplica-se na forma de emplasto..."

Remédio dos médicos de Myddfai, Gales, s. XIII[30]

"Diz-se que recebeu esse nome dos cavaleiros de São João de Jerusalém, que a usavam para tratar as feridas nos campos de batalha durante as Cruzadas. Acreditava-se que afugentasse os maus espíritos, razão pela qual os loucos eram obrigados a bebê-la em infusão. Por ser amarela, era associada aos humores *coléricos* e se empregava contra a icterícia e a histeria.

Os velhos herbários falam com freqüência do *tutsan*, do francês *toutsain*, ou cura-tudo, que se usava também no tratamento das feridas e das inflamações."[31] Outros dizem que foi dedicada a São João Batista.

Esta planta se caracteriza por ter em suas folhas numerosas glândulas diminutas e transparentes, o que faz que pareçam perfuradas, daí "*perforatum*". Tradicionalmente, atribuem-se a ela virtudes protetoras. Pertence à família das Gutíferas.

- Usa-se em perturbações do sono, na enurese, na transpiração noturna, nos medos conscientes e inconscientes, nas alergias.
- Sensibilidade ao calor e à luz, fotossensibilidade. Tem certa relação com as essências inglesas Aspen e Walnut.
- Pesadelos, medos infantis, fobias, sonambulismo, terrores noturnos, devaneios, estados alterados de consciência, pessoas de baixa vitalidade, muito nervosas, e quadros paranóides. Idéias de acidentes. Medos diante da ausência das pessoas da casa. Para os animais, também é eficaz neste caso.
- Recomenda-se para queimaduras, feridas, úlceras e chagas, em uso tópico ou em creme. Nessa última forma, para pele muito delicada, que se

---

* *Hypericum* vem do grego e significa "que supera os espíritos do mal".
30. PENÉLOPE ODY, *Las plantas medicinales*.
31. IDEM.

queima facilmente ao sol; também em forma oral, para pessoas muito afetadas pela luz ou pelo calor forte.

- Beneficiam-se igualmente com esta essência as pessoas que não suportam a roupa muito próxima do corpo ou que sentem que as roupas as apertam.
- Dá vitalidade aos vínculos e diminui o *stress* circunstancial, a ansiedade e a irritabilidade; do mesmo modo, é útil no período da menopausa ou na síndrome pré-menstrual.
- Alivia as dores nervosas localizadas, como a ciática, as cãibras, a nevralgia, o cotovelo de tenista, quando aplicada localmente como parte de uma fórmula.
- As flores contêm um pigmento vermelho, a hipericina, o que as leva a ficar vermelhas quando esfregadas. De igual forma, se deixadas ao sol com azeite de oliva, este se tinge de vermelho depois de algum tempo e pode ser usado como bronzeador, mas não como filtro solar.
- Por suas propriedades de cura, esse óleo pode ser friccionado no terceiro olho e no plexo solar.
- Protege as pessoas que sentem que se distraem facilmente, sendo recomendada aos que estão demasiadamente abertos, vulneráveis.
- Dá força interior e coragem para enfrentar situações temíveis. Tem certo efeito antidepressivo.

Perturbações do sono, medos, transpiração, fotossensibilidade.

83. SCARLET MONKEYFLOWER

Mimulus Cardinalis (vermelha)
(MÍMULO VERMELHO)
Estojo profissional.

- Para as pessoas que sentem medo de mostrar emoções fortes, como a raiva, que reprimem esses sentimentos e depois explodem exageradamente com um ataque de fúria por causa de uma insignificância, o que confirma que é melhor não esconder o que há no nosso interior (Cherry Plum). Isso pode relacionar-se com a *assinatura* desta mimosácea que, em lugar de ser de cor mais clara, é escarlate; essa cor alude às emoções fortes que ela procura equilibrar.
- Com esta essência, a pessoa consegue expressar a raiva no momento em que esta surge, em vez de acumulá-la.
- Aos que temem o descontrole ou a desaprovação.

- Os que têm medo de explodir em demasia e chegar a situações de grande violência.
- Em quadros compulsivos.
- Esta essência torna consciente a raiva que não pôde ser exteriorizada.
- Descongela. Ajuda a superar bloqueios. Ensina-nos que é mais sadio integrar esses aspectos do que reprimi-los e resolver as situações de poder e raiva nos vínculos interpessoais.

Medo de demonstrar cólera, aborrecimento.
Temor da desaprovação.

84. SCOTCH BROOM

Cytisus Scorparius (*amarelo radiante)*
(RETAMA ESCOCESA, RETAMA PRETA OU RETAMA DE ESCOVAS — GIESTA-DAS-VASSOURAS)
Estojo profissional.

Pertence à família das Leguminosas e deve seu nome popular ao fato de seus talos duros serem usados como escovas (vassouras). Isso e as propriedades narcóticas atribuídas a essa planta podem ter sido a causa da antiga associação entre as bruxas e as vassouras. Por isso, também era usada contra os feitiços.

O Conde de Anjou, o primeiro rei Plantageneta, pai de Henrique II, levava-a no chapéu.

Como planta, tem a qualidade de regenerar os solos desvitalizados, já que ajuda a fixar o nitrogênio com suas raízes, enriquecendo a terra. GERARD dizia que seus amargos brotos *abrem o apetite*, e também que *aquele grande Príncipe, de célebre memória, Henrique VIII*, bebia uma água destilada de suas flores para combater a *indigestão.*[32]

- É eficaz quando há desesperança, angústia, depressão, pessimismo, desespero, sensação de que a vida não vale a pena ser vivida e de que, por conseguinte, tampouco vale o esforço de cuidar-se e de fazer algo por si mesmo (Gorse).
- Com essa essência, consegue-se superar o pessimismo, visto que dá fé, ajuda a trabalhar, a reencetar a luta e a enfrentar a adversidade. Ajuda a ver as dificuldades como uma forma de desenvolvimento e evolução.
- Para pessoas pouco determinadas, pouco perseverantes. Para os que, tomados por um sentimento de futilidade, questionam o sentido da vida.

---

32. PENÉLOPE ODY, *Las plantas medicinales*.

- Ajuda igualmente as pessoas que, transcendendo sua vida pessoal, sentem desesperança diante da situação de seu país ou do mundo.
- Reinstaura a motivação e a perseverança para continuar, apesar das dificuldades e do pessimismo.

> *Desesperança, pessimismo, falta de motivação. Dá fé e permite recomeçar a luta.*

85. SELF-HEAL

Prunella Vulgaris (violeta)
(ERVA-FÉRREA, SANÍCULA)
Estojo profissional.

> *"... serve para os mesmos fins da menta-azulada; não há duas ervas melhores para as feridas, como amiúde se demonstrou."*
>
> *John Gerard, 1597*[33]

PARACELSO associava a forma das espigas florais à da garganta e, segundo a Teoria da Assinatura, ela curava as partes do corpo com que mais se parecia. Por isso, costumava-se usar para doenças da garganta e inflamações da boca, muitas vezes em gargarejos ou bochechos.

Como erva, tem também uma importante ação hemostática.

Em inglês, seu nome significa "*curar-se*". Favorece a autoconfiança e ajuda a desenvolver a capacidade interior de cura e transformação que cada indivíduo possui.

- Destina-se aos pacientes que esperam que o médico ou outros os curem, sem responsabilizar-se eles mesmos pelo próprio bem-estar.
- Essas pessoas costumam atribuir seu mal-estar a situações exteriores ou antigas, permanecendo assim, sem procurar mudar nada por si mesmas.
- Essa essência possibilita ao paciente sentir-se capaz de curar a si mesmo, usando para isso suas próprias forças. Desperta o agente de cura interior. Aumenta a confiança de que os conflitos, as dificuldades e as doenças podem ser vencidos; o câncer por exemplo.

33. PENÉLOPE ODY, *Las plantas medicinales*.

- Para o esgotamento em enfermidades psicossomáticas; produz um efeito semelhante ao de Centaury.
- Em termos físicos, esta essência permite que o corpo absorva mais os minerais e outros nutrientes.
- Potencializa o poder de cura do corpo, visto ser este a fonte da cura de si mesmo.
- Tem um efeito parecido com o do Remédio de Resgate, mas possibilita um processo de cura mais profundo, mais duradouro. Modifica. Dá maior confiança em si mesmo.
- Reequilibra a temperatura do corpo.
- Para os idosos, quando estes enfrentam problemas médicos com grande dependência da família.
- Relaciona o ser interior com o corpo etérico ou vital, curando feridas e outras afecções, recobrindo o corpo com seu invólucro.
- Elimina o ácido úrico.
- Para as pessoas que deixaram de acreditar que têm a capacidade de estar bem.
- Em todos os problemas de saúde físicos, mentais e espirituais, costuma ser usada junto com outras essências numa fórmula.
- Em uso externo, para o tratamento de todo tipo de cicatrizes.
- Também é usada em creme por suas virtudes regeneradoras. Uma de suas indicações é o pé-de-atleta. Nesse caso, como os fungos costumam proliferar num meio úmido, esta essência não é preparada em água nem em creme, fazendo-se a diluição em conhaque puro.
- Nos jejuns.

Cura de si mesmo. Responsabilidade pessoal.

86. SHASTA DAISY

Chrysanthemum Maximum (branca com centro amarelo)
(MARGARIDA SHASTA)
Estojo profissional.

Pertence à família dos girassóis, já que floresce durante quase todo o ano, tem flores solitárias que se abrem durante o dia, seguindo o sol, e se fecham à noite. À semelhança de **Sunflower**, integra a família das Compostas.

Assim como suas numerosas pétalas se juntam no centro, assim também age esta flor. Essa é a *assinatura* de suas qualidades: união e integração.

- Permite a síntese e a integração, uma vez que é usada naqueles que têm grande capacidade de análise mas pouco poder de síntese.
- Isso também vale para o emocional. Ajuda a globalizar, a integrar a vida emocional a outras totalidades e identidades.
- Há pessoas que colecionam informações, dados, mas não conseguem dar-lhes um sentido, não vêem o fio condutor. É preciso levar em conta que a dispersão é o oposto da concentração. **Shasta Daisy** ajuda a conseguir esta última.
- Para as pessoas que não conseguem extrair o conceitual de um texto.
- É uma essência indicada para pessoas que se dedicam às letras, ao ensino, à pesquisa ou a outras profissões intelectuais.
- Equilibra os hemisférios direito e esquerdo do cérebro; favorece a intuição.
- Elimina o soluço.

> *Para análise e síntese. Possibilita integrar dados isolados e dar-lhes um sentido.*

87. SHOOTING STAR

Dodecatheon Hendersonii (violeta/rosada)
(ESTRELA CADENTE)
Estojo profissional.

- Para pessoas que devaneiam, que vivem em outra dimensão, pouco vinculados com a Terra e com a vida no planeta.
- Essas pessoas falam bastante de vidas extraterrenas, sentem-se estranhas neste planeta, em suas famílias, fora de lugar em qualquer parte. É como se não se encaixassem.
- Confere sentido de pertinência, adaptação, compromisso, ligação com o terreno.
- Costuma ser usada em casos de risco de aborto ou em crianças prematuras; na paralisia cerebral por traumatismo quando do nascimento, em pacientes *borderline* [no limite da loucura], psicóticos e autistas.
- Desenvolve a intuição. É indicada para os astrólogos, em virtude de sua ligação com o astral, porque aumenta as freqüências para desenvolver a sensibilidade ao celestial e ao movimento dos diferentes planetas. Permite compreender mais as configurações astrológicas.

- Da mesma maneira, trata-se de uma essência que protege de radiações, seja da terra ou do espaço exterior, bem como de poluições ambientais.

Estranhamento, inadaptação, alienação.

88. SNAPDRAGON

Antirrhinum Majus (amarela)
(BOCA-DE-LEÃO)
Estojo de pesquisa.

Segundo GURUDAS, sua *assinatura* está no fato de o nome e a forma de suas flores mostrarem que ela está predominantemente associada à expressão, às cordas vocais, aos lábios, à mandíbula, à garganta, aos tecidos faciais e aos músculos.

- Outra parte de sua *assinatura* é que as manchinhas da flor exprimem o fato de que essa essência é aconselhável em alergias que tendem a manchar a pele, especialmente no rosto. É melhor usá-la nas etapas agudas dessas síndromes do que nos casos crônicos.
- Costuma ser recomendada quando há câncer dos lábios, para algumas formas de artrite, sobretudo se estiverem relacionadas com a mandíbula, desequilíbrios na região da garganta, incluindo laringite e infecções por estreptococos, inflamações no esôfago e nos brônquios.
- Pode ter uso externo, na forma de cremes e similares.
- Muito aconselhável nas lesões cerebrais que afetam o centro da fala.
- Na gagueira.
- É uma essência paralela a Beech; emprega-se quando há agressão, hostilidade verbal, mordacidade, quando se usa a palavra de forma destrutiva, nas pessoas que *comem as palavras*, que gritam, magoam ou, pelo contrário, se calam o tempo todo.
- São as seguintes as características dessas pessoas: são avassaladoras, têm personalidade forte, crítica e irritável, com problemas no contato e na comunicação.
- Não medem as conseqüências do que dizem nem o que provocam nos outros.
- Para pessoas que sofrem de tensão na mandíbula, problemas nos dentes, nas gengivas, nevralgia facial, contração involuntária dos músculos faciais, bruxismo, "bater de dentes", necessidade de mastigar permanentemente ou de comer pelo próprio ato de mastigar. Ansiedade oral. Punhos apertados em tensão. Age no nível muscular, relaxando.

- Aumenta a energia, a vontade e a libido.
- Costuma ser usada em problemas digestivos e sexuais para redirecionar a energia mal canalizada.
- No nível celular, fortalece o esmalte dos dentes.
- É eficaz em crianças que mordem as outras para atacar ou para defender-se.

Tensão mandibular.
Agressividade verbal.

89. STAR THISTLE

Centaurea Solstitialis (amarela)
(CARDO-ESTRELADO)
Estojo profissional.

- Como Chicory, age sobre as pessoas cujo sintoma principal é a avareza. Essa costuma ter como causa o medo de não ter no futuro, isto é, o medo da ruína e da pobreza. Essas pessoas precisam de posses materiais. Têm dificuldade para partilhar suas coisas ou não conseguem fazê-lo, porque temem ficar sem nada; como têm medo das perdas, elas acumulam, e isso lhes dá segurança para o futuro. São possessivas, desprovidas de generosidade, sovinas, precisam sempre de segurança exterior. Estão mais voltadas para o material do que para o afetivo.
- Em termos físicos, são pessoas que costumam sofrer de doenças esclerosantes, de problemas hepáticos e de envelhecimento prematuro; de forma geral, parecem maiores do que são.
- Essa essência ajuda a sentir-se mais seguro sem necessidade de depender exclusivamente do material. Permite compartilhar e ser generoso, já que diminui a sensação de não possuir o suficiente.
- Útil em quadros de neurose obsessiva.
- Para colecionadores de todo tipo de objetos.
- Há pessoas que foram marcadas por se terem afastado de seu lugar de origem, por terem sentido falta do amor materno quando pequenas ou pela perda de entes queridos e que, por isso, compensam dessa maneira.
- Tudo isso ocorre independentemente da riqueza ou pobreza do indivíduo.
- No aspecto social, essas pessoas costumam ser retraídas, antipáticas, desconfiadas, fechadas; às vezes sofrem, fisicamente, de prisão de ventre.

- Pessoas pouco sociáveis.
- Fogem da água.

> *Avareza, medo da pobreza, possessividade. Confere generosidade.*

90. STAR TULIP OU CAT'S EAR

Calochortus Tolmiei (branca/púrpura)
(Tulipão Estrelado — Orelha de Gato)
Estojo profissional.

A planta tem pequenos pêlos e parece a orelha de um gato. O aspecto dessa flor (da família das Liliáceas) e suas propriedades se encontram muito relacionados, visto ser ela uma essência que aumenta a receptividade e, portanto, permite escutar a voz interior e tomar consciência dos aspectos interiores de cada um de nós. Reside nisso a sua *assinatura.*

- Favorece a meditação, ajuda a compreender os sonhos, a escutar os próprios pensamentos e a ter maior sensibilidade auditiva.
- Na gravidez, aumenta a comunicação com o bebê.
- Volta-se para o aspecto feminino, ajudando os homens a aceitar suas partes suaves e perceptivas. Permite que eles reconheçam as próprias falhas e, às vezes, que as relacionem com o machismo. Ajuda a abrandar os poderosos, os onipotentes. Tem um efeito equivalente nas mulheres.
- Desenvolve a sensibilidade espiritual, tornando possível uma maior vinculação com o ser superior que há em cada pessoa; leva a poder escrever.
- Aumenta a sensibilidade da pele, a visão e a audição.
- Age no nível do ouvido médio, que está associado ao equilíbrio.
- Para a queda do cabelo; fortalece-o e o faz crescer, já que regula o hormônio testosterona.
- Tem muitas aplicações em uso externo.

> *Aceitação de aspectos suaves e perceptivos.*

91. STICKY MONKEYFLOWER

Mimulus Aurantiacus (amarela)
(MÍMULO VISCOSO)
Estojo profissional.

- Para pessoas confusas com relação à sua sexualidade. Têm medo da intimidade sexual mas também do contato humano em geral.
- Pode acontecer de essas pessoas se mostrarem, em vez de temerosas, temerárias e se lançarem a uma sexualidade promíscua com exclusão do emocional, como uma fuga da verdadeira sexualidade comprometida.
- Usa-se na impotência, na frigidez, no vaginismo e em outras disfunções sexuais, como a ejaculação precoce.
- Consegue-se com essa essência integrar a sensibilidade ao sexual e não temer que se vejam os aspectos afetivos, visto que essas pessoas, não podendo exprimir seus sentimentos por medo de entregar-se, ficam muito sozinhas.
- Confere mais calor humano à relação íntima e coragem para incluir o sentimento.
- Quando há dissociação entre o sentimento e o sexo. Essa essência ajuda a encontrar um companheiro, em todos os sentidos, e a atingir um equilíbrio global.

Medo da intimidade sexual.

92. SUNFLOWER

Helianthus Annuus (amarela)
(GIRASSOL)
Estojo profissional.

Pertence à família das Compostas, sendo originária do México e do Peru. Suas folhas são rugosas, em forma de coração, e suas flores chegam a medir mais de 30 centímetros de diâmetro; são compostas, em seu centro, de centenas de pequenas flores muito juntas entre si.

Essas flores se caracterizam por tornar-se mais pesadas à medida que crescem e, se o fazem em demasia, o talo não as sustenta e elas caem. Sua altura (pode chegar a 4 metros) simboliza sua influência sobre a coluna vertebral. Orientam-se para o sol, ao qual se assemelham e que representa o arquétipo de Leão, do pai, do filho ou do masculino.[34]

---

34. FRANCO ROSSOMANDO, *Homeopatía y terapia floral.*

Se não podem voltar-se para o sol, seu desenvolvimento estanca. Essa é a sua *assinatura.*

Muitas pinturas e baixos-relevos incas representam o girassol, que nessa cultura era adorado como a encarnação do Sol.

- O mesmo acontece com as pessoas que precisam desta essência. São personalidades inseguras que, se ficarem demasiadamente infladas, cairão.
- Quando a relação com o pai é pobre, difícil, demasiadamente próxima ou intensa, a imagem masculina fica prejudicada.
- Este remédio floral age sobre o rebaixamento devido a uma escassa auto-estima, ou sobre a vaidade e o orgulho por uma excessiva inflação do eu. Relacionando-se com isso, surgem, em ambos os casos, bloqueios da ação. É indicado quando desde a infância há conflitos com os pais, com a imagem parental ou as figuras substitutas.
- Para pessoas vaidosas, orgulhosas, arrogantes.
- Para pessoas egoístas, mas também no caso oposto, devido ao sentimento de rebaixamento e à desvalorização como homens da parte de alguns indivíduos. Por isso, eles caem às vezes em dependências.
- Em adolescentes que carecem de uma agressividade adequada.
- Falso eu.
- As pessoas que demonstram enfado ou hostilidade com relação ao pai, ou que brigam com ele, passam a demonstrar maior compreensão tomando esta essência.
- Nas mulheres, equilibra os aspectos masculinos.
- Também age sobre os problemas de postura, diminuindo a tensão muscular, os problemas de coluna e as afecções cardíacas.
- Usa-se essa essência em quiroprática e osteopatia.
- Equilibra as energias Yin-Yang. É benéfica praticamente em todas as etapas da vida e confere calor humano, amor e compaixão ao indivíduo.
- Ao diminuir o eu demasiadamente inflado no homem, desperta neste o instinto paternal e o desejo de ter filhos, ao lado de uma maior sensibilidade e carinho. Age sobre o chakra do coração.
- No nível celular, melhora a absorção da vitamina D.
- Proporciona alívio quando há queimaduras de sol ou insolações.
- Dissolve o tecido gorduroso.
- Todos os nutrientes das sementes do girassol, ricas em proteínas, vitaminas e minerais, especialmente ferro, e pobres em colesterol, se transferem para a essência floral.
- Se regadas com esse remédio, as plantas podem compensar parcialmente a falta de sol.

Identificação com o masculino.
Recomposição da figura paterna.

93. SWEET PEA

Lathyrus Latifolius (vermelha/púrpura-magenta)
(ERVILHA-DE-CHEIRO)
Estojo profissional.

- Para pessoas que estão em permanente mudança, que não se comprometem nem se ligam afetivamente com coisa nenhuma nem com ninguém — não se integram. Isso costuma acontecer porque elas nunca tiveram de fato um verdadeiro lugar pertinente.
- Essa essência também é recomendada para famílias cujos membros têm dificuldade para viver juntos por serem muitos para partilhar um mesmo espaço.
- Nômades, vagabundos. Adolescentes em conflito com os companheiros, sem sentido de pertinência. Confere-lhes responsabilidade.
- Para famílias com muitos filhos, na qual um deles sente que não foi amado, de modo que não tem um lugar no seio dessa família. Por exemplo, em gêmeos quando se esperava e se aceita apenas um.
- É uma essência que estabiliza e permite criar raízes, como Wild Oat. Ajuda a ter responsabilidade social, a saber qual o seu lugar no mundo. Faz a pessoa se sentir útil, crer que ocupa um lugar próprio na Terra e se ligar a ela.
- Ajuda os anciãos, quando estes precisam mudar-se, a encontrar um novo lugar e a apegar-se a ele.
- Também ajuda as pessoas que nunca se sentem à vontade, ou que não se adaptam a lugares novos ou antigos, a pôr fim à sua peregrinação.
- Para pessoas que passam a vida viajando, procurando um lugar para ficar. Ou que vivem mudando-se, trocando de amigos ou de trabalho, ou transferem os filhos de escola. Nunca se envolvem de fato.
- Confere sentido às palavras "lar", "família", em pessoas que migram de modo permanente.
- É muito recomendável para pessoas que têm comportamentos antissociais.

Medo do compromisso. Mudança permanente. Estabiliza e ajuda a enraizar-se.

94. TANSY

Tanacetum Vulgare (amarela)
(TANÁSIA)
Estojo profissional.

Um dos nomes pelos quais se conhece essa planta nos antigos herbários é *athanasia*, palavra grega que significa "imortalidade"; isso se relaciona com a propriedade de autoconservação que tem a planta seca, bem como com seu uso para embalsamar cadáveres. A bebida oferecida a Ganimedes por ordem de Júpiter para imortalizá-lo como copeiro dos deuses continha *tanacetum*.[35]

Pertence à família das Compostas, é nativa do norte da Europa e se naturalizou na América do Norte. Pode chegar a medir um metro de altura.

Costumava ser popular como remédio purificador e tônico, embora hoje não seja usado na medicina herbária para uso interno.

Externamente, a infusão de suas folhas é usada para limpar a cútis e sobre articulações doloridas, furúnculos, inflamações e varizes. Costumava-se plantar a tasnareira nos jardins perto das árvores frutíferas para protegê-las dos insetos.

- Como essência floral, é eficaz para pessoas que protelam afazeres. Elas sabem o que têm de fazer, mas têm dificuldade de pôr-se em movimento.
- Essa letargia, essa indiferença e aparente despreocupação costumam ser uma defesa diante de situações complicadas vividas na infância, talvez como violência, desordem etc.
- Essa essência ajuda a cumprir com decisão os objetivos ou motivações. Ajuda a concretizar. Reforça a vontade e a iniciativa.
- Costuma ser dada a pessoas pouco ativas, que fazem muitos rodeios até conseguir entrar em ação.
- Para pessoas indecisas. Passivas, descuidadas, com inércia, desinteresse. Com pouco entusiasmo (ao menos é o que demonstram). Com baixa energia. Entorpecidas, inertes. Parecem preguiçosas mas não o são.
- Com pacientes desse tipo, não é muito útil tratar dos aspectos relacionados com a vontade, embora esta se encontre inibida; deve-se tratar a causa da falta de ânimo e do abatimento, que em geral se relacionam com a vida caótica, com a confusão ou com as preferências da pessoa na primeira infância.
- Nos indolentes, que não agem mesmo sabendo que têm de pôr mãos à obra, esta essência desenvolve a força de vontade.

Adiar. Inatividade.
Indecisão. Passividade.

35. SARAH GARLAND, *Gran libro de las hierbas y especias*.

95. TIGER LILY

Lilium Humboldtii (alaranjada com pontos escuros)
(Lírio-Tigrino)
Estojo profissional.

- Pessoas agressivas e competitivas, que procuram distinguir-se individualmente e conquistar posições. Têm dificuldade de pensar em termos de grupo.
- Essas pessoas sofrem de um excesso de energia masculina que é compensado com essa essência, estabelecendo-se uma melhor integração social. Ajuda a equilibrar aspectos masculinos e femininos.
- Funciona bem nos transtornos da menopausa, já que equilibra hormonalmente o desequilíbrio produzido por um aumento da energia masculina (Yang).
- Tem efeito positivo sobre a tendência à rivalidade, à dominação, à hostilidade; útil a homens que vivem brigando, rudes, agressivos, que chegam à violência em qualquer âmbito.
- Ajuda a superar limitações pessoais e a mover-se no contexto de uma totalidade maior, deixando de lutar contra os outros e tomando posição em favor do bem comum.
- De modo geral, associa-se à *força* da energia feminina e à capacidade que esta tem de influenciar profundamente o mundo dos homens.
- Para pessoas que precisam triunfar para causar inveja aos outros, pois têm nisso um motivo pelo qual lutar.

Dominação, truculência, competitividade, hostilidade.

96. TRILLIUM

Trillium Chloropetalum (púrpura)
(Lírio-do-Bosque)
Estojo profissional.

- Para pessoas materialistas, ansiosas, cobiçosas e com demasiada ambição, que buscam bens, prosperidade e poder.
- Possessivas, avarentas, elas valorizam os outros pelo que estes possuem. Pouco voltadas às coisas do espírito. Invejam a riqueza alheia.

- Isso também se vê em nível corporal, no sentido de que essas pessoas engordam ou sofrem de prisão de ventre (não eliminam nem os resíduos).
- Permite trocar um pouco o mundo material pelo espiritual; sair de si para encontrar o outro.
- Também funciona muito bem nas pessoas que tendem à desonestidade ou ao apego exagerado.
- Age no nível do chakra da raiz ou da sobrevivência.

> *Cobiça, avidez, ambição quanto a bens e ao poder.*

97. TRUMPET VINE

Campsis Tagliabuana (roxa-alaranjada)
(JASMIM-DA-VIRGÍNIA)
Estojo profissional.

- É uma essência que ajuda a falar com maior desenvoltura e clareza.
- Muda o tom e a expressão da voz, diminuindo a vergonha e o nervosismo ao falar.
- Ajuda a conseguir vitalidade, energia, a elaborar nosso pensamento, a falar com clareza, com vivacidade.
- Junto com Larch, confere criatividade à expressão; com Wild Oat, permite não perder de vista a meta.
- Na gagueira, move a energia do chakra inferior para cima e para fora.
- Para as pessoas que têm medo de dizer as coisas de maneira imprópria ou que não sabem como dizê-las.
- Depois de tomar esse remédio floral, ocorrem frases como esta: "*Quando lhe respondi, perguntei-me de onde tirei o que disse. Eu nem sabia que sabia.*"
- Nos neuróticos obsessivos, altera o ritmo monótono da voz e sua forma de falar.

> *Clareza, facilidade, vivacidade na comunicação.*

98. VIOLET

Viola Odorata (violeta-azul/púrpura-ametista)
(VIOLETA)
Estojo profissional.

"Sê como a violeta,
modesta no ervaçal,
simples, pura,
não como a rosa
que sempre assombro
despertar procura."[36]

A violeta cresce muito perto da terra e não tarda a florescer. É o símbolo da primavera. Tem uma fragrância doce e suave, que não é percebida quando se tenta aspirar o seu odor. Ela só libera sua essência em determinadas condições de sol e vento, tal como ocorre com a pessoa **Violet**, que, de acordo com as condições, permite ou não o seu fluir na direção dos outros.

Pertence à família das Violáceas, tendo sido empregada com fins medicinais desde tempos muito remotos. Homero narra que os atenienses a usavam para *moderar a raiva*, enquanto Plínio recomenda usar uma grinalda de violetas para prevenir as dores de cabeça e os enjôos.[37]

- Como essência floral, é indicada para pessoas que se sentem estranhas, diferentes dos outros, que têm medo da multidão e por isso se mantêm caladas e isoladas, à maneira de Water Violet.
- Essa essência ajuda-as a intervir e aproximar-se com confiança dos outros sem medo de serem *tragados* por eles.
- Para pessoas com comportamentos de tipo autista. Criaturas espirituais, profundas, mas tímidas, que enrubescem facilmente e que, mesmo querendo ligar-se a outras pessoas, se retraem. Também é útil em crianças tímidas, mesmo que só em determinados momentos.
- Para pessoas que parecem frias e indiferentes, atitude que não passa de uma defesa, já que elas são realmente afáveis mas têm dificuldade de mostrá-lo. Temem que o seu eu se perca ou seja sufocado.
- Para aqueles que se sentem frágeis nos grupos e preferem ficar sozinhos e em silêncio. Essas pessoas chegam a procurar trabalho ou ocupação em que possam continuar assim. Gostam de jogos tranqüilos e solitários, como, por exemplo, o xadrez.

---

36. RITA SCHNITZER, *Leyendas y mitos de las flores.*
37. PENÉLOPE ODY, *Las plantas medicinales.*

- Costumam ter as mãos frias e úmidas.
- Essa essência ajuda-as a abrir-se aos outros.

Retraimento, solidão, timidez.

99. YARROW

Achillea Millefolium (branca ou rosada)
(MILEFÓLIO OU MIL-EM-RAMA)
Estojo profissional.

"A maioria dos homens diz
que mastigar suas folhas, em especial
quando estão verdes, é um remédio
para a dor de dentes."
John Gerard, 1597[38]

Os chineses fabricam com os talos dessa flor os cinqüenta bastõezinhos que são usados no *I Ching*. Na América do Norte, os índios usam esta planta em suas cerimônias de purificação.[39]

Seu nome em latim provém do herói grego Aquiles, que a usou para curar as feridas de seus soldados na Guerra de Tróia.

- É semelhante a Walnut. Relacionado ao nome temos *calcanhar de Aquiles*, porque protege as pessoas muito vulneráveis, influenciáveis, sensíveis e afetadas pelo ambiente, pelo pensamento, pela ação ou pelas intenções daqueles que as cercam.
- Essa essência fortalece a luz da aura. Cura a aura demasiadamente porosa para evitar a fusão desmedida com o ambiente. Nesse sentido, faz que o sujeito seja mais vital e sólido.
- Permite que os terapeutas que têm pacientes em estado muito grave — como doentes mentais, incapacitados, doentes terminais, depressivos ou que, por uma razão ou outra, os desestabilizam — sejam sensíveis sem se contaminar. Isola.
- Para pessoas muito sensíveis à contaminação, à radiação; nos alérgicos.
- Para pessoas que passam muitas horas trabalhando com computadores ou vendo televisão. Cria para eles um campo de proteção contra essas radiações menores.

---

38. PENÉLOPE ODY, *Las plantas medicinales*.
39. PHILIPPE DEROIDE, *Elixires florales*.

- É um escudo psíquico, físico e da alma, para que as pessoas não se consumam com facilidade nem absorvam demasiadamente e se intoxiquem com as influências negativas do ambiente, embora permita integrar, sem desequilibrar-se, essas influências.
- Pode-se vaporizar os ambientes com essa essência floral para obter proteção.
- As pessoas que precisam dessa flor costumam ter grande capacidade de perceber, curar ou ensinar, devido ao fato de serem passíveis de receber informação, intuir e ter empatia com respeito à dor e ao sofrimento dos outros.

Caráter influenciável, vulnerabilidade.
Proteção ambiental.

100. YELLOW STAR TULIP

Calochortus Monophyllus (amarela)
(TULIPÃO ESTRELADO AMARELO)
Estojo de pesquisa.

- Usa-se para pessoas inescrupulosas que prejudicam os outros sem ter consciência de que agem dessa maneira. Insensíveis ao sofrimento alheio.
- Permite que haja compreensão, empatia, e que diminuam o egoísmo e o narcisismo, a fim de que as pessoas possam estabelecer um contato maior com os outros.
- Em personalidades narcisistas, incapazes de sintonizar-se com outra pessoa além de elas mesmas.
- É uma essência que age no interior do indivíduo e para fora, o que lhe permite ter consciência de que existem outras pessoas além dele mesmo.
- Ajuda a ser mais piedoso, sensível, receptivo, responsável, interessado, e menos egoísta.
- Ajuda a melhorar vínculos doentios, a entender mais a influência que uma pessoa pode exercer.
- É bastante eficaz nos psicopatas.

Insensibilidade ao sofrimento alheio.
Falta de escrúpulos, de empatia.

101. YERBA SANTA

Eriodictyon Californicum (violeta/branca)
(Erva Santa)
Estojo profissional.

- Eficaz na congestão pulmonar, nos transtornos respiratórios e nas dores na região do coração.
- Na asma, em virtude da dificuldade de expirar.
- Em todo tipo de tristeza, opressão, angústia, aflição, abatimento, depressão, que se localizam na região do peito.
- Útil nos casos de dependência do cigarro.
- Nos resfriados freqüentes.
- Para pacientes melancólicos, que vivem se queixando e que sentem o peso das próprias palavras, à maneira de Agrimony.
- Libera energia, bem como os traumas alojados na região do tórax, permitindo que o sofrimento seja liberado.
- Bom nos ataques de *histeria*; faz que a pessoa volte a se controlar rapidamente.

Opressão, angústia, tristeza.
Traumas na região do peito.

102. ZINNIA

Zinnia Elegans (vermelha com florzinhas amarelas)
(Zínia)
Estojo profissional.

Por suas cores, é uma flor alegre, que transmite vivacidade, uma qualidade presente no remédio floral. Quando uma pessoa sorri, é liberado no cérebro um hormônio chamado beta-endorfina, que leva à mente uma mensagem positiva.

- Essa essência é indicada para pessoas sem senso de humor, pouco espontâneas, sérias demais, taciturnas, secarronas, que riem pouco, quase nunca se surpreendem, se emocionam ou desfrutam a alegria da vida, além de extremamente tensas.
- Ajuda a recuperar a capacidade de brincar, de usufruir, de voltar a ser alegre, despreocupado, de poder rir de si mesmo; possibilita a expressão da criança que todos nós temos em nosso interior, a fim de poder fruir a vida, ser mais maleável e comunicar-se com mais facilidade.

- Destina-se a todos que se levam muito a sério. Usa-se também nas crianças ou nos adolescentes.
- Quando há depressão, agitação, hipersensibilidade, problemas conjugais e tensões em geral.
- Confere capacidade de brincar, alivia, permite que a pessoa se exprima, exteriorize os sentimentos e até estabeleça uma comunicação melhor com os filhos.
- Em termos físicos, diminui a tensão.
- Ajuda a sentir mais prazer na sexualidade e na vida.
- Também é útil aos dependentes do trabalho ou de outras maneiras de fugir de si mesmos através do exercício de atividades de forma pouco equilibrada.
- O riso é um remédio muito bom, sendo essa a contribuição dessa essência floral. Desperta o riso e melhora o humor.

Seriedade excessiva. Falta de humor e de espontaneidade.

103. YARROW SPECIAL FORMULA

Estojo suplementar ou fora do estojo, em embalagem de 30 ml.

É **Yarrow**, **Arnica** e **Echinacea** preparados à base de água de montanha com sal marinho celta. Usa-se diretamente do *stock bottle*, sem diluição, 4 gotas 4 vezes por dia. Também se podem pôr 16 gotas num copo com água e tomá-lo aos goles no decorrer do dia, aumentando a freqüência antes, durante ou imediatamente depois de expor-se a radiações. Deve-se levar em conta que seu gosto é muito salgado.

Foi desenvolvida depois do desastre da usina nuclear de Chernobyl em 1986.

- Age como um escudo que protege deixando passar a luz, como antídoto para as radiações, já que os cristais de Pfeiffer protegem nesse sentido. O sal é cloreto de cobre evaporado sobre uma placa de cristal.
- Usa-se para tratar os efeitos de queimaduras, radiações solares, terapias de raios, raios X, serviço de detecção de metais nos aeroportos ou radiações em aviões a grandes alturas, exposição a radiações nucleares, que desintegram ou destroem a vida, radiações de terminais de computação, ou qualquer outra forma de radiação ambiental nociva aos seres vivos.
- Fortalece a aura e a energia. Dá proteção espiritual. Restaura e revitaliza.
- Do mesmo modo, ajuda a estancar o sangramento das feridas.
- Trata-se de um preparado que pode ser usado de forma preventiva.

• Pode empregar-se como complemento de uma fórmula, em creme, antes e depois de tomar sol.

Radiações, raios X. Escudo protetor contra queimaduras.

Uma contribuição de interesse de um integrante dos cursos sobre as flores da Califórnia, conhecedor de homeopatia, é que o sal (o preparado é em solução salina) é *Natrium muriaticum*, que em homeopatia é usado para os sofrimentos cristalizados. Por outro lado, nos campos queimados pelo fogo, **Echinacea** é a primeira planta que volta a crescer. **Yarrow** é usada depois das cirurgias para evitar hemorragias. **Arnica,** para as feridas, traumas e sangramentos leves. É uma maneira de compreender a **Yarrow Special Formula.**

CAPÍTULO 5

Diferenças ou semelhanças de alguns remédios florais

"Não somos artífices do nascer
nem do morrer,
mas podemos sê-lo
do viver."

Nas flores da Califórnia, com freqüência é difícil escolher entre as que são eficazes no tratamento de formas de desequilíbrio muito semelhantes; portanto, procuraremos neste capítulo oferecer um guia para distinguir as plantas e sua função e fazer diagnósticos mais precisos.

COMPLICAÇÕES NO SEXO E NO AMOR

Alpine Lily. Mulheres que querem ter um homem a seu lado, mas sem ter relações sexuais. Aquelas que estão em conflito com sua feminilidade. (A rejeição quanto a ser mulher pode expressar-se inclusive na relutância em menstruar.)

Basil. Quando, considerada pecaminosa, a sexualidade é ocultada. Pode haver gosto pela pornografia como reação. O amor e o sexo são contrapostos; portanto, esses indivíduos podem amar uma pessoa mas desfrutar o sexo com outra.

Easter Lily. Evitação do sexo por ser este considerado sujo, impuro, em decorrência de uma educação demasiado estrita, habitual em alguns colégios muito religiosos. Promiscuidade como forma de reação ao puritanismo. Frigidez.

California Pitcher Plant. Para humanizar a sexualidade, aceitando o chamado do instintivo. Impotência sexual.

Calla Lily. Confusão e ambivalência com relação à identidade sexual. Integra os aspectos femininos e masculinos, permitindo definir-se numa ou em outra direção.

Evening Primrose. Repressão e distanciamento emocional nas relações sexuais em virtude de traumas, abusos ou rejeições na primeira infância. A sexualidade é vivida superficialmente por medo do compromisso.

Hibiscus. Para uma maior afetividade e calor humano nas relações sexuais. Diminui o egoísmo de pensar só na própria satisfação. Melhora o orgasmo.

Sticky Monkeyflower. Medo da intimidade sexual. Ejaculação precoce. Medo de entregar-se.

Pinky Monkeyflower. Vergonha de desnudar-se devido a um abuso ou violação anterior. Relutância em exprimir sentimentos de amor ou em ter intimidade, por medo de expor-se, em ambos os sexos.

TRAUMAS DO PASSADO QUE INTERFEREM NO PRESENTE

Black-Eyed Susan. Faz esquecer os episódios traumáticos do passado que se mantêm latentes no inconsciente, bloqueiam a energia e impedem a pessoa de ter uma vida mais plena.

Golden Ear Drops. Para diminuir a mágoa decorrente de sofrimentos antigos. Quando há amnésia de determinados períodos do passado (não necessariamente traumáticos), a planta ajuda a pessoa a se lembrar e liberar as emoções. Pode provocar o pranto em pessoas que não conseguem chorar.

Fuchsia. Age como catalisador para liberar emoções muito profundas que, ao ser reprimidas, se transformam em sintomas psicossomáticos. Provoca catarse emocional.

Baby Blue Eyes. Pessoas que consideram o mundo um lugar perigoso, inseguro, e se defendem de supostos maus-tratos. Isso costuma acontecer quando o pai esteve ausente ou foi violento e rude.

Dogwood. Em decorrência de maus-tratos como golpes, surras etc., recebidos na infância, a pessoa maltrata-se a si mesma, sendo além disso extremamente rigorosa e fechada. Pode sofrer acidentes com freqüência ou não suportar que as coisas corram bem para ela.

Evening Primrose. Pessoas que se sentiram rejeitadas e, por esse motivo, depois, têm medo de não ser amadas. Como defesa para não voltar a sofrer, elas têm dificuldades de estabelecer relações afetivamente comprometidas. Pessoas que, por exemplo, foram informadas de que seu nascimento não foi desejado.

AS ESSÊNCIAS DOS ANJOS

Angel's Trumpet. Medo da morte por falta de ligação com o mundo espiritual. Medo de mudanças, já que estas também são a "morte" de algo.

Angelica. Para sentir-se protegido diante do desamparo em qualquer momento crítico da vida.

DIANTE DO ENVELHECIMENTO

Angel's Trumpet. Quando a pessoa tem demasiado medo de envelhecer ou preocupação excessiva com o estético, precisando manter a juventude a todo custo por considerá-la a única coisa com que pode contar. Medo diante de mudanças de etapa.

Chrysanthemum. Diante do receio de enfrentar a própria mortalidade, em qualquer fase da vida. Na crise da meia-idade, quando surge o medo de envelhecer, de morrer, e a pessoa procura apegar-se ao material ou ao físico em vez de buscar uma maior vinculação com o espiritual como fonte da verdadeira imortalidade.

Pretty Face. Preocupação excessiva com o aspecto exterior, por causa do envelhecimento. O indivíduo busca uma aparência juvenil. Ajuda a aceitar o processo de envelhecimento, mostrando a beleza interior.

PARA SER HONESTO OU DESONESTO

Deerbrush. Estimula a sinceridade, a clareza, bem como a coerência entre o que se pensa, se faz e se diz. Esclarece as intenções, confere honestidade.

Mullein. Pessoas desonestas, que enganam, mentem (mesmo para si mesmas) e não distinguem o bem do mal.

Sagebrush. Pessoas não-autênticas que precisam de adulação, riquezas e reconhecimento social. Essa essência nos permite desapegar-nos das falsas imagens que construímos de nós mesmos.

PARA ORGANIZAR-SE MENTALMENTE

Indian Paintbrush. Bloqueios na vitalidade para poder criar. Fadiga, falta de entusiasmo, pouca força de vontade para sustentar projetos e idéias. Para os que pensam muito e fazem pouco.

Indian Pink. Esgotamento devido à hiperatividade. Para manter-se organizado em meio a uma atividade e a uma pressão excessivas, sem confusão nem nervosismo. Para poder fazer várias coisas ao mesmo tempo sem desconcentrar-se nem desorganizar-se.

Rabbitbrush. Para não se perder em detalhes, esquecendo-se das coisas importantes. Possibilita alçar-se do individual ao universal.

Shasta Daisy. Ajuda a analisar e a sintetizar. Pessoas que analisam bem mas que depois têm dificuldade para se integrar num todo. Pessoas dispersivas ou que, por exemplo, não conseguem entender os conceitos de um texto.

Madia. Para a fadiga, especialmente a decorrente de trabalho intelectual. Permite que os distraídos se concentrem.

DEIXAR TUDO PARA DEPOIS, ADIAR

Blackberry. Para pôr as idéias em prática, despertar a vontade, opor-se à inércia e à imobilidade. Impulsiona a fazer.

Cayenne. Aumenta a força de vontade quando há bloqueios, estagnação ou lentidão psíquica.

Tansy. Estimula a agir quando se sabe o que é preciso fazer, superando a letargia e a falta de iniciativa.

California Wild Rose. Pessoas que vão deixando as coisas por apatia, resignação, desinteresse e falta de entusiasmo.

Madia. Os que têm muitos projetos mas se distraem e não os concluem.

Borage. Os que não fazem as coisas por se sentirem deprimidos e sem força.

Dill. Pessoas que estão mergulhadas em estímulos e experiências. Para o abatimento decorrente de exigências exageradas ou de responsabilidade excessiva. Para a insônia provocada por essas circunstâncias.

HIPERSENSIBILIDADE

Yarrow. Pessoas muito vulneráveis, que se deixam afetar com facilidade pelo ambiente. Grande sensibilidade, tanto física como psíquica, às influências negativas do ambiente.

Pink Yarrow. Seres muito piedosos que não estabelecem um distanciamento com relação aos outros e acabam por não distinguir o próprio do alheio. Hipersensibilidade às emoções dos outros; interiorização dos problemas dos outros como se fossem seus.

Golden Yarrow. Pessoas muito sensíveis e introvertidas, que têm dificuldade para apresentar-se ou falar em público. São vulneráveis, mas apreciam ser alvo de atenção, embora isso lhes seja difícil.

Mountain Pennyroyal. Pessoas que, devido à sua vulnerabilidade, são influenciadas facilmente com os acontecimentos ao seu redor, o que as impede de pensar com clareza. Essa essência age sobre formas de pensamento atuais (confusão mental, falta de discernimento), enquanto **Yarrow** é mais eficaz para bloquear ondas energéticas negativas que o indivíduo possa absorver.

MEDOS

Scarlet Monkeyflower. Medo de expressar emoções ou sentimentos fortes, como a raiva, embora essas pessoas acabem depois "estourando" por "acumulação".

Pink Monkeyflower. Medo de ser descoberto e rejeitado por coisas ocultas de outros períodos da vida. Medo de mostrar-se para não se expor.

Sticky Monkeyflower. Medo, sobretudo, da intimidade sexual, mas também do contato humano em geral.

Saint John's Wort. Medo de ter maus sonhos, pesadelos, de ficar sozinho em casa.

Garlic. Medos, fobias, nervosismo, sensação de estar possuído, pouca vitalidade.

AVAREZA — MATERIALISMO

Star Thistle. Pessoas avarentas, que têm medo de arruinar-se. O material lhes dá segurança; elas não partilham nada, vivem contando seus bens e não conseguem ser generosas. Guardam tudo.

Hound's Tongue. Seres materialistas, que vêem o mundo apenas nesses termos, o que os leva a sentir-se dependentes e desprotegidos. Têm pouca vida interior, só se pautam pela lógica.

Trillium. Pessoas gananciosas, ávidas, possessivas e ambiciosas de poder material e *status*. Desejam acumular posses e avaliam os outros pelo que eles têm. Apresentam com facilidade algum tipo de congestionamento.

Sagebrush. Pessoas que acumulam objetos materiais ou coisas supérfluas para criar uma auto-imagem mais valiosa.

A COMUNICAÇÃO

Trumpet Vine. Ajuda a falar com clareza e desembaraço. Confere vitalidade e dinamismo à expressão oral.

Snapdragon. Tendência a encolerizar-se e a discutir, mostrando-se mordaz, crítico e tenso na comunicação com os outros. Abranda personalidades agressivas.

Calendula. Aspereza, brigas, ofensas verbais. Essa essência proporciona sensibilidade na compreensão e na comunicação com os outros. Confere empatia e calor humano à palavra.

Cosmos. Possibilidade de articular de maneira clara e de harmonizar o pensamento com a palavra. Ao contrário de **Calendula**, essa essência não cria empatia embora permita exprimir-se, falando com fluidez e clareza.

Dogwood. Aspereza e rigor excessivo. Confere graça e livre expressão dos sentimentos no relacionamento com os outros.

ESSÊNCIAS RELAXANTES

Canyon Dudleya. Tranqüiliza pessoas que ficam muito tensas porque sentem que estão numa situação pior do que a dos outros.

Lavender. Diminui o nervosismo, a excitação por excesso de estímulos, o sofrimento devido à tensão e à hipersensibilidade; equilibra a energia.

Rosemary. Acalma e tonifica as pessoas que se sentem incomodadas, inquietas, intranqüilas com relação ao seu próprio corpo, ou que têm má circulação nas extremidades do corpo

Chamomile. Tensão emocional, sobretudo no estômago e na região do plexo solar. *Stress*, mau-humor, irritabilidade. Dificuldade para dormir. É boa para crianças com cólicas, problemas de dentição etc.

Dandelion. Para a tensão muscular, a impaciência e a hiperatividade.

INSÔNIA

Chamomile. Calmante, sedativa. Favorece o relaxamento e permite descarregar a tensão, especialmente a acumulada no estômago ou no plexo solar.

Chaparral. Possibilita a descarga de tensão causada pelo clima tenso do ambiente urbano. Ajuda a dormir sem sonhos desagradáveis.

Black-Eyed Susan. Quando as situações traumáticas e reprimidas ameaçam aflorar com a falta de censura da consciência durante o sono.

Dill. Quando a pessoa está muito nervosa, oprimida ou sobrecarregada pelo excesso de responsabilidades, informações etc.

Lavender. Ajuda a diminuir o nervosismo e a excitação.

Mugwort. Nos casos de sonambulismo ou de excessiva atividade onírica.

Saint John's Wort. Pesadelos, medos noturnos, temores ocultos.

California Poppy. Dificuldade para dormir. Insônia freqüente. Necessidade de drogas para poder seguir em frente.

CONFLITO COM A IMAGEM MASCULINA

Baby Blue Eyes e **Sunflower**. A diferença entre eles reside no fato de que o primeiro não tem pai e nunca o teve realmente.

NOTAS

ARTEMÍSIA

Das 103 flores descritas neste livro, há duas, *Artemisia Tridentata* = SAGEBRUSH, e *Artemisia Douglasiana* = MUGWORT, que são amarelas mas cobrem emoções diferentes. Ver as respectivas descrições no Capítulo 4.

DIANTE DOS OBSTÁCULOS E DAS DIFICULDADES

Ambas são PENSTEMON, e sua ação é semelhante:

Penstemon. Gera força interior na adversidade (mortes, perdas) e capacidade de *resistir* quando a pessoa se encontra diante de grandes desafios. Destina-se ao que acontece aqui e agora.

Mountain Pride. Gera força no confronto com os obstáculos, coragem para *lutar* pelas próprias convicções, combater e enfrentar situações difíceis ou injustas. É mais caracterológica.

Encontramos quatro tipos de CALOCHORTUS que diferenciamos da seguinte maneira:

Calochortus Albus = FAIRY LANTERN; ajuda a crescer, amadurecer, tornar-se independente.

Calochortus Leichtlini = MARIPOSA LILY; permite melhor identificação com aspectos femininos, melhora o vínculo com a "mãe interior".

Calochortus Monophyllus = YELLOW STAR TULIP; ajuda a ter mais sensibilidade ao sofrimento alheio.

Calochortus Toliei = STAR TULIP; ajuda a ter maior sensibilidade, suavidade e percepção interior.

E dois tipos de DICENTRA:

Dicentra Formosa = BLEEDING HEART; quando há sofrimento por ruptura de uma relação e "o coração sangra".

Dicentra Chrysanta = GOLDEN EAR DROPS; para dissipar as mágoas do passado "guardadas no coração". Quando há sofrimento em função de lembranças dolorosas na infância.

CAPÍTULO 6

As essências florais em uso externo

As essências florais, além de ser ingeridas, podem ser usadas de muitas outras maneiras. Por exemplo:

- *banho de assento*
- *banho de imersão*
- *banho dos pés*
- *xampu ou creme para enxaguar o cabelo*
- *carregando-se a essência junto ao peito*
- *colírios*
- *compressas*
- *creme*
- *emulsão*
- *bochechos*
- *evaporação no ambiente*
- *aplicações medicamentosas*
- *gel*
- *gotas para os olhos*
- *gotas para o nariz*
- *inalação*
- *loção*
- *pulverização*
- *odontologia*
- *aplicações tópicas*
- *exalações*
- *vaporização ambiental*

- *vaporização sobre as pessoas, os animais e as plantas.*

A forma usada depende das necessidades de cada pessoa e de cada situação. É possível preparar diversas composições e para diferentes usos.

Para um **banho de imersão**, podem-se colocar 8 gotas de cada essência, ou 16 da diluição, diretamente na água, mexendo um pouco para misturar bem. Isto vale tanto para o banho de adultos como para o de crianças ou bebês. Neste último caso, como a quantidade de água é menor, usa-se a metade da dose de gotas.

Algumas pessoas recusam-se a tomar as essências. Nesses casos, pode-se preparar uma fórmula e usar o frasquinho **pendurado no pescoço** com uma fita ou um cordão. Pode-se usar a diluição ou diretamente a essência. Há experiências segundo as quais se se usar o frasquinho sobre o chakra do coração, isso produzirá resultados muito bons, já que tem ação imediata e acelera o processo de cura, podendo ser potencializado mediante a sua combinação, se o paciente o desejar, com a ingestão por via oral.[40]

Quando a indicação é em forma de **colírio**, as essências florais também agem magnificamente em uso local. Se o paciente for pingar gotinhas nos olhos durante poucos dias, pode-se preparar a fórmula em água mineral sem gás e sem conhaque. Se, em contrapartida, ele for usá-lo por tempo prolongado, será mais conveniente incluir as essências florais num frasco de *lágrimas artificiais*,[41] que se compra na farmácia e que tem um pH semelhante ao das lágrimas.

Para **compressas**, pode-se preparar em água ou em conhaque e pôr algumas gotinhas sobre uma gaze ou diretamente sobre uma bandagem previamente aplicada.

Se o uso é em forma de **creme**, o veículo deve ser de base neutra e solúvel em água, sem conservantes nem aromatizantes — produto que se chama *creme base de tipo homeopático*. Pode-se acrescentar a ele qualquer essência floral que se considere necessária, diretamente e sem precisar de conhaque. O tempo de conservação é muito longo, praticamente não se deteriora. Deve-se ter a precaução de fechar bem o pote para que o creme não seque. Aplica-se diretamente com as pontas dos dedos, em pouca quantidade. Também se usa para massagens.

A **emulsão** é preparada diluindo-se o creme com água mineral até obter a consistência desejada. Pode-se acrescentar conhaque ou não. Isso dependerá do uso a que estiver destinada a emulsão.

Quanto aos **bochechos**, em geral se prepara uma diluição com a fórmula indicada em cada caso, põem-se 4 gotas num copo com água fria ou morna e se fazem os bochechos. Estes são usados nos casos de irritações e inflamações da mucosa bucal, doenças das gengivas, dores, impurezas, aftas. Se o problema

---

40. Contribuição de AURORA BOSCH no *Boletín Nº 11 de Sedibac*, Barcelona, Espanha.
41. Contribuição da doutora SOFÍA PEÑA, Montevidéu, Uruguai.

persiste, sempre é conveniente consultar um especialista. Em caso de aftas, as aplicações tópicas são muito eficazes.

Às vezes, deseja-se ter um efeito prolongado e contínuo de algumas essências. Nesse caso, elas podem ser usadas em forma de **evaporação ambiental**, diluídas em água ou em conhaque e colocadas num recipiente aberto no quarto, ou, na falta desse recipiente, num forninho dos que são usados em aromaterapia, mas, em vez de pôr óleos essenciais, colocam-se essências florais, tendo a precaução de que a água não ferva.

As **aplicações medicamentosas** são muito simples de fazer: põe-se água morna num recipiente, colocam-se as essências necessárias e depois se embebe com esse líquido uma gaze, que será posta no lugar onde deve atuar. Indicadas para furúnculos, abscessos etc., essas aplicações têm uma ação bastante rápida e eficaz, que pode ser associada ao uso oral do remédio.

O **gel** é usado quando há necessidade de uma aplicação fria. Ele tem um grande poder de penetração e deve ser *neutro* e *incolor*. É preparado como o creme.

Deve-se ter a precaução de não usar nem o gel nem o creme em feridas abertas, pois haveria risco de infecção.

Outra advertência: no caso de alguma afecção na pele, sempre é recomendável consultar primeiro um dermatologista, para ter um diagnóstico e talvez, se necessário, um tratamento médico que possa ser complementado com o tratamento floral.

Nós, que usamos o sistema floral inglês, já estamos habituados ao creme com a fórmula de cinco flores, denominado *Remédio de Resgate (Rescue Remedy)*, que costuma ser base de muitos preparados, com Crab Apple e o agregado de outras essências.[42] No âmbito dos remédios florais da Califórnia, há muitíssimas variações eficazes e úteis.

A quantidade de gotas empregada é a mesma usada na diluição: 30 gramas ou 30 ml com 2 gotas de florais. Não é conveniente pôr mais de 9 flores. Deve-se mexer com uma espátula até obter uma mistura homogênea dentro do pote em que se está preparando.

As **gotas para o nariz** não devem incluir conhaque; desse modo, a diluição será feita em água mineral sem gás, e se porão uma ou duas gotas em cada narina caso essa seja a indicação adequada.

As **gotas para os olhos** são preparadas em conhaque puro, visto que dessa maneira são absorvidas em seguida. Serão colocados dentro do conhaque os remédios florais necessários ao caso.

Uma **loção** é uma mistura com maior base de água do que a do creme; costuma-se aplicá-la sobre a pele como remédio refrescante ou calmante para ali-

---

42. Podem-se ver outras aplicações no capítulo V do livro *Tudo o que você precisa saber sobre os remédios florais de Bach*, da mesma autora, Ed. Pensamento, São Paulo.

viar irritações ou inflamações. Pode-se acrescentar a ela conhaque, se se desejar; isso depende do uso a que estiver destinada.

As essências florais também são muito úteis em **odontologia**; nesse caso, devem ser tomadas ou usadas topicamente, em geral diretamente da *stock bottle*. Quando há risco de hemorragia, usa-se **Arnica**; em inflamações ou infecções, **Manzanita**. E existem outras diversas indicações.

No caso das **aplicações tópicas**, são preparadas diluindo-se os remédios florais em conhaque por seu poder de penetração imediata. Também se pode usar o mesmo concentrado friccionando-se diretamente a região afetada ou colocando-se algumas gotas sob a bandagem se se tratar de uma ferida.

Quando o método utilizado é a **inalação** ou **nebulização**, põem-se as flores diretamente no aparelho ou na ampola que contém o soro fisiológico para nebulizar.

As **exalações** são feitas pondo-se 5 gotas numa caneca com água quente. Cobre-se a cabeça com uma toalha e se respira profundamente com os olhos fechados por um período de 5 a 10 minutos.

A **vaporização** pode ser usada tanto no ambiente como diretamente sobre as plantas, os animais, os bebês, os adultos com problemas de pele etc. É preparada num frasco, se possível de vidro, com válvula vaporizadora.

Para a **lavagem do cabelo**, podem-se incluir as essências diretamente no xampu ou no creme de enxaguar.

Aloe Vera é uma essência floral muito usada externamente, já que cura queimaduras leves, escaldaduras, eritema de origem solar, manchas, furúnculos, cortes, picadas de insetos e úlceras: também é eficaz para combater a psoríase. Se se deseja, pode-se acrescentar a gelatina contida em suas folhas ao creme ou ao gel para aumentar o efeito. Em uso cosmético, suaviza a pele.

Arnica é um excelente remédio para curar pancadas, hematomas, distensões, torceduras, entorses, batidas leves ou feridas. Usa-se também para *apagar* cicatrizes. Regenera os tecidos no caso de acne, estanca hemorragias leves.

Black-Eyed Susan combate com eficácia os pruridos.

Borage é uma essência que alivia a irritação da pele.

Calendula é usada na forma de gel para tratar a acne rosácea (já que é necessária uma aplicação fria). Em cremes, é excelente para cicatrizar feridas e chagas, é antisséptica, desinflama, suaviza, alivia os eczemas e a comichão das frieiras. Pode ser acompanhada de **Calendula homeopatica** para ter potencializado o seu efeito. Também se usa em aftas, ulcerações na boca ou doenças das gengivas na forma de bochechos ou topicamente.

Chamomile tranqüiliza, suaviza e desinflama; portanto, é boa para a acne rosácea, visto que tira o calor e é sedativa. Melhora as irritações da pele. É adstringente. Alivia a comichão. Usa-se para friccionar as gengivas do bebê durante a dentição. É relaxante em banhos de imersão. Na forma de compressas, ajuda a desinflamar os olhos irritados.

Chaparral é uma essência que, usada em creme, é eficaz para afecções como o intertrigo ou outras dermatoses, junto com **Hibiscus** e **Pomegranate**.

Chaparral também tem ação benéfica no tratamento dos fungos. Nesse caso, deve ser diluído em conhaque puro para não manter a umidade.

Dandelion em creme é muito útil para fazer massagens, já que age como um relaxante da musculatura em casos de tensão, dor, cãibras e contrações. Pode-se acrescentar **Rosemary** para acentuar o efeito relaxante.

Em casos de reumatismo, devem-se acrescentar **Dandelion**, **Lavender** e **Rosemary**, junto com **Water Violet** do sistema inglês. Quando se massageia a região afetada, a dor é aliviada.

Garlic serve para as picadas de insetos. É antisséptico, sendo por isso eficaz na acne com pústulas.

Lavender também costuma ser usado em massagens, tanto na forma de creme como em loção; acalma as dores de cabeça e do pescoço, bem como a enxaqueca. Suaviza a pele e cura queimaduras leves. Alivia pruridos de etiologia diversa. Também se usa na vaporização.

Lotus, acrescentado a qualquer fórmula, tem intensificados seu poder e seu efeito.

Madia é bom para inflamações e pequenos tumores. Acelera o processo de cura.

Mallow alivia varizes e hemorróidas; é indicada no caso de flebite. Suaviza as manchas da velhice, de preferência em forma de gel.

Manzanita é muito semelhante a **Crab Apple**, do sistema inglês; portanto, costuma fazer parte de muitas fórmulas de cremes, loções, gel, vaporização, aplicações tópicas, banhos etc. É purificadora, antiinflamatória, cicatrizante. Junto com **Nasturtium, Yerba Santa** e **Dill**, aplica-se nas fontes quando há congestão na cabeça ou resfriados freqüentes. Descongestiona e alivia. Também costuma ser eficaz nas ulcerações da pele.

Nasturtium fortalece o cabelo, é tônico e estimulante.

Poison Oak, em creme, loção ou gel, alivia os pruridos.

Red Clover, em uso externo, é muito útil para os problemas da pele, incluindo o eczema e a psoríase.

Rosemary é adstringente, antisséptica e estimulante da circulação. Também é útil contra a psoríase, especialmente quando esta afeta o couro cabeludo; para a caspa, aplica-se como loção ou como enxagüe final.

Saint John's Wort é eficaz para queimaduras, eritema de origem solar, feridas, úlceras, chagas. Para proteger a pele muito delicada ou muito afetada pela luz e pelo sol. É um fortificante imunológico. Também é eficaz no tratamento da ciática, das cãibras, do cotovelo de tenista.

Self-Heal tem grandes virtudes regeneradoras; por isso, convém incluí-la em qualquer fórmula quando é necessário tratar cicatrizes. Usa-se topicamente no pé-de-atleta; nesse caso, dilui-se em conhaque puro, já que os fungos se reproduzem em ambientes úmidos e o conhaque é absorvido em seguida e seca. Aumenta o poder de cura de cada pessoa. É um pequeno remédio de resgate. Estanca as hemorragias.

Snapdragon é eficaz para as alergias e as manchas da pele, sobretudo no rosto.

Em seguida, citamos algumas composições para uso dermatológico local. São só exemplos, de vez que continua válido o que sabemos desde sempre: não existem fórmulas gerais, só há fórmulas individuais. Simplesmente se descrevem alguns compostos que tiveram sucesso em muitos casos, o que não significa que todos o tenham.

GEL EM CASOS DE CELULITE

Aloe Vera, Self-Heal, Sunflower, Scotch Broom.

Se se deseja acrescentar outras essências a estas, as mais adequadas seriam **Crab Apple** e **Oak**, do grupo dos remédios florais ingleses.

NO CASO DE ACNE

O gel é indicado nesse caso porque é fresco e absorvido com rapidez, embora também se possam usar creme (pouca quantidade por vez) ou vaporização. É aconselhável intensificar o efeito com a ingestão oral das gotas de forma simultânea.

Manzanita, Self Heal, Arnica, Aloe Vera, Garlic.

Se se acrescentam os florais ingleses, estes poderiam ser: **Remédio de Resgate, Crab Apple, Gorse.**

COMO CREME NUTRITIVO E HIDRATANTE

Remédio de Resgate, Arnica, Aloe Vera, Manzanita, Self Heal.

PARA SUAVIZAR CICATRIZES

Calendula, Arnica, Aloe Vera, Manzanita, Remédio de Resgate.

PARA REJUVENESCER A PELE

Remédio de Resgate e **Honeysuckle**, dos florais ingleses, e **Lavender, Rosemary, Mallow, Aloe Vera** e **Dandelion**, dos da Califórnia. É uma fórmula que regenera a pele, diminui as rugas e suaviza as linhas de expressão.

PARA LIMPEZA

Gel, loção, emulsão ou creme com **Manzanita, Chaparral, Calendula** e **Crab Apple**, do conjunto inglês. Usa-se para tirar a maquiagem ou para eliminar as impurezas acumuladas que sujam a pele.

PARA ANTES E DEPOIS DE EXPOR-SE AO SOL

Yarrow Special Formula, Arnica, Saint John's Wort, Self Heal.
Não age como filtro solar, mas protege e ajuda a pele a não desidratar-se, seja na forma de creme ou de loção.

BLEFARITE (PÁLPEBRAS AVERMELHADAS E ESCAMOSAS)

Chrysanthemum, em uso tópico, age como antiinflamatório e antibacteriano, sendo empregado em problemas oculares persistentes.

PARA DRENAR FURÚNCULOS, INFLAMAÇÕES (TOXINAS FÍSICAS OU IMPUREZAS PSÍQUICAS)

Black-Eyed Susan junto com **Agrimony**. Ambas as essências se caracterizam por permitir que aflore o que está oculto no íntimo do ser (uso externo e interno).

Há muitas outras possibilidades de uso externo das essências florais, cabendo ao terapeuta experimentar pouco a pouco outras composições.[43] Por exemplo:

43. Fonte de alguns usos: PHILIPPE DEROIDE, *Elixires florales*.

Bleeding Heart. Massageado à altura do coração, diminui a taquicardia. Pode-se colocar um frasquinho sobre o chakra do coração e desse modo se obterá um efeito mais prolongado.

Chamomille. Aplicado sobre o estômago e o plexo solar, alivia as tensões localizadas nessa região.

Nasturtium. Na testa e na nuca, elimina a dor de cabeça provocada pelo excesso de trabalho intelectual. Na forma de vaporização, diminui a febre, assim como **Madia**.

Lady's Slipper. Massageada nos pés, tira a sensação de cansaço presente neles.

Vaporizando-se com **Red Clover, Saint John's Wort, Mountain Pennyroyal** e **Yarrow**, obtém-se proteção para um ambiente perturbado.

Usar também em vaporização, quando os animais se mostram tão assustados ou ferozes que não é possível aproximar-se deles.

Sempre é conveniente considerar que, ao localizar-se a emoção que desencadeia a enfermidade, podem-se indicar as flores mais adequadas e o tratamento será mais bem-sucedido.

CAPÍTULO 7

Remédios combinados

"O sofrimento é a manifestação da falta de harmonia consigo mesmo e com as leis universais."

Repito aqui o que afirmei no capítulo anterior e também no capítulo XII de meu livro *Remedios florales de Bach. Tratado completo para su uso y prescripción*: não há fórmulas preestabelecidas no que diz respeito aos florais, já que as próprias dificuldades podem despertar emoções diferentes em diversas pessoas. Por isso, cada um de nós precisa encontrar sua própria combinação floral, que é pessoal, intransferível e intransmissível. Contudo, a experiência nos permitiu conhecer combinações que se tornaram mais populares por ter sido bem-sucedidas em muitos casos, embora não em todos.

Devemos levar em conta, entretanto, que os *estados mentais*, *os emocionais*, são únicos em cada pessoa.

É interessante separar as fórmulas florais, tanto no tempo como no espaço. Por exemplo, quando se destinam ao tratamento de problemas concretos, como, por exemplo, algum conflito no trabalho em que a pessoa se sente vulnerável, e ao mesmo tempo se trabalha psicoterapeuticamente com situações que remontam à infância do paciente, a proposta de KATZ e KAMINSKY é:

- **Golden Yarrow** e
- **Pink Yarrow**

  pela manhã para a situação de vulnerabilidade e sensibilidade.

- **Mariposa Lily** e
- **Golden Ear Drops**

ao entardecer para um trabalho de maior profundidade.

Essa pode ser uma indicação para todos os dias, ou pode-se também alternar uma fórmula por um ou dois dias e depois a outra, um dia ou dois em seguida, e assim sucessivamente.

"Há com freqüência várias combinações de essências que poderiam funcionar igualmente bem. Nesse caso, o terapeuta deve decidir, junto com o paciente, acerca das questões que serão tratadas em primeiro lugar. Enquanto se trabalha com uma série de temas, abrir-se-ão no psiquismo *chaves* que afetam outros, de modo que o paciente pode estar certo de que não é preciso trabalhar com todas as problemáticas ao mesmo tempo e com uma única fórmula."

ALGUNS PRINCÍPIOS NA COMBINAÇÃO DE ESSÊNCIAS[44]

A **lei da afinidade**. Combinar essências florais que agem em harmonia recíproca pode apoiar e reforçar o processo terapêutico.

Por exemplo, uma pessoa que toma **Larch** para ter mais confiança em si mesma poderá combiná-la com **Cosmos** para organizar melhor as idéias que exprime e com **Trumpet Vine** para conferir maior força vital à palavra falada.

A **lei da polaridade**. A união dos opostos é uma importante lei alquímica que encontra expressão na terapia floral. As combinações que trabalham com essências contrastantes permitem que o indivíduo adquira maior flexibilidade ao aprender a equilibrar e a harmonizar seus diversos aspectos. Por exemplo, alguém que esteja tomando **Mountain Pride** para aumentar sua coragem no que se refere à luta pode também precisar de **Star Tulip** para tornar-se mais receptivo interiormente.

A **lei da intensidade**. As combinações devem ser equilibradas de acordo com a intensidade das essências usadas. Algumas são *catárticas*, podendo suscitar uma grande mobilização psíquica. **Fuchsia** e **Scarlet Monkeyflower** são exemplos desse tipo.

Outras essências são *matizadoras* e podem ser empregadas para suavizar e apoiar as essências mais catárticas. Elas ajudam o paciente a aceitar-se a si mesmo com mais facilidade e a curar a dor que se manifestou. Exemplos dessas essências são **Borage, Self-Heal, Chamomile, Lavender, Zinnia, Yarrow.**

Retomando o que dissemos no princípio, uma fórmula deve ser, basicamente, o resultado de um processo de reflexão e avaliação das características do paciente.

---

44. KATZ e KAMINSKY, seminário, Buenos Aires, 1992.

Nas doenças terminais, quando a alma teme deixar o corpo físico

- Angelica.
- Angel's Trumpet.

Em mudanças muito profundas ou diante de situações-limite

- Angel's Trumpet diminui a resistência à mudança e permite uma abertura espiritual que alivia as tensões.
- Angelica convoca nosso *anjo da guarda* e faz desaparecer a sensação de desamparo.

Para os calores da menopausa

- Angel's Trumpet.
- Calendula.
- Mariposa Lily.
- Tiger Lily.
- Pomegranate.
- Yarrow.

Para poder relacionar-se melhor

- Sticky Monkeyflower.
- Scarlet Monkeyflower.
- Yarrow.

Uma pequena fórmula de resgate

- Indian Pink.
- Red Clover.
- Yarrow.

Para fazer entrar em ação pessoas que não realizam suas idéias, que adiam, prorrogam, postergam

- Madia.
- Blackberry.
- Tansy.

Para concentrar-se e organizar-se quando se está sob grande pressão ou se tem muita coisa para fazer

- Indian Pink.
- Rabbitbrush.
- Shasta Daisy.

Diante do abuso sexual (consumado ou da tentativa de abuso)

- Dogwood, pela tendência a tornar-se empedernido.
- Golden Ear Drops, pela repressão de recordações dolorosas.
- Evening Primrose, pelo temor da rejeição.
- Pink Monkeyflower, pelo medo.
- Sweet Pea, para ter um sentimento de pertinência.
- Echinacea, pelo sentimento de indignidade.

Em exames (em especial se são orais)

- Garlic.
- Trumpet Vine.
- Cosmos.

Para engravidar

- Blackberry.
- Pomegranate.

Para ter um melhor contato com as outras pessoas quando há conflito nas relações

- Tiger Lily: pessoas agressivas, que procuram distinguir-se individualmente para galgar posições.
- Saguaro: rebeldia devido ao conflito com a autoridade.
- Canyon Dudleya: para a inflexibilidade e irredutibilidade dos que não suportam opiniões contrárias às suas.

Em casos de dificuldade na identificação sexual

- Calla Lily.
- Mariposa Lily.
- Sunflower.

Para melhorar a relação com os pais

- Baby Blue Eyes, para superar o trauma de uma figura paterna ausente, ameaçadora, violenta ou fonte de maus-tratos.
- Mariposa Lily, para propiciar uma maternidade ou paternidade cálida e positiva.
- e/ou Sunflower (avaliar).

Para atenuar impactos no conhecimento e compreensão de situações traumáticas reprimidas

- Black-Eyed Susan permite que aflore o trauma reprimido.
- Self-Heal harmoniza e atenua a intensidade do impacto, já que confere confiança e aceitação daquilo que vai emergindo.

Quando se torna difícil recuperar-se de feridas profundas e dolorosas

- Bleeding Heart proporciona equilíbrio emocional diante da perda.
- Chicory, para poder se soltar.
- Borage atenua a tristeza e dá força para superar.
- Forget-Me-Not é acrescentado num segundo momento para que a inclusão da dimensão espiritual atenue e modere o físico e concreto. Para poder criar uma relação mais espiritual. No primeiro momento do luto, não se recomenda incluí-la porque ela não funciona.

Problemas na comunicação verbal, autismo, gagueira

- Cosmos harmoniza a expressão entre o verbal e o pensamento.
- Trumpet Vine ajuda a ter fluência no falar, a sentir menos vergonha e nervosismo.
- Larch aumenta a autoconfiança.

Diante da inibição devida à necessidade de falar em público

- Trumpet Vine permite falar com naturalidade e aproximar-se dos ouvintes.
- Larch ajuda a sentir-se seguro no que se está fazendo.
- Yarrow leva a pessoa a sentir-se menos exposta.

No reumatismo, para diminuir a dor

- Dandelion.
- Lavender.
- Rosemary.
- Water Violet.

Para tremores ou Mal de Parkinson

- Dandelion.
- Rosemary.

Nos acidentes automobilísticos, quando ocorre a chamada "chicotada do pescoço"

- Dandelion.

Pessoas que vivem o sexo com demasiada apreensão

- Easter Lily.
- Hibiscus.

Aborto espontâneo

- Forget-Me-Not.
- Bleeding Heart.

Para permitir o afloramento da criatividade bloqueada (síndrome da página em branco)

- Indian Paintbrush.
- Iris.

Para aliviar os problemas do Mal de Alzheimer

- Lotus.
- Pomegranate.
- Mallow.

Pessoas que precisam aprender com seus erros e reorganizar sua vida

- Sunflower.
- Star Tulip.
- Morning Glory.

Mulheres demasiadamente cerebrais e que têm pouco estímulo sexual

- Nasturtium.
- Pomegranate.

Maior clareza mental, especialmente em pessoas mais velhas

- Rosemary.
- Peppermint.
- Sage.

***Jet-Lag* ou problemas devidos a viagens de avião de um continente a outro**

- Sage no avião e, depois, duas ou três horas após a aterrissagem.
- Corn, em especial se viajam em aviões lotados.
- Mountain Pennyroyal, se, por causa do *stress* surgem pensamentos negativos.

Resfriados freqüentes e congestão

- Nasturtium.
- Yerba Santa.

Crianças muito ciumentas diante de uma nova gravidez da mãe

- Mariposa Lily.
- Yarrow.
- Angelica.

Para reconhecer o próprio objetivo na vida e conseguir realizá-lo

- Blackberry.
- Wild Oat.

Na hipertensão

- Bleeding Heart.
- Indian Pink.
- Lavender.
- Dandelion.
- Corn.

Não se deve deixar de consultar o médico.

Arteriosclerose

- Angelica.
- Mallow.

Quando uma pessoa se sente muito só

- Bleeding Heart.
- Echinacea.
- Sweet Pea.
- Chicory.

Condição paranóide ou mania de perseguição

- Black Cohosh, por suspeitar dos outros, freqüentemente com base em experiências presentes ou passadas de violência ou abuso.
- Oregon Grape, por permanecer na expectativa da hostilidade originária do ambiente. Paranóia.
- Pink Yarrow, tendência a absorver emoções dos outros, sensação de incômodo em meio à multidão.
- Purple Monkeyflower, desequilíbrio em crenças religiosas ou práticas espirituais que levam as pessoas a ter medo e paranóia, impossibilidade de vivenciar fenômenos espirituais com calma e de maneira objetiva.

Alcoolismo

- Angelica.
- Mountain Pennyroyal.

Paralisia cerebral

- Dill.
- Saguaro.

Acompanhando a fórmula pessoal.

Autismo

- Trumpet Vine.
- Shasta Daisy.
- Cosmos.
- Violet.

***Stress* decorrente da vida urbana**[45]

- Corn, para manter contato com a terra apesar de viver na cidade.
- Indian Pink, para manter um centro calmo apesar da atividade.
- Yarrow protege da hipersensibilidade e da vulnerabilidade dentro do caos ou da falta de harmonia do ambiente.

Para aprender melhor[46]

- Shooting Star.
- Sweet Pea.

Para a alfabetização e a socialização.

Desânimo — dificuldades de aprendizagem

- Scotch Broom.
- Borage.
- California Wild Rose.

Agem nos casos de desânimo, de resignação e de depressão; dissipam a sensação de fracasso e a falta de esperança, aumentando a motivação para estudar.

Para a capacidade de abstração ou o pensamento abstrato

- Iris.
- Cosmos.

São essências que ajudam o estudante a entrar em contato com a sua interioridade, facilitando a criação de imagens mentais e estimulando a capacidade de pensar sobre aquilo que não é concreto e palpável. São ideais para alunos com dificuldades em disciplinas que exigem o trabalho com imagens mentais e conceitos abstratos.

---

45. Katz e Kaminsky.
46. Fonte de algumas combinações: Thais Helena Delboni. *Revista Brasileira de Terapia Floral*.

Baixo rendimento escolar por dificuldades relativas à atenção e à concentração

- Corn.
- Clematis.
- Impatiens.
- Hornbeam.
- Olive.
- Nasturtium.
- Shasta Daisy.
- Madia.
- Rabbitbrush.

Exames, provas e lições

- Larch, para que a má imagem de si mesmo não interfira em sua capacidade.
- Buttercup, para que não tema fracassar e para que se considere capaz.
- Sunflower, para que, ao contrário das essências anteriores, seu "eu inflado" se equilibre.
- Sage, para admitir os próprios erros e aprender com eles.

Para poder ensinar

- Quaking Grass.
- Larkspur.
- Queen Anne's Lace.

Vaporizar durante as aulas e em auditórios, para estimular a concentração, a clareza mental e a cooperação em grupo a fim de facilitar o trabalho.

Fórmula do riso (contra a depressão)

- Scotch Broom, para fazer emergir o arquétipo de apocalipse, o sentimento de que o fim do mundo se aproxima e de que nada mais tem solução.
- California Wild Rose, que elimina a apatia e desperta o interesse e a vontade de viver.
- Nasturtium, para diminuir o intelectualismo exagerado.
- Dandelion, para relaxar a tensão do corpo.
- Borage, para devolver o entusiasmo com o exterior, de modo a harmonizar as polaridades: eu e os outros.

Problemas de excesso de peso

Mais que combinações, descrevem-se a seguir algumas essências que podem ser úteis para acompanhar uma alimentação sadia.

- Blackberry promove a força de vontade e faz que a idéia seja posta em prática.
- Chamomile diminui a tensão psíquica, a distensão abdominal e os gases alojados no estômago.
- California Pitcher Plant, quando há má digestão, digestão lenta ou apatia.
- Evening Primrose acaba com a compulsão de comer como compensação para a falta de afeto e para a insatisfação por sentimentos de rejeição anteriores.
- Goldenrod diminui a necessidade de se esconder por trás da barreira de gordura para evitar o contato com os outros.
- Golden Yarrow, para aqueles que comem para acalmar tensões na região do estômago e do plexo solar.
- Hound's Tongue ajuda a ser menos apegado à matéria.
- Manzanita permite aprender a amar o próprio corpo e a cuidar-se por meio da alimentação.
- Mariposa Lily nutre emocionalmente, aliviando o sentimento de feiúra e de rejeição que provêm da infância e se confirmam de forma compulsiva.
- Morning Glory ajuda superar hábitos de dependência e ser mais disciplinado no que se refere à alimentação.
- Pink Monkeyflower diminui o medo e a necessidade de esconder-se por detrás de camadas adiposas para não ser visto.
- Snapdragon diminui a necessidade de estar sempre mastigando.
- Rosemary age sobre o metabolismo, permitindo digerir melhor os alimentos.
- Tansy ajuda a pôr-se em ação e a abandonar a vida sedentária.
- Trillium elimina a necessidade de estar sempre acumulando; nesse caso, quilos.
- Yarrow é indicada para aqueles que precisam da obesidade como escudo protetor.

Na obesidade, diante da necessidade de apegar-se a algo ou de ter um "colchão" em volta de si como defesa

- Pink Yarrow.
- Evening Primrose.
- Manzanita.
- Self-Heal.
- Echinacea.

Para trabalhar com as forças vitais e proporcionar um vigor renovado ao corpo etérico.

Cefaléias

- Lavender.
- Peppermint.

Enxaquecas

- Canyon Dudleya.
- Fuchsia.
- Iris.
- Lavender.
- Pomegranate.

Resfriados, gripes, asma

- Yerba Santa age como dilatador pulmonar. Tonifica.
- Arnica estimula a cura.
- Shooting Star protege contra as alergias e restitui o compromisso com a vida.
- Yarrow diminui a vulnerabilidade nas pessoas suscetíveis de ter alergias.
- Angelica estimula as defesas imunológicas.
- Nasturtium confere energia às pessoas propensas a gripes e resfriados recorrentes por esgotamento mental.
- Snapdragon reenergiza e elimina alergias e intolerâncias.
- Dandelion age sobre os estados febris e a congestão no peito.
- Manzanita limpa, purifica, elimina toxinas.

Insônia

A dificuldade de conciliar o sono ou de permanecer adormecido pode ter muitíssimas causas, de maneira que não se pode indicar nem uma essência floral em particular nem uma fórmula infalível. Descrevem-se a seguir algumas flores que podem ser úteis nesses casos, de preferência incluídas numa fórmula pessoal.

- Angelica, como *anjo da guarda* que acompanha um sono tranqüilo.
- Black-Eyed Susan, quando não se dorme por medo de que aflore o inconsciente reprimido.
- California Poppy, diante das vigílias noturnas e da necessidade de consumir drogas para dormir.
- Chamomile diminui a tensão e a ansiedade, sobretudo nas pessoas hiperativas; permite libertar-se das pressões da vida cotidiana.
- Chaparral, para os que têm dificuldade para dormir por causa dos acontecimentos do dia, das notícias etc. Nas crianças que sofrem com pesadelos e terrores noturnos, ou que falam enquanto dormem, esse remédio floral faz a harmonia voltar e permite um sono tranqüilo.

- Lavender relaxa, acalma, tranqüiliza os hipersensíveis, aliviando o desassossego, a irritabilidade e o estresse.
- Dandelion, para as pessoas impacientes que, se não dormem no mesmo instante, se levantam, pois não conseguem relaxar e entregar-se ao sono.
- Dill diminui a tensão e a angústia, permitindo que a pessoa se tranqüilize.
- Lavender acalma o nervosismo e a excitação.
- Milkweed tranqüiliza.
- Morning Glory permite recuperar o ritmo de sono noturno.
- Mugwort, se há sonambulismo ou sonhos muito intensos.
- Saint John's Wort, quando as pessoas despertam sobressaltadas durante a noite devido a pesadelos ou temores noturnos e depois não conseguem voltar a dormir por medo de que lhes aconteça de novo a mesma coisa.

Problemas na vida sexual

- Basil, quando há timidez, vergonha, inflexibilidade e medo da sexualidade escondidos por trás de uma falsa moral.
- Black-Eyed Susan elimina a censura, o bloqueio ou a repressão.
- California Pitcher Plant estabiliza os impulsos instintivos. Age sobre as emoções que desencadeiam a impotência sexual.
- Calla Lily é indicado para os que reprimem suas tendências torturando-se mentalmente com dúvidas ou conflitos relativos às suas opções sexuais.
- Dogwood suaviza emocionalmente as pessoas que têm traumas devidos a abusos sexuais sofridos no passado. Ajuda-as a integrar o amor ao sexo, a ser mais carinhosos e flexíveis, e menos rancorosos e desconfiados. Nas mulheres que ficam na defensiva como se, em vez de ter uma relação sexual, se dirigissem a um campo de batalha. Promove a sensualidade, a graça, a espontaneidade e a criatividade na relação amorosa.
- Evening Primrose ajuda a superar a sensação de rejeição e por isso ajuda a ser menos contido na hora de criar vínculos amorosos.
- Fairy Lantern ajuda no amadurecimento sexual na puberdade, ou mais tarde, se a pessoa não pôde aceitar seu desenvolvimento sexual de forma natural.
- Hibiscus é indicada nos casos de frigidez, de insatisfação, de desinteresse pelo sexo. Substitui a obrigação pelo prazer. Elimina a apatia e permite que a mulher sinta desejo sexual. É afrodisíaca. Confere criatividade à prática amorosa.

CAPÍTULO 8

As flores da Califórnia nas diferentes etapas da vida

"Alegre-se quando seu filho se separar de você,
quando começar a ficar cada vez menos dependente de você,
e não o retenha
em função de sua necessidade de que ele dependa de você.
Veja que é preferível perdê-lo,
para vê-lo regressar um dia adulto,
a retê-lo a seu lado imaturo,
perdendo-o para sempre."

René Trossero

Consideremos a seguinte história como um exemplo do modo pelo qual podem ocorrer diferentes situações e de sua abordagem a partir dos florais.

Carolina estava casada havia 4 anos e "sabia" que era hora de ter um bebê, mas quando tentou tê-lo, não conseguiu, já que sofreu um aborto espontâneo na oitava semana de gravidez. **Bleeding Heart** junto com **Borage** ajudaram-na a superar a situação, a amenizar a dor, o sofrimento e a seguir em frente.

Depois, **Forget-Me-Not** ajudou-a a decidir se queria engravidar novamente, junto com **Mullein**, para trabalhar seu verdadeiro desejo diante da idéia de ter filhos. **Pomegranate** permitiu-lhe combater o medo da concepção e da gravidez.

Poucas semanas depois, Carolina confirmou, cheia de alegria, sua nova gravidez. Mais tarde, **Alpine Lily** preparou-a para essa nova etapa. Ajudou-a a sentir seus órgãos reprodutores de maneira positiva e a poder conservar essa gravidez, dando-lhe a possibilidade de desfrutar prazerosamente da maternidade.

Nessa etapa, toda mulher recorre a determinados comportamentos que denominamos regressivos. Trata-se de um mecanismo inconsciente em busca de uma fusão com a própria mãe como figura protetora. **Milkweed** assistiu-a durante alguns meses.

Para as náuseas e o vômito, comuns no primeiro trimestre de gravidez, ela tomou **Peppermint**. O vômito também pode estar associado à rejeição e aos medos mais profundos. Nesses casos, **Manzanita** ajuda a gestante a aceitar a experiência.

As cãibras, se aparecerem, cederão com **Dandelion**, e o inchaço, com **Lavender**.

Carolina enfrentou o medo com **Pomegranate** e **Saint John's Wort**.

Depois, tomou **Chamomile** para equilibrar-se emocionalmente. As mudanças de estado de espírito durante a gravidez, embora previsíveis, não deixam de ser menos incômodas, de modo que, com essa essência floral, Carolina conseguiu calma, tranqüilidade, consolo, principalmente quando passava mal do estômago. **Pink Yarrow**, **Yarrow** e **Mountain Pennyroyal** ajudaram-na quando estava muito sensível ou quando chorava com facilidade, reduzindo sua vulnerabilidade diante dos problemas que surgiram no trabalho e com o marido; foram administrados junto com **Lavender**, para combater o *stress*, o nervosismo e a hipersensibilidade.

No decorrer dos meses, Carolina começou a se preocupar com o corpo: achava-se feia, deformada e desajeitada. **Manzanita** foi posta novamente em ação para ajudá-la a aceitar seu corpo sem sentir-se feia, desajeitada e pouco à vontade dentro de suas novas formas, mas exatamente o contrário, já que nesse momento seu corpo abrigava uma nova alma. Mais tarde, à medida que se aproximava o grande momento, Carolina passou a tomar **Mariposa Lily**, essência ideal para conseguir um bom vínculo com o bebê e confiança em si mesma no que se refere aos cuidados maternais. Esse floral permite uma maternidade positiva durante a gravidez e o nascimento, criando uma boa ligação entre mãe e filho. Esse remédio faz surgir um arquétipo materno positivo.

Quando chegou o momento do parto, o bebê aparentemente não tinha pressa, de modo que Carolina começou a tomar **Mugwort**, para que a gravidez não ultrapassasse os nove meses, bem como para ajudá-la a impulsionar o bebê para fora do corpo durante o parto. Foi assim que nasceu a bela Lara.

Como bálsamo posterior, tomou **Aloe Vera**, para o cansaço decorrente do trabalho de parto, **Arnica** para ajudá-la no processo de cicatrização e **Borage** para aumentar a secreção láctea. Além disso, **Garlic**, para o medo e a ansiedade devido ao nascimento do primeiro filho.

Carolina deixou de trabalhar mas, depois de pouco tempo, começou a entediar-se e a aborrecer-se dentro de casa; então tomou **Iris**, essência ideal para ser criativa e não sentir que o trabalho doméstico e o de mãe são pouco estimulantes e atraentes, junto com **Zinnia**, para viver a maternidade de maneira responsável, mas sem perder de vista o prazer e a espontaneidade, para poder se divertir e desfrutar o mundo de Lara em contato com o seu próprio mundo interior. **Pomegranate** voltou a ajudá-la diante da dualidade profissão-trabalho/maternidade-lar.

Durante a gravidez de Carolina, sua irmã mais velha, Marcela, que a auxiliava, também ficou grávida. As condições de Marcela eram totalmente diferentes. Ela já tinha um filho de 7 anos, outro de 5 e muitos problemas conjugais. Engravidara sem querer e sentia que deveria ter pelo menos uma filha, e queria isso a todo custo, razão pela qual Carolina a convenceu também a tomar remédios florais.

Calla Lily foi uma das essências que Marcela tomou por causa dessa acentuada preferência por um bebê do sexo feminino, o que, com certeza, confundia o ser que estava prestes a nascer, bem como por causa dos pressentimentos contraditórios com relação à identidade sexual desse bebê no útero.

Desde o princípio, foi uma gravidez complicada e desanimadora. **Penstemon** ajudou-a a manter a força para perseverar nessa situação difícil e com muito estresse físico.

Marcela trabalhava o dia todo sentada na frente de um computador; assim, foi-lhe recomendado tomar **Yarrow Special Formula**, a fim de se proteger da radiação prejudicial do ambiente onde exercia sua atividade.

Aos 6 meses e meio de gravidez, o bebê parecia já querer nascer, de maneira que foram dados a Marcela **Shooting Star**, a fim de prevenir partos prematuros e/ou traumáticos e para uma maior ligação com a terra, e **Yarrow**, visando conter a força dessa gravidez, superar a tendência ao parto prematuro e o perigo de hemorragias, bem como visando a diminuição da hipersensibilidade ao ambiente, que podia ser o motivo da redução do tempo dessa gestação.

Por fim, o pequeno Lucas nasceu com quinze dias de antecedência, em plena crise conjugal dos pais.

Ao longo desses meses, Marcela tomou, entre outras essências, **Indian Pink**, para poder lidar simultaneamente com as exigências de seus outros filhos, do lar e de suas responsabilidades, já que ela era o suporte econômico da casa e tinha de desenvolver uma intensa atividade que a desconcentrava e lhe causava confusão. **Pomegranate**, para o conflito entre a profissão e o lar. **Quince**, usado em mulheres que têm de equilibrar suas forças e mostrar-se competentes e fortes no mundo, bem como receptivas e protetoras em casa, e que hesitam entre ser rígidas ou liberais como mães. Além disso, esse remédio ajuda a aceitar e a integrar a nova situação à vida cotidiana.

Red Clover ajudou-a a manter a calma diante do caos familiar generalizado. **Chamomile**, a amamentar o filho de modo tranqüilo, condição que seria transmitida a Lucas pelo leite materno.

Ela teve um garoto, e não a esperada menina. Talvez por isso Lucas tenha sido um nenê difícil desde que nasceu; Marcela tomou **Scarlet Monkeyflower** para equilibrar seus acessos descontrolados de fúria, o sentimento de raiva reprimida e seu jogo de poder com Lucas.

Vejamos o que acontecia nesse ínterim com os pais desta história. Martín, o marido de Carolina, começou a tomar **Fairy Lantern** por causa de sua dificuldade para assumir as responsabilidades paternas, dificuldade que de certo modo se devia à sua permanência num tal estágio de desenvolvimento emocional, legado de sua própria história infantil, que suscitava nele um pouco de ressentimento em função do cuidado maternal de Carolina com a filhinha, levando-o a buscar atenção para si mesmo.

Fawn Lily foi-lhe útil para não se distanciar tanto da mulher e da filha e assumir melhor seu papel de pai, preocupando-se menos com os valores materiais e podendo, assim, dar mais calidez e amor à sua vida familiar. **Chrysanthemum** ajudou-o a refrear seu impulso de valorizar tão-só a riqueza material e o *status*, o que o levava a negligenciar outras riquezas, tais como o lar, os filhos, o afeto.

Sage ajudou-o a compreender a sabedoria de seu próprio pai e a aprender a ter essa qualidade a partir de sua experiência atual.

Zinnia ajudou-o no sentido de se relacionar de maneira brincalhona com Lara, entrando em contato com sua própria natureza infantil. Também lhe foi útil para equilibrar sua dependência do trabalho e poder estar mais com a filha e a esposa.

Em determinado momento, **Sweet Pea** tornou-se necessária em função de sua dificuldade de entregar-se totalmente e de permanecer com a família, já que costumava ausentar-se, viajar com freqüência, tendo ele, a certa altura, desejado mudar-se, o que, na realidade, era absolutamente desnecessário.

Mariposa Lily e **Sunflower** deram o harmonioso acorde final.

Javier, marido de Marcela e pai de Lucas, foi muito beneficiado pelas seguintes essências: **Baby Blue Eyes**, em virtude da relação que teve com o próprio pai, relação de maus-tratos e abandono. Essa perturbação repetia-se com a esposa sempre que tinha outro filho, levando Javier a sentir-se incapaz de confiar na parte boa que ele tinha dentro de si para poder viver melhor e ser protetor e guia como pai, embora tivesse tido falta disso na condição de filho.

Pink Monkeyflower serviu-lhe para curar seus traumas infantis e sua vulnerabilidade, emoções que não lhe permitiam desempenhar bem seu papel de marido e pai. **Scarlet Monkeyflower**, para equilibrar a luta de poder com a mulher e os filhos, que gerava violência e distúrbios e que estava relacionada com sua própria história. **Quince**, para tratar outros conflitos como pai, principalmente para poder equilibrar a força e o amor, sem que ficasse hesitando entre ser um pai rigoroso e autoritário ou mais liberal e amoroso. **Sunflower** foi uma essência floral muito indicada para regenerar a imagem paterna ou sua própria imagem como pai, mas particularmente como homem, diminuindo sua arrogância.

Também Lara e Lucas tomaram flores segundo o momento evolutivo e as transformações por que passaram. Costumamos dar aos bebês poucas essências, já que, de modo geral, eles não estão em desequilíbrio, salvo em situações específicas ou quando há complicações.

Nessa história, Lucas precisou muito da ajuda dos florais: **Buttercup**, para a pouca auto-estima num menino que se sentiu inferiorizado desde pequeno no âmbito familiar. **Calla Lily**, em função das referências emocionais que recebeu com relação à sua identidade sexual como homem, porque, como você se recordará, seus pais queriam uma menina. **Evening Primrose** para curar os traumas profundos de não ter sido desejado, o que ele assimilou, inconscientemente, como rejeição ou abandono. Também **Manzanita**, para ajudá-lo, quando maiorzinho, a aceitar-se e a aceitar seu corpo, principalmente devido ao parto traumático e difícil.

Por seus antecedentes, Lucas tinha dificuldade de ter uma boa ligação com seu ambiente, tendendo a desenvolver mais seu mundo interior em detrimento do exterior; **Fawn Lily** é a essência indicada nesses casos, junto com **Shooting Star**, para sentir-se parte do grupo em que se está, em vez de se sentir um estranho em qualquer parte. **Violet** é outra essência que serve para superar a timidez excessiva e aprender a partilhar com os outros.

Por fim, seus pais não se separaram, embora quase tenham feito isso. Com o decorrer do tempo, Lucas beneficiou-se com outras essências. Entre elas, **Yerba Santa**, para libertar-se aos poucos dos problemas interiores e que nele se manifestavam na tendência a ter problemas no aparelho respiratório, além de um certo ar nostálgico, associado ao estresse familiar diante de uma situação que quase resultou num divórcio.

Self-Heal foi-lhe útil a fim de melhorar a autoconfiança e no sentido de ele depender das próprias forças, já que pôde recorrer a elas para sentir-se bem.

Também lhe foi dada **Arnica**, que age não só nos problemas de origem física como também nos de fundo emocional.

Lara, em contrapartida, precisou de **Chamomile**, que acalma, relaxa e alivia as cólicas comuns nos recém-nascidos, tanto em gotas como em uso local. Ela é ministrada a bebês inquietos, que sofrem de insônia. Foram-lhe dadas **California Wild Rose** durante certo tempo, quando tinha pouco apetite, e **Saint John's Wort** quando começou a ter medo do escuro. Depois, ela tomou essa essência em virtude de uma enurese noturna. Outras essências que costumam ser muito usadas nas crianças são **Angelica**, como proteção e ligação com seu anjo da guarda, e **Mariposa Lily**, diante das dificuldades com relação à ligação com os pais, em particular com a mãe, quando há pouca proximidade e proteção. Essa última essência permite que se tenha uma infância cálida e positiva. **Sunflower** é eficaz diante dos problemas na relação com o pai. **Yarrow**, para crianças muito sensíveis que precisam de proteção. **Mallow** confere maior confiança às crianças quando elas são tímidas, têm poucos amigos e lhes custa integrar-se socialmente.

Corn e **Shooting Star** ajudam as crianças a criar raízes.

Passaram-se os anos... Lara e Lucas chegaram à adolescência.

Entrar no mundo dos adultos — desejado e temido — significa para o adolescente a perda definitiva da condição de criança. É um momento crucial na vida do homem e constitui a etapa decisiva de um processo de desapego que começa com o nascimento.

As mudanças psicológicas que ocorrem nesse período, e que são o correlato de mudanças corporais, levam a uma nova relação com os pais e com o mundo. Isso só é possível se se elabora lenta e dolorosamente o luto pelo corpo de criança, pela identidade infantil e pela relação com os pais da infância.

No princípio, o adolescente se move entre o impulso ao desapego e a defesa imposta pelo medo da perda do conhecido. É um período de contradições, confuso, ambivalente, doloroso, caracterizado por atritos com o meio familiar e social. Esse quadro confunde-se amiúde com crises e estados patológicos, sem ser na realidade nenhuma dessas coisas.

A capacidade e as conquistas cada vez maiores dos filhos obrigam os pais a confrontar-se com suas próprias capacidades e a avaliar suas conquistas e seus fracassos. Nesse balanço, nesse acerto de contas, os filhos são as testemunhas mais implacáveis do que foi realizado e das frustrações. Só se puderem identificar-se com a força criativa dos filhos os pais poderão compreendê-los e recuperar sua própria adolescência dentro deles mesmos. A ambivalência não se encontra só nos adolescentes; ao lado dela, surge também nos pais a resistência a aceitar esse processo de crescimento (e seu próprio envelhecimento).

O desprezo que o adolescente mostra diante do adulto é, em parte, uma defesa para evitar a depressão que lhe impõe o afastamento de suas características infantis, mas é também um juízo de valor que deve ser respeitado. Por outro lado, a desilusão quanto à figura parental o faz mergulhar no mais profundo desamparo.

Entretanto, os pais costumam não perceber essa dor e se fecham numa atitude de ressentimento e de reforço da autoridade, o que torna esse processo ainda mais difícil.

O caminho habitual é que o (ou a) jovem sabe muito mais o que não quer do que o que quer ser e fazer de si mesmo; por isso, os movimentos estudantis carecem às vezes de bases ideológicas sólidas. Com freqüência, o adolescente submete-se a um líder que o politiza, substituindo, assim, a figura parental da qual está tentando se separar.

Quase todos nós já sabemos que a liberdade sexual não significa promiscuidade, mas, para que possam viver suas experiências, os adolescentes têm de contar com certa aprovação dos pais, ainda que tácita, para não sentir culpa. Essa aprovação não deve ter como preço a exigência de que eles contem o que fizeram, visto que eles precisam viver suas experiências por si mesmos. Portanto, exigir informação é tão patológico quanto proibir, e muito diferente de ouvir.

Ouvir é o caminho para que os pais entendam o que está se passando com os filhos. Os adolescentes não querem conselhos; eles precisam ter suas experiências e comunicá-las, mas não aceitam nem apreciam vê-las criticadas, qualificadas, classificadas nem comparadas com as dos pais. O adolescente percebe muito bem que quando os pais começam a controlar o tempo e os horários, estão controlando algo mais: seu mundo interior, seu desenvolvimento e seu desapego.

O jovem sadio de hoje já solucionou muitos dos problemas do adulto; eu diria que há mais possibilidade de o adulto aprender com o adolescente e não tanto de poder transmitir-lhe sua experiência, que de resto é intransferível.

Em sua busca da identidade adolescente, a pessoa, nessa etapa da vida, recorre, como uma forma de se defender, à busca de uniformidade, que pode trazer segurança e auto-estima. Há um processo de identificação maciça na qual todos se identificam com cada um. Surge aí o espírito de grupo a que o adolescente se mostra tão apegado.

O adolescente tende, inevitavelmente, a comparar seu próprio desenvolvimento corporal com o dos seus contemporâneos. Da mesma maneira, o grupo e seus integrantes representam a oposição à figura parental e um modo ativo de determinar uma identidade diferente da do meio familiar; o adolescente transfere para eles grande parte da dependência que antes era mantida com a estrutura familiar e em especial com os pais.

Existe hoje uma tendência a prolongar a adolescência, em virtude da complexidade da vida moderna. O processo da puberdade afeta o desenvolvimento de seus interesses, seu comportamento social e a qualidade de sua vida afetiva.

A individuação adolescente faz-se acompanhar de sentimentos de isolamento, solidão e confusão. Trata-se de um processo que, se não for exagerado, é normal e natural, atingindo seu ápice próximo a essa etapa evolutiva.

É difícil conduzir o tratamento de um adolescente, sobretudo se feito por ordem dos pais, porque o adolescente está permanentemente desafiando o adulto, cuja autoridade e valores morais são questionados sem cessar.

A adolescência não é uma doença; é uma etapa entre os sonhos da infância e as realizações do adulto, etapa durante a qual o adolescente descobre os fracassos da geração que o precedeu.

Se o adulto não suporta ser questionado e procura impor-se de forma autoritária, a resposta do jovem será a incompreensão e a violência em dobro.

Devemos considerar que, se há uma crise da adolescência, também há uma crise parental, sendo ambas correlatas, visto que a crise do adolescente corresponde, como um reflexo no espelho, à crise de seus pais.

Em chinês, a palavra *crise* se escreve com um sinal que significa ao mesmo tempo *mudança* e *oportunidade*.

Para que o adolescente possa sair de sua crise, é preciso que seus pais percorram um difícil caminho que os leve progressivamente de uma relação pai-filho a uma relação adulto-adulto.

Ocorre nessa etapa uma regressão a serviço do desenvolvimento, tal como quando a criança aprende a andar, a separar-se da mãe, e ambas aprendem a suportar a ansiedade.

Os processos regressivos da adolescência permitem a reconstrução do desenvolvimento prematuro defeituoso ou incompleto; novas identificações desempenham um importante papel. Sabemos que a adolescência é uma segunda edição da infância.

Tendo em vista o que foi dito antes, é muito difícil dizer por antecipação que flores serão necessárias para esse período da vida, já que a passagem por essa etapa será mais ou menos harmoniosa de acordo com cada caso.

Mencionarei apenas alguns remédios florais que sem dúvida será interessante levar em conta no tratamento de um adolescente.

Alpine Lily permite que o período menstrual esteja isento de conflitos e acompanha a jovem em seu desenvolvimento físico, por exemplo, diante do desenvolvimento dos seios, das mudanças no corpo quando do surgimento das formas femininas, harmonizando os sentimentos gerados por essa situação.

Angelica protege os jovens nesses períodos de mudanças tão intensas.

Baby Blue Eyes é eficaz para a sensação de perda da inocência infantil e a mudança para a idade adulta. Para problemas com as figuras masculinas.

Basil, quando a atração pela pornografia ou pela conquista sexual é excessiva, fora dos parâmetros considerados normais para a idade. Quando a sexualidade que aflora deve ser integrada à personalidade.

Blackberry ajuda a fazer despertar talentos ignorados ou escondidos, a concretizar projetos que integram a vontade e os recursos. Combate a inércia, a indecisão e os pensamentos improdutivos.

Bleeding Heart destina-se a "corações partidos".

California Poppy, se se busca a fuga por meio do uso de drogas.

California Wild Rose, se há o pensamento de que nada vale a pena e inclusive se manifestam ímpetos suicidas.

Chamomile age como tranqüilizante diante de mudanças de espírito e instabilidade.

Cayenne ajuda a encontrar forças para não temer as mudanças e chegar a novas metas rompendo com bloqueios na criatividade e na capacidade de aprender. Permite superar a lentidão, a inércia e a falta de entusiasmo.

Indian Paintbrush gera forças inspiradoras a serviço da criatividade, acabando com a frustração, a insatisfação e a falta de iniciativa.

Mariposa Lily e **Sunflower** costumam estar presentes sempre que se for cuidar das emoções relacionadas com as figuras feminina e masculina, dando proteção e a sensação de ser amado, além de facilitar a resolução dos conflitos típicos dessa etapa da vida. São essências que conferem segurança e ajudam a equilibrar as pessoas que entram na puberdade.

Mariposa Lily aumenta a ternura e a capacidade de entrega, ajudando a pessoa a se tornar mais sensível e confiante. Neutraliza o sentimento de exclusão, nutre, dá proteção e a sensação de ser amado. Permite curar magoas anteriores e mais tarde possibilita uma melhor relação mãe-filha ou mãe-filho.

Madia é para os adolescentes dispersivos, distraídos e que não se organizam a fim de realizar seus projetos. Esta essência aumenta a capacidade de concentração e melhora o rendimento nos estudos. Ajuda a ser produtivo na hora de trabalhar ou estudar e a manter a atenção.

Manzanita equilibra emocionalmente as pessoas que oscilam entre a excessiva timidez e a agressividade, as que têm dificuldade de aceitar as mudanças no corpo e problemas para expressar seus sentimentos. Diminui o asco, a vergonha e a repulsa típicos dos que se sentem impuros e vêem todos ao seu redor da mesma maneira.

Mallow ajuda a enfrentar as pressões e a insegurança no grupo a que se pertence, bem como as dificuldades de fazer e/ou conservar amizades.

Morning Glory é eficaz quando o adolescente é autodestrutivo, irritadiço e tem hábitos irregulares ou um estilo de vida anormal, tresnoitado, com dependências.

Nasturtium é eficaz na integração das emoções e dos pensamentos, ajudando quando há baixo rendimento escolar. Destina-se também àqueles que se refugiam num intelectualismo ou num racionalismo exagerados e se esgotam fisicamente.

Penstemon ajuda a enfrentar situações nas quais é preciso demonstrar que se é tão bom quanto os outros.

Peppermint ajuda nos casos de lentidão mental, apatia, letargia, que não deixam pensar ou compreender a situação. Especialmente depois de comer.

Pink Monkeyflower atua sobre o medo naqueles que temem mostrar seus sentimentos e ser incompreendidos, censurados ou rejeitados. Ajuda a pessoa a não sentir a necessidade de proteger-se com uma máscara, a estar em paz com ela mesma, expressando-se afetivamente e com autenticidade. Equilibra o sentimento de culpa, o medo da intimidade, a vergonha excessiva, a insegurança e o conflito entre dependência e independência comum nessa etapa.

Poison Oak confere confiança aos jovens que estão se iniciando na vida sexual. Dissipa o excessivo medo feminino da dor, da rejeição à penetração, além de agir positivamente sobre as emoções desencadeadas por certas disfunções sexuais como o vaginismo, ajudando a relaxar a musculatura pélvica e a eliminar a tensão diante da iniciação sexual.

Restitui a confiança depois de experiências sexuais traumáticas, possibilitando a naturalidade nas relações.

Pomegranate funciona como uma poção mágica do amor, integrando as forças femininas de criação, nutrição e intuição, equilibrando os pólos masculino e feminino, permitindo que a jovem assuma a sua feminilidade, projetando esse potencial em outros aspectos de sua vida.

Esta essência floral também age sobre as emoções que desencadeiam alterações menstruais e sintomas de tensão pré-menstrual, como dores, angústia e nervosismo. Facilita o orgasmo.

Rabbitbrush ajuda a eliminar o excesso de detalhismo, a falta de concentração e a dificuldade de realizar várias tarefas ao mesmo tempo.

Sticky Monkeyflower dá coragem para mostrar os sentimentos, sem medos nem conflitos. Trabalha a autocensura, a insegurança e o embaraço. Confere lucidez, adequação e alegria às relações afetivas, integrando o sexo e a emoção. Elimina o medo da impotência, equilibra a falta ou o excesso de desejo sexual, estimula o orgasmo masculino e atua sobre as emoções que podem desencadear a ejaculação precoce. Ligado ao arquétipo masculino, esse floral estimula nos homens a descoberta de um sentido mais amplo de sua sexualidade, diminuindo os bloqueios emocionais decorrentes de desilusões ou rejeições amorosas anteriores não elaboradas.

Sage estimula para não repetir sempre os mesmos erros e beneficiar-se das experiências vividas.

Shasta Daisy ajuda a sintetizar as idéias e convida à introspecção.

Saguaro age sobre a rebeldia excessiva ou os desejos de poder que desencadeiam problemas com o ambiente.

Sweet Pea, em face da desintegração familiar ou social, para poder manter vínculos saudáveis e agradáveis com a comunidade.

CAPÍTULO 9

Casos clínicos

"O sucesso é conseguir
o que se deseja.
A felicidade é apreciar
o que já se conseguiu."

Os casos que descrevo a seguir são tratamentos que realizei pessoalmente. Não é minha intenção que eles sejam usados como modelo ou como regra, mas tão-somente que possam ser ilustrativos para o uso dessas essências florais.

Caso Nº 1: **Sem lugar em parte alguma**

Ignacio, 14 anos, o mais novo de 6 filhos homens, estudante.

O paciente vem abatido porque resolveu não continuar a estudar. Ele acaba de pleitear um lugar no quinto colégio por que passa. Foi preciso mudá-lo das escolas devido a dificuldades com a direção, com os professores, com os colegas, enfim, com todos. Ele sempre teve problemas de comportamento e de atenção. Cursou o primeiro ano da escola secundária e teve de fazer exame de todas as matérias, exceto educação física.

Ele se queixa de que não pode levantar-se cedo, não consegue ter estímulo nem fazer o que se propõe. Sente-se pouco aceito e pouco querido, como se fosse demais em sua casa... e em outros lugares também.

"Estudar não é para mim. Talvez eu não seja inteligente o bastante."

"Quando me fazem alguma coisa, não fico tranqüilo até dar o troco." (Ele tem cicatrizes no rosto e ferimentos nas mãos.)

Seus problemas de comportamento não se dão apenas no âmbito escolar mas também no familiar, e suas agressões se repetem, especialmente com o pai, com quem, por outro lado, o paciente se identifica de maneira significativa, já que este também costuma ter episódios de descontrole e violência.

Ignacio não está bem integrado no grupo familiar; sua mãe é uma mulher sem energia que parece ter grande dificuldade para cuidar de uma família tão numerosa quanto a que tem.

Na primeira entrevista, ele fala muito pouco e parece deprimido e desesperançado, a tal ponto que nos faz pensar que teve inclinações suicidas, ainda que tal tendência não seja explícita.

É um jovem que sofre, sem um lugar claro em nenhum dos grupos que freqüenta. Por outro lado, tenta desesperadamente tornar-se adulto para não depender mais de ninguém, nem no plano econômico nem no afetivo.

1ª Fórmula

Baby Blue Eyes, em função da vivência de uma figura paterna violenta, sensação que ele não tarda a transferir para o resto do ambiente, "defendendo-se" de todo mundo. Por seus problemas com a autoridade.

Black Cohosh, para que deixe de se prejudicar e possa regenerar os vínculos danificados.

Buttercup, para que possa apreciar seus valores e virtudes, se sinta aceito e possa encontrar em casa um lugar de amor.

Hornbeam, para poder levantar-se cedo.

Scotch Broom, para a desesperança, o pessimismo, a sensação de que a vida não vale a pena ser vivida.

Borage e **Mustard**, para a depressão.

4 gotas 6 vezes por dia.

Quando volto a vê-lo, ele me conta que esteve gripado, com febre, coisa que há muito não lhe acontecia. Sente-se melhor no estado de espírito e me pede que continue com a mesma fórmula, coisa que aceito, e embora o veja com regularidade a cada 15 dias, acabo por mudar algumas essências florais a partir do quarto frasquinho.

2ª Fórmula

Ele afirma que pode fazer melhor aquilo que se propõe. Diz que está *"aborrecido, pessimista com relação à vida"*. Quer algo para *"estudar melhor e não atrasar-me na escola, embora eu não saiba se quero freqüentar as aulas"*.

Buttercup e **Hornbeam**, da fórmula anterior.

Chestnut Bud, para que possa aprender mais e também tomar consciência do que ocorre consigo.

Indian Pink, para diminuir o *stress*, concentrar a atenção.

Indian Paintbrush, para aumentar sua vitalidade, resistência e criatividade nos estudos.

Rabbitbrush, para não se perder nos detalhes e poder se lembrar de tudo o que tem de fazer.

California Wild Rose, para entusiasmar-se e responsabilizar-se por suas obrigações cotidianas.

Ignacio volta dizendo que o colégio não está no momento tão difícil quanto no ano anterior. Porém, apesar disso, agora, no período de provas, fica muito nervoso e não se lembra de nada. Suas mãos transpiram e ele tem vontade de mandar tudo para o diabo. Recebeu inúmeros conselhos na escola e teve brigas com vários colegas ultimamente. O mesmo aconteceu com amigos, fora do âmbito escolar. Tem dificuldades de conciliar o sono.

3ª Fórmula

Saguaro, por ser um "rebelde sem causa". Para poder acatar as leis que lhe são impostas.

White Chestnut, para poder dormir e eliminar os pensamentos repetitivos.

Chestnut Bud, que já vinha tomando, para não repetir sempre os mesmos comportamentos.

Cherry Plum, para controlar mais sua impulsividade.

Trumpet Vine, para poder exprimir-se melhor no colégio ao ser examinado.

Indian Pink e **Rabbitbrush**, da fórmula anterior.

Como se observará, ele já não se mostrava nem deprimido nem desesperançado; sua preocupação agora era adiantar-se no colégio e não precisar fazer exame das matérias.

4ª Fórmula

Ele comparece à entrevista seguinte extremamente entusiasmado, dizendo-me que se saíra muito bem nos exames. Que em determinadas matérias nunca passara da nota 1 e que agora tirara um 6. Que nunca conseguira escrever mais de duas linhas e que agora escrevera várias páginas. Que suas mãos não transpiraram. De igual forma, fora "o melhor possível" na lição oral. Estava muito contente. Também em sua casa, as coisas estavam mais tranqüilas, sem brigas, cada um "no seu lugar" (terá ele por fim encontrado seu lugar?)

5ª Fórmula

Tansy, para concretizar seus projetos, ter mais força de vontade, poder levantar-se e ser dinâmico.

Blackberry, reforçando a anterior, para poder levantar-se pela manhã e ser mais eficiente e produtivo.

Buttercup, para continuar melhorando sua relação e conseguir aceitação na família. (Quando comentei com ele sobre a finalidade dessa essência, Ignacio me disse: "*Não me dê essa, também não quero me tornar 'grande'.*")

Indian Paintbrush, para ligá-lo a terra e estimulá-lo a produzir.

Sunflower, em virtude dos problemas de identificação com a figura paterna e os conflitos com o pai.

Cherry Plum, para poder controlar-se e não explodir com tanta facilidade.

Morning Glory, porque ajuda a levantar-se pela manhã, visto que permite descansar à noite.

Ignacio continua em tratamento, com uma boa evolução. Sendo um adolescente, e dotado das características dessa fase, chamam a atenção a pontualidade e a constância com que freqüenta as sessões, sinal inequívoco de que está melhor e *colabora para que isso aconteça.*

Caso Nº 2: **Mãe e filha**

A paciente, Yamila, é uma menina de 7 anos. Na primeira entrevista, a mãe diz que a menina "*tem medo de envelhecer, de morrer, é como uma esponja e lhe vêm coisas à cabeça. Tem dificuldades para aprender na escola, distrai-se*".

Quando investigo com mais profundidade, descubro que a própria mãe é uma pessoa muito medrosa, que sofre freqüentes angústias e abatimentos, e se apega muito à filha. Em função disso, proponho tratá-las a ambas com essências florais, explicando à mãe que se só considerarmos o que acontece com sua filha, o tratamento não vai funcionar, já que, em graus diversos, lhes ocorre a mesma coisa às duas.

1ª Fórmula

Angelica. Resolvi começar com essa essência para que Yamila pudesse superar o sentimento de desproteção e passar mais fortalecida à etapa seguinte da evolução. Levei em conta que, nesse caso, há duas meninas: mãe e filha. Portanto, a filha não tem a quem recorrer para superar sua desconfiança diante do desconhecido, que é o crescer.

Fairy Lantern, complementando a essência anterior, para que possa aceitar o crescimento e as responsabilidades que este implica.

Decidi esperar para tratar os outros sintomas que a menina manifestava e ver o que acontecia se encarasse o tratamento, coisa que me parecia mais essencial neste caso.

4 gotas 4 vezes por dia, 2 frasquinhos.

Na entrevista seguinte, ela se mostra mais tranqüila, embora se tenha apegado ainda mais à mãe.

2ª Fórmula

Acrescento às duas essências anteriores (**Angelica** e **Fairy Lantern**):

Chicory, pelo excessivo apego à mãe e pelo sofrimento quando esta não atende aos seus pedidos.

Continuamos com a mesma dose de 4 gotas 4 vezes por dia.

3ª Fórmula

Começam a aparecer outros sintomas: a menina não quer ir à escola. Isso é tão forte, que, de fato, transcorrem duas semanas sem que seja possível levá-la, ou, quando chega a ir, se angustia tanto, que é preciso levá-la de volta para casa. Nos outros aspectos, está muitíssimo melhor, dorme bem, está menos apegada à mãe, já não teme crescer nem envelhecer ou morrer, nem é tão sensível; agora tudo se resume a esse sintoma que costuma ser denominado **fobia escolar**. Seria interessante complementar o tratamento floral com psicoterapia.

Garlic é a essência indicada para o medo, a insegurança, o nervosismo e a angústia.

Goldenrod, para fortalecer a segurança em si mesma e poder sentir-se bem mesmo sendo diferente da mãe. Também para ser menos influenciável.

Chicory, que vem de sua fórmula anterior.

Saint John's Wort, em virtude dos medos, do nervosismo e do temor da ausência da mãe; da mesma maneira, diminui o estresse da situação.

Pouco a pouco, a menina foi melhorando. Como se estava perto do fim do ano escolar, não voltou ao colégio. Para o período letivo seguinte, mudaram-na de escola. Em março, recomeçou sem nenhum problema. Continuou durante bastante tempo com a mesma fórmula.

Hoje, sua *4ª fórmula* é composta de:

Goldenrod, pelo medo das pessoas dotadas de autoridade, para aumentar sua segurança e diminuir sua influenciabilidade.

Filaree, por atribuir a problemas simples e cotidianos uma importância desmesurada.

Fairy Lantern, para permitir-lhe continuar crescendo.

Yarrow, para diminuir a hipersensibilidade.

Violet, para poder integrar-se sem medo ao novo grupo da escola.

Calendula, para que não seja tão briguenta e mordaz.

Por ora, Yamila continua com essa fórmula. Segundo a mãe, ela não deu prosseguimento à sua psicoterapia (com outro terapeuta) por ter superado o motivo da consulta, que era a sua fobia quanto a ir à escola.

Ela continua com a terapia floral, que lhe faz muito bem, e ela própria pede "as gotinhas".

A mãe informa que Yamila é muito boa aluna, que convida coleguinhas e é convidada por estas, que dorme bem. Sugiro que ela tome mais dois frascos da 4ª *fórmula* e dê por concluído o tratamento se não aparecer nenhum novo desequilíbrio.

Caso Nº 3: **Para a mãe**

Como acontece com freqüência, quando os pais me procuram para falar dos filhos, a desarmonia costuma estar no ambiente familiar, sendo os filhos tão-somente a ponta do *iceberg*.

Marta, de 42 anos, ficou várias vezes grávida antes de poder ter a filha. Ela tinha a idade que Yamila tem agora quando seu pai morreu. Podemos deduzir disso o medo de "envelhecer e morrer" da menina, assim como o medo da morte, a angústia e a insônia da própria Marta. Esta diz de si mesma: "*Tenho taquicardia e sou uma máquina de pensar.*" (Veja-se a semelhança com os sintomas apresentados pela filha.)

1ª Fórmula

Star of Bethlehem, pela situação traumática (morte do pai), não elaborada, e que retorna agora no fato de ela ver-se refletida na filha. Também pelas várias gravidezes frustradas.

Yerba Santa, pela angústia, sensação de peso, opressão e sufocamento, tudo localizado na região do peito.

Yarrow, para não ser tão vulnerável, sensível e permeável.

Sunflower, para compensar sua relação com o pai, que morreu quando ela era pequena.

Chicory, paralela à essência que foi dada à filha, para a individualização e para a responsabilidade pessoal

Mimulus, por ser muito medrosa.

Na consulta seguinte, chama-me a atenção vê-la sempre mastigando. Pergunto-lhe sobre isso e ela me diz que vive mascando chiclete. De um modo geral, está melhor mas se queixa de suas alergias. Diz ser muito alérgica. Tudo lhe faz mal.

2ª Fórmula

Acrescento à anterior:

Snapdragon, em virtude da mastigação contínua, sinal de tensão localizada na região da mandíbula.

3ª Fórmula

Diz a paciente:

"Sou muito empreendedora mas agora tenho medos, **Garlic**, *apego-me à minha filhinha, não quero ficar sozinha,* **Chicory**, *vêm-me à cabeça pensamentos desagradáveis,* **White Chestnut**, *nada me diverte,* **Zinnia.**

Sinto-me muito melhor da angústia no peito. A alergia desapareceu", **Yarrow**.

Também não voltei a vê-la mascando chiclete.

4ª Fórmula

Sente-se melhor em todos os aspectos. Começa agora a incomodá-la algo que antes estava encoberto pelas outras coisas que lhe aconteciam: sua vida sexual. Às vezes, falta de desejo, às vezes anorgasmia, e às vezes confusão com relação ao que sente.

Hibiscus, por sua apatia e falta de interesse sexual; essa essência facilita o orgasmo e é afrodisíaca.

Scarlet Monkeyflower, para poder expressar o que sente sem recear a desaprovação ou o não ser querida.

Sticky Monkeyflower, para suas dificuldades sexuais e seus medos.

Essas essências são acrescentadas às flores de sua fórmula anterior.

A paciente continuou tomando flores durante dois anos, período após o qual ela mesma diz estar irreconhecível. Sente-se bem, está contente, não voltou a ter alergias, não sente necessidade de comer nem de mastigar o tempo todo. E o que é mais importante ainda: pôde permitir que a filha se tornasse independente sem sentir que a perdia.

Caso Nº 4: **Morte da mãe**

Cristina, solteira, 50 anos, procura-me por causa da morte da mãe, com quem convivia. Está muito triste, sente-se só, não sabe o que fazer de sua vida, não tem vontade de nada, nem de cozinhar.

1ª Fórmula

Remédio de Resgate, para resgatá-la da situação em que caiu, reforçado por:

Star of Bethlehem, por causa da situação traumática da morte.

Chicory, para desapegar-se da mãe.

2ª Fórmula

Na segunda consulta, observa-se já uma melhoria em seu aspecto; arrumou o cabelo e, sobretudo, seu olhar não é tão triste. Não obstante, diz que ainda está muito mal, que sente angústia no estômago, pesar, "aspereza", chora, tem pouca vontade e se encontra sem forças. Medos (*"foram-me inculcados por minha mãe"). "Fico mal quando não a vejo sentada comigo na cozinha, gostaria que ela estivesse, mas não está."*

Arnica, para poder recuperar-se do trauma e deixar de lado o sentimento do luto, para a sensação de estar "sem forças" de que se queixa.

Bleeding Heart, para atenuar a dor da perda.

Borage, junto com a anterior, contra a tristeza e para poder superar a situação.

Forget-Me-Not, para construir um espaço no espiritual e para que a mãe esteja com ela, embora não se encontre sentada na cozinha.

Yerba Santa, por causa da angústia, da tristeza, do peso e da opressão localizados no estômago e no peito.

Mimulus, em função do medo de não poder seguir em frente sem a presença física da mãe.

A paciente tomou essa fórmula durante 2 meses.

3ª Fórmula

Quando se apresenta dessa vez, parece de fato outra pessoa. Voltou ao trabalho e começou a fazer ginástica. Diz que acaba de perceber como estava presa à mãe.

Conta que foi ao cinema com uma colega de trabalho. *"É a primeira vez que vou ao cinema em dois anos, e isso nada tem a ver com a morte de minha mãe, mas com a vida desta, ou melhor, com a vida que levei com minha mãe." "Comecei a pensar que relação tive com minha mãe. Para ela, nós, mulheres, não tínhamos valor; somente os homens o tinham."*

Indiquei-lhe a mesma fórmula, acrescentando:

Mariposa Lily, para reavaliar sua identificação a partir do vínculo com a mãe e melhorar sua relação com o feminino.

Caso Nº 5: **Problemas do coração**

Daniel, 69 anos, casado, 3 filhos.

Paciente hipertenso, sofre de uma deficiência aórtica e teve recentemente um enfarto do miocárdio. Diz que anda muito sensível, temeroso pela saúde, sobrecarregado porque tem de pôr em ordem suas coisas e preocupado com a velhice. Sente frustração por não ter podido realizar seus projetos. *"Quanto tempo me restará para conseguir o que quero?"* Mostra-se desesperançado, desanimado, sem poder desfrutar do que tem, com baixa auto-estima e grande introversão.

Como lhe ocorriam muitas coisas ao mesmo tempo, resolvi caminhar lentamente, dando-lhe poucas essências por vez. O paciente se qualificou a si mesmo como *"demasiado conservador"*, coisa que me levou a pensar que as mudanças acarretadas pelo tratamento também deviam dar-se de um modo gradual e suave, para que ele não se assustasse ou desistisse.

1ª Fórmula

Borage, pela falta de ânimo.* Para conferir-lhe coragem, fé e ânimo.

Arnica, para recuperar-se do choque e do trauma do enfarto e pôr fim ao prejuízo causado à sua integridade física e etérica.

Dei-lhe 4 gotas 4 vezes por dia, durante um mês, embora o visse a cada 15 dias.

2ª Fórmula

O paciente aparece com um estado de espírito muito melhor. Diz que quis reiniciar seu trabalho, mas que a mulher e o filho não querem que sua atividade exceda as 4 horas diárias. Isso o deixa mal, mas ele diz: "*Prefiro perder a brigar.*" Continuo a levar em conta algumas das coisas que ele me disse na primeira entrevista e lhe dou:

Buttercup, para que se ligue a seus valores e tenha um estilo de vida em harmonia com eles, sem depender tanto do que se diz em seu ambiente, mas antes do que ele próprio sente.

Pink Yarrow, para sua hipersensibilidade com relação às emoções e à opinião dos outros.

3ª Fórmula

Vem preocupado, porque tentou reiniciar sua vida sexual e sofre de ejaculação precoce, o que o deixa ansioso. Quando o interrogo mais a fundo, parece-me que sua ansiedade se deve a seu medo de voltar a ter um enfarto. É esse estado de ansiedade que sem dúvida dá origem à sua atual disfunção sexual.

Penstemon, para que supere o "fracasso" com maior força e confiança.

Golden Yarrow, pela ansiedade que nele suscita seu desempenho sexual.

Sticky Monkeyflower age sobre as emoções que possam ter desencadeado sua ejaculação precoce.

Mimulus, pelo medo de voltar a ter um enfarto se tiver relações sexuais.

4ª Fórmula

Dessa vez, Daniel vem muito sorridente, motivo pelo qual deduzo, antes que me diga algo, que tudo andou melhor, o que ele me confirma amplamente.

---

* No original, *descorazonamiento*, que remete ao enfarto do miocárdio sofrido pelo paciente (N. do T.).

Agora decido concentrar-me no seu medo da velhice, do qual ele me falara na primeira entrevista e a que torna a referir-se ao falar de seu 70º aniversário.

Chrysanthemum, para ajudá-lo a aceitar o processo de envelhecimento e se ligar mais ao mundo espiritual como fonte de alimento interior.

Sage, para que ele possa descobrir a sabedoria interior resultante de sua experiência vivida, para trazer-lhe paz, serenidade e dar sentido à sua vida.

O paciente volta para agradecer-me pelo bem-estar que sente e para contar-me que encontrou o modo de realizar seu projeto de vida. Dedica algumas horas do dia a trabalhar, depois vai buscar os netos no colégio, e até vai ao cinema com a esposa no meio da semana. *"Imagine, eu nunca me permitira desfrutar do que tinha. E mais, eu sequer me dava conta do que tinha, tanto em termos de afeto como de saúde."* Nos fins de semana, freqüenta um clube nos arredores de Buenos Aires, onde participa de atividades com um grupo de amigos.

Repito a última fórmula. Um ano depois, recebo um cartão de Natal em que o paciente volta a agradecer-me, comenta que continua bem e expressa seu desejo de que eu também possa ter lazer, tal como ele está fazendo, e passear por San Francisco, estado da Califórnia. Terão tido alguma relação com isso as flores da Califórnia?

Caso Nº 6: **Ciúme excessivo**

Paula, 28 anos, solteira.

"Tenho problemas em nível sentimental, muito, muito ciúme. Tenho medo de destruir um namoro de quatro anos e meio. Estou convencida de que ele era infiel a mim. Sou de ficar imaginando coisas e de acreditar nelas de forma exagerada. Ponho-me a cismar, especialmente à noite. Há cerca de 6 meses estou pior. Gostaria de não sentir isso, mas tenho medo de que ele me engane... de que tenha alguma oportunidade... e seja fraco... ele tem 27 anos... Não consigo afastar essas idéias... fico pensando nisso o tempo todo..."

1ª Fórmula

White Chestnut, pelos pensamentos e preocupações recorrentes que não dependem de sua vontade.

Holly, pelo matiz paranóide (persecutório) de seu pensamento. Por causa do ciúme excessivo e da tendência a ver o namorado como alguém mais interessado em outras mulheres do que nela.

Buttercup, para desenvolver o sentido de autovalorização e de auto-estima.

Oregon Grape, para perceber a boa vontade dos outros, dar-se conta de seu amor e cuidado, em contraste com suas suspeitas e dúvidas a esse respeito.

2ª Fórmula

"Sou possessiva, exigente, tirana, quero sempre ter o controle da situação. Depois me sinto culpada, tendo isso acontecido também em meus namoros anteriores. Tenho uma tendência dominante."

Acrescento às flores anteriores:

Quince, por seus conflitos com o poder e sua mistura de domínio com amor.

"Sou muito desconfiada. Tenho dificuldade para conciliar o sono de tanto ficar me lembrando de coisas que aconteceram comigo. Há um mês entraram ladrões em casa, foi um pesadelo. Gritei tanto, que fiquei cinco dias sem voz, como se estivesse em choque. Eu tinha medo de que, mais do que roubar-me, a intenção deles fosse matar-me. Fui tomada pelo pânico." Descreve-se a si mesma como desconfiada, intolerante, exigente, afirmando que lhe dizem ser muito orgulhosa, embora ela não concorde.

3ª Fórmula

Continuamos com **White Chestnut**, pelo diálogo interior que a tortura, e com **Oregon Grape**, pela desconfiança e pelo sentimento de que só pode esperar hostilidade dos outros.

Remédio de Resgate, pela situação de choque por que ela passou. Nessa fórmula encontra-se **Rock Rose**, que a ajudará a superar a situação de pânico.

Star of Bethlehem. Esta essência também está incluída no remédio combinado anterior, mas eu a acrescento como reforço para ajudar Paula a superar a situação traumática do roubo.

4ª Fórmula

Nessa entrevista, conta que é muito obediente aos pais, que toda a família é muito religiosa. Que se sente culpada porque sente que está em "falta com eles" como filha. *"Sinto culpa sempre que desobedeço a eles. Tenho de anular minha consciência para não me sentir mal."* Critica-se muito, diz que é muito escrupulosa, passa horas confessando-se, sente-se muito mortificada. É filha única e não sabe a que atribuir o que acontece com ela. Também não consegue dizer-me por que se sente em falta com os pais.

Star of Bethlehem é a única essência que repito da fórmula anterior.

Pine, em virtude a autocrítica, da auto-reprovação e do sentimento de culpa.

Deerbrush, porque tive a impressão de que a paciente escondia algum grande segredo que não queria revelar por medo de ser muito vulnerável, de ficar à minha mercê, tal como o está com relação aos pais, por vergonha ou para proteger-se. Essa essência lava, limpa, e purifica.

5ª Fórmula

Paula vem mais tranqüila. Conta que teve duas irmãs mais novas, por quem sentia muito ciúme, e que faleceram quando eram pequenas devido a uma doença congênita da qual os pais eram ambos portadores sem desenvolver a doença. Naquela época, a família ignorava essa circunstância. *"Eu desejava a morte delas, lembro-me disso, mas nunca pensei que fossem morrer." "Maltratei uma de minhas irmãs e nem sequer me desculpei com ela, e morreu zangada comigo."*

Pine, pela culpa de ter sido a causa da morte das irmãs, mas também por continuar viva.

Star of Bethlehem, reforçada com **Arnica**, por essa situação tão traumática nela presente.

Bleeding Heart, para que "se liberte" das irmãs e diminua o apego a elas e às situações vividas.

Holly, para acalmar-se, aceitar e aceitar-se, deixando de se culpar pela relação mantida com as irmãs. Para que não se persiga mais e deixe de julgar-se responsável pelo que ocorreu. Pela raiva (que não manifesta abertamente) dos pais por saber que a doença das irmãs foi transmitida geneticamente por eles. É possível que em algum momento esse estado se transforme em **Willow**, mas ainda não.

Red Clover, para poder lidar com a situação familiar atual, ainda tão carregada emocionalmente em função da desgraça familiar.

6ª Fórmula

"Sinto-me mais tranqüila, mas não contente. Fico um tempo tranqüila e depois as coisas começam a complicar-se para mim, eu gostaria de fortalecer-me e recuperar-me, ter confiança e dormir mais... Continuo a ser ciumenta, mas o meu namorado me diz que já não é um ciúme doentio... Meus olhos não estão bem, como se eu estivesse míope..."

Continua com flores de fórmulas anteriores, a que acrescento:

Saint John's Wort, para que não seja tão vulnerável, por seus medos tão profundos, para que descanse sem perturbações.

Queen Anne's Lace, para que se equilibre emocionalmente e melhore a visão interior e exterior.

A paciente ainda continua em tratamento.

Caso Nº 7: **Recordações reprimidas**

María Angélica, 51 anos, casada, 2 filhos.

Trata-se de uma mulher que há vinte anos sofre de depressão intermitente. Afirma que não encontra motivos suficientemente importantes para o seu estado, ainda que, se nos aprofundamos um pouco, os motivos aparecem. Diz que as depressões tiveram início com uma cirurgia em que foi usada anestesia geral. *"Despertei da anestesia deprimida e, a partir daí, continuo a ficar assim periodicamente."*

Está na menopausa desde os 45 anos, sem maiores problemas, nem mesmo sensações de sufocação. Dorme melhor em alguns dias do que em outros; costuma ter pesadelos dos quais acorda transpirando muito. Em alguns momentos, tem apetite, em outros não. Percebe-se que é muito reticente ao falar. Diz que se cansa muito durante o dia e tem de recostar-se várias vezes para recuperar-se.

Encaminho-a a um colega para que a avalie, por causa da possibilidade de um tratamento com antidepressivos, e dou início a um tratamento floral. Ela se nega a fazer psicoterapia.

1ª Fórmula

Mustard e **Chestnut Bud**, pelo sentimento de estar num poço sem fundo, sem saber exatamente a razão, bem como pela periodicidade desse estado.

Saint John's Wort, por causa de seus medos (tanto conscientes como inconscientes), pesadelos, baixa vitalidade e estado de depressão.

A paciente comparece à entrevista seguinte para dizer-me que começou um tratamento com antidepressivos e ansiolíticos prescritos pelo psiquiatra e que no momento não fará outra terapia, motivo pelo qual interrompe o tratamento com florais.

Depois de dois meses e meio, a paciente volta a marcar uma consulta. Está melhor e fala do que acontece com ela; no final da entrevista, afirma que melhorou muito. Refere-se à sua preocupação com os filhos, com as namoradas destes, com a filha de uma amiga sua, que usa drogas... Por último, fala de si mesma... e de seu alcoolismo, que continua apesar dos psicofármacos que toma.

Repito a fórmula anterior, acrescentando-lhe esta *2ª fórmula:*

Pink Monkeyflower, por considerar que essa paciente toma álcool para anestesiar a dor emocional ou a hipersensibilidade.

Walnut, pela mudança de década, para diminuir sua sensibilidade e para que ela possa eliminar comportamentos que a prejudicam.

3ª Fórmula

Ela não comparece à entrevista anterior. Vem a esta dizendo que está bem. Decido dar-lhe **Black-Eyed Susan**, já que suspeito que a vontade de se tratar choca-se com a resistência a que apareçam em sua memória episódios muito obscuros do passado. Também para melhorar sua capacidade de introspecção. Essa flor também é eficaz nos estados depressivos, aliviando os sonhos traumáticos, e no comportamento auto-destrutivo (neste caso, o alcoolismo).

4ª Fórmula

A paciente comparece à entrevista seguinte muito ansiosa e chorosa. Diz estar às voltas com um assunto que nunca contara a ninguém e do qual inclusive já não se lembrava. Tem imensa dificuldade para falar. Por fim, toma coragem e diz que aos 5 anos sofreu uma tentativa de violação por parte do avô. Durante bastante tempo, esse avô a "bolinou". Mais tarde, quando ela tinha 7 anos, aconteceu-lhe a mesma coisa com o padrasto, estando este bêbedo. Tudo isso a deixa muito confusa, no que diz respeito a pensar de quem é filha e se com sua mãe, por seu turno, não terá ocorrido o mesmo. Por isso, decidiu nunca falar nem averiguar nada. Jamais tocou nesse assunto, porque, além de tudo, ele a envergonha muito.

Continuo com **Mustard** e **Saint John's Wort** e acrescento **Self-Heal**, para despertar seu agente de cura interior e vencer os conflitos, diminuindo-lhe as tristezas.

Dogwood, para chegar a um estado de harmonia a partir do trauma sofrido, para poder perdoar o abuso de que foi objeto e integrar amor e sexo.

Evening Primrose, por sua história de abandono, violação e decepção, para retificar essas primeiras experiências vitais tão devastadoras.

Mariposa Lily, para curar o abuso sexual de que foi vítima desde a infância, sua exposição prematura à sexualidade adulta, o que lhe destruiu a inocência típica da infância.

A terapia floral de María Angélica teve prosseguimento por 3 anos. Culminou quando a paciente deixou de beber e de tomar medicamentos, tendo dito de si mesma: "*Já não funciono à base de drogas*"; ela se sente bem, não voltou a ter episódios de depressão. Continua com a psicoterapia. A última flor que tomou foi **Angelica**, em homenagem ao seu nome.

Caso Nº 8: **"Não sei a que me dedicar"**

Diz Marcos: "*Tenho quase 50 anos e ainda não encontrei minha vocação. Fiz de tudo na vida, saí-me bastante bem, mas nunca senti verdadeira satisfação com o que fazia. Até me casei uma vez. Também me divorciei. Por sorte, não tivemos filhos. Este não é um mundo que se deva continuar povoando. Fisicamente, tenho muitos problemas de saúde, nada grave, mas incômodo.*"

1ª Fórmula

Wild Oat, para que encontre algum caminho satisfatório em sua vida.

Gorse, pela sensação de desesperança, de falta de alegria.

Scotch Broom, pelo pessimismo, especialmente acerca da situação no mundo, e pelo sentimento de futilidade.

2ª Fórmula

O paciente vem mais animado. Consulta-me sobre diversas idéias que lhe ocorreram com respeito a atividades profissionais. Não quer "desapegar-se"; continua sentado mesmo depois do término de sua sessão e de o paciente da hora seguinte ter tocado a campainha.

Dou-lhe a mesma fórmula, à qual acrescento:

Heather, pelo que lhe aconteceu na sessão e, além disso, porque se impressiona como um menino carente.

3ª Fórmula

A afirmação anterior se confirma quando nessa entrevista o paciente me conta que sua mãe sempre lhe dizia que engravidara e tivera de casar-se e sair do povoado onde viviam por causa da vergonha; que na realidade deveria ter feito um aborto, mas não sabia a quem recorrer; que eram muito pobres e ela teve de procurar trabalho, que ele foi uma carga muito pesada para ela...

Repito **Heather** e acrescento:

Evening Primrose, pela sensação de não ter sido amado, para poder retificar as primeiras experiências tão desprovidas de afeto e carinho. Porque esse paciente, além disso, tem um abdômen dilatado, como uma espécie de "gravidez de si mesmo".

Fairy Lantern, para amadurecer emocionalmente e assumir a responsabilidade pela própria vida, escolher uma ocupação e sentir que ser adulto não acarreta mais riscos do que os que está correndo ao ser "um menino" apesar de sua idade.

Ele tomou essa fórmula durante 6 meses, embora às vezes tenham sido acrescentadas outras essências florais, de acordo com as necessidades do momento.

Esse paciente passou por etapas diferentes. Na atualidade, há tempo que não adoece (em certo momento ele tomou **Canyon Dudleya**, para eliminar a necessidade inconsciente de receber atenção a partir de suas somatizações); por fim, escolheu uma atividade. Embora não tenha voltado a ter uma relação amorosa estável, tem uma "amiga". Seu tratamento floral continua e, segundo ele, "*... continuará enquanto viver*". **Mariposa Lily** e **Sunflower** são as essências que hoje compõem a sua fórmula.

Caso Nº 9: **"Não me interessa ter um namorado"**

Carina, 23 anos, estuda e trabalha, mora com os pais e a irmã.

A paciente vem indicada por uma terapeuta com a qual esteve em tratamento cerca de um ano. Essa profissional temia que Carina pudesse suicidar-se.

Com efeito, a jovem está muito deprimida e fala de tirar a própria vida. Não oferece dados sobre a razão disso, embora deixe pressupor que há motivos.

Seu relato é bastante confuso e, embora chore, não dá a impressão de estar angustiada, apesar de afirmar que sim. Consultou uma vidente e uma pessoa que punha as cartas para saber o que aconteceria com ela.

Começo o tratamento indicando-lhe:

1ª Fórmula

Cerato, pela confusão de seu relato, porque vai a muitos lugares para perguntar o que fazer da vida, sem que de fato chegue a dizer o que quer saber.

Cherry Plum, pelo risco de cometer um ato extremo, como o de tentar matar-se.

Milkweed. Incluo esta essência por várias razões: para que amadureça e não tenha comportamentos tão infantis, para a depressão, por seu fascínio pelas coisas ocultas.

Mustard, pelo estado fortemente depressivo em que se encontra.

Gorse, pela desesperança e pela sensação de que não conseguirá sair desse estado.

Borage, para a depressão, o fardo que carrega, o sofrimento.

Dou-lhe 4 gotas 8 vezes por dia.

A paciente foi melhorando de sua depressão com terapia e florais, que passou a tomar de forma regular e constante, 4 gotas 6 vezes por dia.

À medida que suas máscaras começaram a cair por terra, ocorreram frases como estas:

"Eu não me interesso por ter um namorado." "Eu não quero ter namorado." "Minha irmã é que adora ter namorados, e isso porque mal fez 19 anos." "Eu faço amizade com os namorados de minha irmã, e também com todos os rapazes, mas mais do que isso..."

Outra Fórmula

Alpine Lily, para mulheres que desejam ter um homem ao lado mas sem incluir a sexualidade.

Easter Lily, como reforço da essência anterior, pelo fato de a paciente ser recatada, reprimida, tímida e envergonhada em sua relação com os homens.

Depois de tomar essas essências durante um mês, aproximadamente, ela disse: *"Talvez eu goste de sair com um rapaz, mas com estas pernas tão grossas, nenhum vai prestar atenção em mim..."*

Fórmula Seguinte

As duas essências florais anteriores e:

Pretty Face, pelo sentimento de vergonha associado à sua aparência, por sentir-se feia e por isso não desejada.

Mariposa Lily, para melhorar sua auto-estima como mulher.

Zinnia, para que possa divertir-se, ser menos séria e levar a vida de maneira menos radical.

Goldenrod, porque diz: "*Quando consigo algo, isso já não me interessa mais*", "*Meu pai espera que eu me saia sempre bem. Sempre fui boa aluna*", "*Observo minha irmã para ver como faz para conquistar seus namorados.*" Essa flor ajuda a fortalecer a individualidade, a ser menos influenciável e apegada às convenções.

A paciente ainda está em tratamento. Conseguiu superar seus medos com relação a ter um companheiro, mas sobretudo com relação ao fato de aceitar que quer ter mesmo um companheiro. Num período um pouco mais longo do que dois anos, ela não voltou a ter nenhum episódio de depressão nem fantasias de suicídio. Avança em sua carreira, embora esse aspecto nunca tenha sido demasiado conflituoso.

Caso Nº 10: **"Não tenho nada que ver com isso..."**

Beatriz é uma mulher de 48 anos, casada, com 2 filhos, uma profissional bastante bem-sucedida.

A paciente pede uma consulta porque está muito nervosa, frenética, com taquicardia e em plena crise matrimonial. Sua crise se deve sobretudo ao fato de seu marido ter contraído dívidas para manter o nível de vida de ambos (automóveis, viagens, roupas, festas, colégios particulares...) e agora, não podendo cumprir suas obrigações, eles correrem o risco de ver tornado indisponível o único bem que possuem, a casa. A paciente quer separar-se. Está cansada dos telefonemas que cobram o dinheiro que "*meu marido deve*".

Quando lhe pergunto o que acontece com o dinheiro que ganha, ela responde: "*Esse dinheiro é meu, não tenho nada a ver com o que está acontecendo.*" "*Não tenho nada que ver com as dívidas do meu marido.*" É a terceira vez que lhes acontece isso. Nas ocasiões anteriores, a família ajudou-os a sair da situação. Desta vez, têm de arrumar-se sozinhos porque os parentes não querem continuar a dar-lhes dinheiro.

1ª Fórmula

Queen Anne's Lace. Indiquei-lhe essa flor especialmente em virtude de ela dizer diversas vezes: "*Não tenho nada que ver com isso.*" Essa essência destina-se a pacientes teimosos, que não vêem o que de fato não querem ver; nesse caso, porque levaria a paciente a se questionar sobre suas próprias coisas, além de se questionar sobre as do marido.

Sage, porque ajuda as pessoas a perceber quais são os comportamentos inadequados que estão repetindo para cair nas mesmas situações; os que põem a culpa no país, no destino, na má sorte, e que, sobretudo, não conseguem envolver-se pessoalmente com o que acontece com eles.

2ª Fórmula

A paciente vem mais tranqüila. Continua a pôr a culpa de tudo o que lhes acontece no marido, mas ao menos ouve o que os outros lhe dizem.

Repito a fórmula anterior e acrescento:

Willow, para diminuir o ressentimento e a amargura com relação ao marido e a "todo mundo" pelo que lhe acontece na vida.

Oregon Grape, por defender-se com tanta veemência e para que sinta que o marido faz o que faz, não por má intenção no que se refere a ela, mas pela sua incapacidade pessoal de viver melhor.

Hound's Tongue, pelo narcisismo e egocentrismo.

Dandelion, para que relaxe, porque sua tensão é grande.

Indico mais uma psicoterapia à terapia floral.

A paciente continua com a mesma fórmula durante bastante tempo. Não voltou a ter taquicardia, está um pouco mais tolerante e admite que tem de diminuir os gastos. Chegou a pagar algumas pequenas dívidas "*... de meu marido, com o meu dinheiro...*"

Caso Nº 11: **...?**

Horacio, 49 anos, separado, mas convivendo com a ex-mulher na mesma casa. Tem um filho, também separado, com um filhinho de 3 anos.

Na *primeira entrevista*, o paciente vem no dia anterior ao da consulta e tem de ir embora sem ser atendido. No dia seguinte, chega no horário certo.

A primeira coisa que me diz é que está arrependido de ser bom. "*Trabalhei e sempre me mantive bem com relação ao meu dinheiro e às minhas decisões. Há dois meses me mandaram embora porque estive doente durante duas semanas. Pagaram-me mas já dei entrada num processo contra eles.*"

"*Ainda não sei por que me mandaram embora. Eu era o melhor empregado que eles tinham. Isso me deixa mal.*"

"*A situação na minha casa também é um desastre. Minha mulher não sabe para onde ir, por isso vive na minha casa. Meu filho foi abandonado pela mulher e também voltou a morar na minha casa. Também não sabe para onde ir. Por que eu tenho de sustentá-los?*" (A mulher e o filho trabalham e têm sua própria renda.)

Ele não quer tomar essências florais. Não sabe bem qual a finalidade de sua vinda. Diz que está muito tenso e que quer saber por que o mandaram embora do emprego.

Na *segunda entrevista*, ele volta a equivocar-se. Dessa vez, vem no dia certo, mas chega muito antes da hora marcada. Deixa-me um bilhete debaixo da porta no qual me diz que esperou 15 minutos por mim e que, se eu quiser, ligue para ele.

Telefono, ele não está; marco então uma nova consulta, à qual ele comparece corretamente. Informo-lhe que ele se enganou, coisa que admite mas sem se desculpar em função de sua raiva momentânea. Está muito zangado, ressentido com todo o mundo. Passa a sessão falando mal dos médicos, do cinesiólogo que está tratando dele, da ex-mulher, do ex-chefe, da ex-nora etc.

Terceira entrevista: Chega transmitindo agressividade e arrogância, que encobrem uma forte angústia, e conta que teve uma grande briga com o filho, que o censurou por algumas coisas. Finalmente, Horacio interrompeu a discussão e disse "*Esta casa é minha...*"

Volto a oferecer-lhe essências florais. Dessa vez aceita, creio que por causa da angústia, que prefiro não tratar por ora, já que ela o faz vir até aqui para questionar-se, nem que seja minimamente, sobre o que está acontecendo na sua vida.

Dou-lhe **Willow**.

Quarta entrevista: Aparece portando-se de modo arrogante, como sempre, e me pergunta sobre um "diagnóstico" feito pelos seus amigos daquilo que acontece com ele. "*Todo mundo me diz que o que acontece comigo é que...*" Depois de 15 minutos falando da mesma coisa, sem que lhe satisfaça nada do que eu lhe digo, interpreto para ele ou lhe sugiro, e depois de insistir repetidamente no tema, recomendo-lhe que pergunte aos *amigos que o diagnosticaram*, para não ficar em dúvida, visto que esse diagnóstico não fora dado por mim.

O paciente levanta-se em silêncio, pega suas coisas e se retira dizendo: "*Então, vou perguntar às pessoas que me dizem isso. Obrigado.*" E deixa o consultório.

Felizmente, no início dessa entrevista eu lhe preparara um frasco com **Oregon Grape**, que ele já havia guardado no bolso.

Quinta entrevista: Ele vem na semana seguinte, para grande surpresa minha, já que supus "que ia me castigar" não comparecendo mais ao meu consultório, e não tive dúvidas de que tomara as flores que levara na entrevista anterior. Senta-se e se põe a chorar. Começa a falar de si mesmo pela primeira vez...

Caso Nº 12: Formação de cálculos renais[47]

As pessoas que têm dificuldade para expressar satisfatoriamente seus sentimentos costumam armazenar resíduos emocionais que em algum momento podem cristalizar-se e dar origem a cálculos renais.

Com os tratamentos florais, muitas vezes conseguiu-se que os pacientes eliminassem os cálculos inteiros com a urina,[48] rapidamente e sem dor, ou, em certas ocasiões, que o próprio organismo os reabsorvesse. Isso ocorre, evidentemente, quando os cálculos desaparecem sem que se detecte a sua elimina-

---

47. Katia Dubieux Kuchler, "Fim aos cálculos renais!", *Revista Brasileira de Terapia Floral.*
48. Idem, tradução livre da autora.

ção. Há uma terceira possibilidade: a de que sejam excretados e pulverizados na urina.

As flores da Califórnia mais comuns nesses casos são **Chamomile**, **Blackberry** e **Dill** (que combate a inflamação dos rins produzida pelos cálculos).

Aloe Vera elimina as ulcerações provocadas pelas pedras no seu movimento de expulsão. **Dandelion** funciona como relaxante muscular do uréter, para facilitar a passagem dos cálculos. **Arnica** é usada como cicatrizante de traumatismos que estes provocam (sangramento). **Manzanita** (ou seu equivalente inglês, **Crab Apple**) ajuda a eliminá-los. Essas essências foram sendo complementadas com outras pertencentes a sistemas diferentes.[49]

No caso em questão, com a ingestão de 4 gotas a cada hora, as dores diminuíram oito horas depois, momento em que foi suspenso o analgésico.

Depois de 3 dias de tratamento, a urina ficou mais clara. O número de gotas passou a ser de 4 gotas 4 vezes por dia. No dia 25, fez-se uma urografia (exploração radiológica do aparelho urinário) e não foram encontrados cálculos nos rins: tinham desaparecido, com exceção de dois, localizados no uréter esquerdo e entrando já na bexiga, em pleno processo de expulsão. Ambos apresentavam uma forma arredondada, o que indicava que aproximadamente 50% de sua massa já tinha sido eliminada. Poucos dias depois, foram eliminados sem dor, e a litotrícia,[50] em conseqüência disso, foi suspensa.

Embora este caso não tenha sido tratado por mim, pareceu-me interessante incluí-lo por ser comum. Por outro lado, ele confirma minhas próprias experiências a esse respeito com o tratamento de uma cachorrinha *shipsu* descrito numa publicação anterior.[51]

---

49. Além disso, foram administrados, segundo a autora: Essência de Resgate, Chamomile German, Avocado, Eucalyptus, Coffee, Prickly Pear Cactus, Stinging Nettle, Jasmine, Apricot.
50. Técnica cirúrgica que consiste na pulverização de um cálculo intravesical para facilitar sua extração.
51. CLAUDIA STERN, *Florais de Bach — Novos processos técnicos e clínicos*, Ed. Pensamento, São Paulo.

CAPÍTULO 10*

Perguntas do paciente... respostas do terapeuta
Perguntas do terapeuta... respostas do paciente

DE QUE MODO SE PODE OBTER O MELHOR RESULTADO AO USAR AS ESSÊNCIAS FLORAIS?

As essências agem melhor quando usadas de forma regular e rítmica, dado que o ser humano se move no tempo tal como a planta. Costumam-se tomar de 4 a 6 vezes por dia, e os horários mais importantes para ingeri-las são de manhã, quando a pessoa se levanta, e à noite, quando vai dormir.

Em geral, toma-se a fórmula durante um mês antes de ela ser mudada. Isso pode variar, já que ao reavaliá-la, costumam surgir outras necessidades, podendo a composição ser *retocada*, seja acrescentando-se ou retirando-se alguma essência.

As pessoas mais sensíveis talvez precisem de uma freqüência menor. Os casos mais críticos ou resistentes podem exigir um maior número de ingestões diárias. As flores agem com maior ou menor intensidade em virtude da freqüência, não do aumento ou da diminuição da quantidade de gotas.

COMO É O TEMA DOS CICLOS EM ESPIRAL?

PATRICIA e RICHARD afirmam que se obtêm melhores resultados mediante ciclos de uso, nos quais a combinação de essências é ajustada para adequar-se à situação mutável do paciente. É melhor trabalhar em ciclos em espiral do que tentar a utilização de muitas essências numa única combinação. Isso quer

* Fonte: KATZ e KAMINSKY, seminário, Buenos Aires, 1992.

dizer que se vão acrescentando e retirando essências, trabalhando em etapas e privilegiando as áreas sobre as quais se passará a atuar, estabelecendo uma ordem de prioridades.

QUANDO SE TOMAM REMÉDIOS FLORAIS HÁ SITUAÇÕES DE AGRAVAMENTO, COMO NA HOMEOPATIA?

Podem ocorrer às vezes certas *crises de tomada de consciência*. Em outras palavras, pode haver uma leve intensificação dos sentimentos e experiências negativas durante um breve período, seguida por uma mudança para uma atitude positiva. É importante que o terapeuta saiba dessa possibilidade para que possa acompanhar e tranqüilizar o paciente durante essa experiência.

O QUE FAZER QUANDO HÁ RESISTÊNCIA ÀS MUDANÇAS?

É importante encaminhar a terapia a um fim satisfatório. Quando a resistência a mudar é muito grande, é indicado considerar uma mudança de fórmula para prosseguir com o tratamento de modo mais lento. Isso deve ter como apoio a palavra e a contenção do terapeuta, ou, se não for suficiente, deve-se encaminhar o paciente a outro profissional especializado.

MUITOS PACIENTES TEMEM A DEPENDÊNCIA. O QUE FAZER NESSES CASOS?

O objetivo da terapia floral é levar o paciente a ser responsável por si mesmo e a não depender nem do terapeuta nem do frasquinho. Desse modo, é preciso ajudá-lo a desenvolver a capacidade de reconhecer o término do ciclo e concluir a experiência quando chegar esse momento.

O QUE FAZER QUANDO HÁ EXPECTATIVAS EXAGERADAS?

É preciso estabelecer expectativas realistas para a terapia floral, esclarecendo-as entre o paciente e o terapeuta, o que não significa que elas não possam ir mudando durante o processo de tratamento e à medida que este avança.

Também é importante unificar as intenções de ambos no que diz respeito à meta a ser atingida, já que se o paciente só busca alívio para sintomas físicos incômodos e o terapeuta só visa as questões emocionais, esse tratamento com certeza fracassará. Devem-se buscar acordos e prioridades.

É importante observar e registrar adequadamente tudo o que ocorre no tratamento. Só assim se poderá avaliar a eficácia do trabalho terapêutico, visto que amiúde os pacientes esquecem as situações dolorosas que os levaram à terapia e depois não se dão conta dos progressos que fizeram.

O TERAPEUTA TAMBÉM DEVE SER PACIENTE?

É claro que o terapeuta deve possuir um profundo conhecimento das terapias florais, do que diz respeito ao sofrimento humano, e também da ação de cada uma das variedades florais com que trabalha.

Não obstante, ele também precisa saber como usar esses conhecimentos em cada situação, que é particular e única, permitindo-se ser criativo e levando em conta sua própria intuição para determinar as essências mais adequadas e a melhor forma de aproximar-se do paciente.

Para isso, é necessário não apenas adquirir cada vez um maior conhecimento das essências por meio do que está escrito ou publicado, como também desenvolver uma relação pessoal com elas mediante o próprio tratamento e evolução individual.

Além disso, o terapeuta deve beneficiar-se da consulta e supervisão de seus casos com colegas qualificados para isso, já que muitas vezes o que acontece com os pacientes desperta sensações obscuras no terapeuta e só outra pessoa, fora desse circuito, pode *lançar luzes sobre o problema.*

REMÉDIOS ARQUETÍPICOS

O propósito principal da terapia floral é atingir uma evolução espiritual, ainda que no caminho deva mitigar sintomas emocionais ou físicos. EDWARD BACH já afirmava isso: "*Para estar em harmonia, deve haver um alinhamento interior com o próprio propósito de vida, pré-requisito para uma verdadeira saúde do corpo e da alma.*"

Com freqüência, é enfrentando dificuldades e desafios que se desenvolvem qualidades que mais tarde ajudam a servir aos outros, podendo-se assim realizar o propósito da vida. Isto é, vendo os problemas e a dor como oportunidade para o desenvolvimento e o aprendizado.

Sem dúvida, conseguir-se-á às vezes encontrar o *remédio apropriado* para cada pessoa no âmbito da extensa gama dos remédios florais. Mas também pode ocorrer de serem vários os *remédios apropriados* e de cada um abranger um aspecto isoladamente.

Esses remédios são tomados para um desenvolvimento a longo prazo e para a conseqüente transformação. Podem ser combinados com remédios que apóiem ou tratem problemas transitórios.

Há amiúde um padrão de desenvolvimento *em espiral*, padrão em que o paciente usará um remédio apropriado durante um período, depois mudará a fórmula e mais tarde voltará ao remédio apropriado para um novo nível de trabalho nessa espiral.

COMO TRABALHA A FLOWER ESSENCE SOCIETY

A inspiração surgiu com a vida e o trabalho do doutor EDWARD BACH, que há 65 anos criou o sistema floral que leva o seu nome, e que teve a grande intuição de integrar as polaridades da Natureza e da Humanidade, do campo e da cidade, da ciência e da espiritualidade.

O doutor BACH começou durante a Grande Depressão dos anos de 1930, ajudando o homem a voltar a se ligar com as forças de cura da Natureza, unidas ao conhecimento de si mesmo e ao desenvolvimento espiritual.

As essências da Califórnia foram desenvolvidas em meio a uma época de desafios, como o colapso das estruturas de valores tradicionais, as mudanças dos papéis masculinos e femininos, a violência cada vez maior e a autodestrutividade, os valores tecnológicos em contraposição aos valores morais, humanos, espirituais.

A terapia floral não é um caminho mágico, mas um trabalho interior, que não substitui outras terapias. Não se trata de drogas, mas de catalisadores que transformam interiormente o indivíduo.

No que se refere a isso, eu gostaria de contar uma pequena história. No meu trabalho no serviço de psicopatologia de um hospital público, além de pacientes, também tenho colegas. Uma delas se aproximou de mim certo dia e me perguntou se eu dispunha de um tempinho, porque queria falar comigo.

Fomos tomar um café no bar do hospital e ela me contou diversas situações problemáticas por que estava passando. Sugeri-lhe que provasse as essências florais. Embora fosse a primeira vez que alguém lhe falasse dessas essências, ela aceitou de imediato. Creio que estava tão desesperada que teria aceitado praticamente qualquer proposta viável que a ajudasse a sair de seu estado. Teve a sorte de encontrar-me como intermediária de algo tão maravilhoso quanto os remédios florais. Prescrevi-lhe os florais. Ela os tomou. Depois vieram outras prescrições. Mais tarde, começou a interessar-se, a estudar e a aprofundar-se no tema dos florais. Hoje, além de tomá-los, ela os indica a seus pacientes.

Passaram-se os anos; ela saiu do hospital, em busca de outros rumos.

Há alguns dias veio fazer-me uma visita e procurou-me para me cumprimentar. Vimo-nos, abraçamo-nos e ela me disse:

"Claudia, saí da casa de meus pais. Agora vivo sozinha. Ao arrumar minhas coisas para levá-las, encontrei a primeira indicação das essências florais que tomei e me lembrei do que você me disse naquela oportunidade. Você disse 'as flores vão mudar a sua vida'. Você tinha razão. Elas a mudaram. Muito obrigada." Voltamos a nos abraçar.

Creio que não há ninguém que tenha começado a percorrer o caminho dos florais que não possa dizer o mesmo. As flores mudaram a nossa vida... para melhor, é claro. Obrigada!

PATRICIA e RICHARD dizem que o trabalho do terapeuta é levar as pessoas a um maior entendimento de si mesmas. O papel das essências florais é acompanhar esse processo.

Elas propiciam uma transformação emocional. Não são uma terapia isolada, não suprimem os problemas nem são um antídoto para eles. Ajudam as pessoas a tomar consciência das emoções e a aprender as lições, integrando as energias positivas, ajudando-as a desfazer-se do que não é adequado ao desenvolvimento e à evolução da pessoa.

No que se refere às relações sociais, sua qualidade está intimamente ligada ao modo pelo qual uma pessoa se liga a si mesma, de sorte que ajudam a eliminar as barreiras interiores ao contato com os outros.

Na nossa cultura, a área em que há maior confusão e angústia é a que se relaciona com as identidades masculina e feminina, com a sexualidade. A crise dos papéis tradicionais e das estruturas familiares acarretou grande liberdade sexual, sem o amadurecimento e a sabedoria correspondentes.

Para muitos, a sexualidade se desumanizou, tornou-se abusiva ou exploradora. Os remédios florais ajudam a esclarecer essas distorções, de maneira que a atitude referente à sexualidade possa ser uma expressão saudável do amor.

A dependência de drogas e o alcoolismo escondem uma ampla variedade de conflitos emocionais que deverão receber um encaminhamento. Há muitas essências que podem contribuir para isso.

As essências florais trabalham primeiramente no corpo astral, no corpo dos desejos, equilibrando as emoções. Elas também exercem um forte impacto no corpo etérico ou vital.

A maioria das pessoas se sente muito mais à vontade ao falar sobre seus problemas físicos do que sobre seus sentimentos, emoções ou dores da alma. Contudo, é para estes últimos que se voltam as essências florais.

O objetivo destas é a evolução espiritual, não simplesmente o bem-estar físico ou emocional, a felicidade ou o sucesso. As essências florais visam o *desenvolvimento integral* do indivíduo.

Quando selecionamos as essências adequadas para o paciente ou, se for o caso, para nós mesmos, é fundamental identificar as emoções que estão em jogo. Isso não significa afligir a pessoa desde o princípio com aspectos muito profundos, já que ela pode não estar pronta ainda para isso. O terapeuta deve ter consciência desses aspectos, mas também deve levar em conta os passos que deve dar no caminho da evolução do paciente. Em psicologia, isso se chama considerar o *timing* do consulente.

Não há necessidade de apressar-se: esse é um caminho com um objetivo a longo prazo que deve ser alcançado de maneira gradual.

COMO SÃO AS TERAPIAS COM OS REMÉDIOS FLORAIS?

- Pouco tempo depois de começar a tomar a fórmula, é como se a pessoa pudesse respirar mais profundamente.
- Ela passa a compreender o que acontece com ela.
- O rosto parece menos tenso. Há maior harmonia nos traços, no olhar, uma sensação de mais equilíbrio.
- A redistribuição da energia leva a pessoa, em alguns casos, a ver aumentada sua necessidade de dormir ou de descansar. Isso é temporário.
- Podem ressurgir sintomas de doenças esquecidas há muito tempo. Isso também é transitório e significa que elas ainda continuavam no organismo e, que em breve, serão expulsas.
- É comum as pessoas se recordarem mais vividamente dos sonhos, o que demonstra que, havendo uma repressão menor, vão ativando positivamente as estruturas inconscientes.
- Surge uma sensação de maior força e vitalidade.
- É como se a pessoa se tornasse mais espiritual, melhor, mais carinhosa, mais alegre, mais tranqüila, mais contente, com uma maior compreensão dos outros, com mais amor e empatia pelo seu ambiente.
- As pessoas que estão ao redor desse indivíduo costumam perceber as mudanças antes mesmo que ele perceba. Dizem, por exemplo: *"Você está mais tranqüilo"*, *"Consegue ouvir com menos ansiedade"*, *"Sua voz mudou"*, *"Você está com uma aparência melhor"*...
- A pessoa permite-se chorar, ou chora menos, se era esse o desequilíbrio.
- Adquire-se uma capacidade maior de auto-observação. A raiva dura menos ou a pessoa já não se zanga por coisas que não valem a pena.
- A pessoa se anima a esclarecer, com menos medo, as situações que a incomodam.
- Há uma maior capacidade de escutar, ver, entender.
- Equilibram-se as funções fisiológicas.
- As pessoas ficam mais sensíveis, buscam o verde, o campo, a tranqüilidade.

- Aumenta a tolerância com relação aos outros, bem como há a possibilidade de aceitar a pessoa como ela é, sem tentar transformá-la no que desejaríamos que ela fosse.
- Melhoram os problemas físicos.
- Diminui o nervosismo.
- No início do tratamento, os efeitos podem passar despercebidos para o paciente.
- Mesmo no caso de doenças graves, as flores oferecem alívio e permitem uma *descarga psíquica* do peso dessa enfermidade, gerando uma atitude diferente diante da situação, fazendo que ela seja considerada com maior tranqüilidade de espírito e energia positiva.
- As flores produzem o alívio das tensões, mesmo na dor.
- As essências florais não agem sobre os sintomas, mas em níveis mais profundos, emocionais, com muita suavidade, sem violência nem agressividade.
- Elas permitem que a pessoa possa ir *assimilando*, física e emocionalmente, as mudanças.
- *Não há duas terapias que se encaminhem do mesmo modo, visto que não há duas pessoas iguais. Cada desenvolvimento é diferente porque a história, o ambiente e o tempo de cada paciente são diferentes.*

Apêndice

QUESTIONÁRIO PARA QUE A PRÓPRIA PESSOA USE OS REMÉDIOS

O questionário seguinte foi concebido como uma ajuda para aqueles que há pouco começaram a trabalhar com as flores da Califórnia ou para os que desejam prescrevê-las a si mesmos.

É importante que os terapeutas florais levem em conta que nem todos os pacientes estão em condições de poder responder às perguntas. Alguns preferem falar de sua situação com uma pessoa em vez de ter um papel diante de si. Outros não conseguem concentrar-se devido a seu estado.

Sempre é preferível que a escolha dos remédios florais seja personalizada e a ação de cada essência seja interpretada e discutida de acordo com o quadro específico de cada paciente.

A única coisa que este questionário facilitará é um reconhecimento inicial para cada uma das flores, visto que no princípio costumamos acreditar que precisaremos de todas elas juntas, sem poder estabelecer uma ordem de prioridades.

À medida que a pessoa for adquirindo experiência e um maior conhecimento, já não precisará deste questionário.

As perguntas abordam tanto situações transitórias atuais como características de personalidade ou situações crônicas. Uma vez marcadas as respostas, dever-se-á recorrer à tabela que aparece depois do questionário para saber a que flores correspondem os números assinalados.

As flores correspondentes serão aquelas marcadas com um máximo de cruzes dentro do mesmo grupo. Se resultarem, no total, mais de seis flores, será preciso fazer uma segunda seleção. É preciso voltar a fazer o questionário com cada novo frasco, em função das novas emoções que vão surgindo.

Marque com "x" somente as perguntas que você pode responder com um "SIM". Não assinale nenhuma se a resposta for "não", "às vezes", "acho que", "pode ser", "não sei", e leve em conta que neste questionário não há respostas corretas ou incorretas.

Resposta "Sim" (x)	Nº da Pergunta	
	1	Você sente que lhe faltam entusiasmo ou uma maior motivação na vida?
	2	Você se conforma com o que lhe cabe viver?
	3	Você percebe, ou lhe dizem, que está um pouco apático, passivo, desinteressado, aborrecido?
	4	Você tem às vezes a sensação de que não pertence a este lugar ou não se encaixa nele, como se tivesse nascido no planeta errado?
	5	Você se detém para observar outras pessoas como se estivesse em outra dimensão?
	6	Você se sente deslocado em qualquer lugar?
	7	Você sente verdadeira paixão pela astrologia, pela astronomia ou pelas histórias relacionadas com discos voadores etc.?
	8	Para você, seu corpo é feio, desagradável?
	9	Se fosse possível, você gostaria de prescindir do corpo para dedicar-se ao espírito?
	10	Você é daquelas pessoas que observam se as outras pessoas cheiram bem, são muito limpas e asseadas? Caso contrário, nem se aproxima delas porque tem nojo?
	11	Você tende à sonolência, é esquecido, se distrai, está ausente, como se estivesse em outro lugar?
	12	Você costuma sentir muito frio, ou seus pés ou mãos estão sempre frios, seja por problemas circulatórios ou por outras causas?
	13	Você precisaria sentir-se mais alerta, orientado e vitalizado para poder expressar-se como gostaria?
	14	Você tem dificuldade para sentir o seu corpo com uma temperatura agradável?
	15	Você é daqueles que planejam muito e realizam pouco?
	16	Quando você está fazendo alguma coisa, perde a concentração com facilidade?
	17	Você cai facilmente num estado de letargia, se cansa, *voa* com facilidade, especialmente no período da tarde?
	18	Você tem muitas coisas para fazer ao mesmo tempo, e isso faz com que se desorganize ou fique tenso?
	19	Você está dispersivo, perde de vista o *foco* da atividade que deve realizar?

20 Você está assim nervoso e angustiado por causa de uma atividade excessiva, que desorienta e não consegue pensar com clareza?

---

21 Você está passando por um momento em que tem tantas coisas para fazer que se perde nos detalhes e acaba por esquecer-se de tudo ou de quase tudo?

22 Nas tarefas que você desempenha, são tantas as coisas com as quais tem de lidar ao mesmo tempo que manter a visão global da situação?

23 Você está angustiado, e isso o faz perder atenção, a eficácia e a flexibilidade em suas tarefas?

---

24 Você tem dificuldade para entender os conceitos de um texto, embora perceba do que se trata?

25 Você perde de vista o *fio condutor* das situações, das conversas ou das leituras?

26 Você se dispersa, tem dificuldade para juntar as diferentes partes de um todo?

27 Você passou por alguma situação traumática (física ou emocional), nova ou antiga, que ainda se faz presente de alguma maneira na sua vida?

28 Aconteceu-lhe algum episódio tão grave que você não conseguiu ainda se recuperar, e isso faz com que tenha sonhos, não tenha energia nem vitalidade?

29 Você se sente afetado por algum golpe ou rompimento que a vida lhe impôs (físico ou psíquico)?

---

30 Você é muito exigente consigo mesmo e não cede até atingir seus objetivos?

31 Custa-lhe perceber ou aceitar que está cansado, esgotado ou estressado?

32 Seus familiares costumam pedir-lhe que passe mais tempo com eles, sem estar necessariamente em atividade ou solucionando todos os problemas?

---

33 Você se sente bloqueado, paralisado ou imobilizado quanto a progredir na vida?

34 Você tem a sensação de funcionar como em câmera lenta?

35 Você se sente com pouca força, protela as coisas, falta-lhe dinamismo para realizar seus ideais e, nesse ínterim, fica vendo a vida passar?

---

36 Quando você sente medo ou tensão, estes se concentram na região do plexo solar?

37 Você tem medos que o impedem de agir, mas sem ter plena consciência daquilo que teme?

38 Você costuma ficar nervoso, ansioso, inseguro ou com medo, o que o leva a sentir-se sem forças, sem vitalidade e sem poder agir?

39 Você tem problemas de saúde relacionados com a diminuição de suas defesas imunológicas?

---

40 Você sofre de algum tipo de problema localizado na região do peito?

41 Você sente angústia, opressão no peito, na garganta ou no estômago?

42 Você está triste, aflito, angustiado, e tudo isso o leva a ficar pesaroso, sufocado ou com um peso na região do coração?

---

43 Você é capaz de fazer muitas coisas ao mesmo tempo e fazê-las todas bem, embora isso o leve a sentir-se inquieto em alguns momentos?

44 Quando você está quieto por um momento, o corpo exige que se movimente?

45 Você costuma fazer as coisas mais rapidamente do que as outras pessoas, embora depois se queixe de sentir tensão?

---

46 Você sente que os seus *nervos* se localizam no aparelho digestivo, ou sente dor no estômago?

47 Você costuma sofrer de insônia por não conseguir relaxar?

48 Você precisaria ficar mais tranqüilo, equilibrado e com menos ansiedade, em especial na área do plexo solar e/ou do estômago?

---

49 Você costuma ficar fisicamente esgotado em decorrência do excesso de atividade intelectual ou mental?

50 Você precisaria dispor de mais vitalidade para aumentar seu rendimento intelectual e não resfriar-se com tanta freqüência?

51 Dizem-lhe que, às vezes, você é monotemático ou excessivamente lógico ou ponderador?

52 Você se sente pesado depois das refeições, com preguiça, letargia, embotamento?

53 Se almoça ou come doces, você depois tem dificuldade de pensar, ou boceja muito?

54 Você tem a digestão lenta, e isso tira a clareza do seu pensamento e a vivacidade da sua ação?

---

55 Você dorme mal, acorda várias vezes durante a noite, às vezes inclusive banhado de suor? Sofre de enurese?

56 Você é muito sensível ao sol, à luminosidade excessiva e inclusive ao calor?
57 Você sente que precisa de algum tipo de proteção por causa da sua vulnerabilidade, da sua grande fragilidade ou pela sua consciência receptiva?

---

58 Você tem três ou mais dos seguintes problemas: desassossego, nervosismo, dores de cabeça, tensão no pescoço e nos ombros?
59 Com base em tudo o que foi dito, você sofre às vezes de insônia?
60 Você sente que o ambiente que o cerca lhe faz exigências ou o superestimula?

---

61 Você julga que uma pessoa sofre menos se não se envolve tanto nas coisas? Ocorre-lhe de também não se interessar tanto pelo que se passa ao seu redor?
62 Você aprecia as coisas simples e cotidianas, parecendo-lhe o mundo de hoje complicado demais?
63 Quando alguma situação representa *stress* ou desafio, você prefere esconder-se para não enfrentá-la?

---

64 Você sente que precisa de algum tipo de proteção em relação as *energias negativas* provenientes das outras pessoas?
65 Você tem a cabeça tão cheia de idéias ou de coisas, que não consegue pensar com clareza e se deixa *influenciar* pelo seu ambiente?
66 Você tem de purificar a mente de pensamentos negativos ou outro tipo de sujeira mental que absorveu de seu ambiente?

---

67 Você sente que chega um momento em que fica mais vulnerável ou que aquilo que acontece com os outros acaba por influenciá-lo?
68 Às vezes a sua sensibilidade é muito acentuada, levando você a desejar um pouco mais de proteção?
69 Você é muito perceptivo e capta rapidamente a dor ou o sofrimento dos outros, o que o deixa muito sensível e exposto?

---

70 Você está por iniciar ou já iniciou um tratamento radioterápico (radioterapia)?
71 Você sofreu algum tipo de queimadura (do sol ou outras)?
72 Você está exposto a radiações de terminais de computação, raios X, aeroportos, nucleares, vê muita televisão etc.?

---

73 Quando fica durante algumas horas com alguém, *você pega* o modo de falar da outra pessoa?

74 Quando acontece alguma coisa a outra pessoa, quem costuma *sangrar* é você?

75 As emoções dos outros costumam influenciá-lo e você tem dificuldade, momentaneamente, de distinguir os seus próprios sentimentos dos alheios?

---

76 É difícil para você lidar com a sua sensibilidade e com a sua vulnerabilidade, e isso piora quando está em público?

77 Você gostaria de poder abrir-se com os outros sem deixar de se sentir interiormente protegido?

78 Você se sente demasiadamente exaltado, muito estimulado, sensível ou exposto ao agir ou ao falar?

79 Você se preocupa muito com o seu desempenho diante de outras pessoas?

---

80 Você passou ou está passando por alguma situação em que se viu (ou se vê) afetado ou ferido na sua dignidade e no respeito que tem por si mesmo?

81 Você sente que é obrigado a suportar situações humilhantes para você?

82 Você se sentiu criticado ou ameaçado por causa de suas crenças ou opiniões?

---

83 Você se asfixia nos ambientes urbanos, por exemplo, na cidade, onde há muitas pessoas, grandes edifícios etc.?

84 Você não suporta usar roupa justa ou os sapatos machucam os seus pés?

85 Você se sente inadequado ou não integrado no local em que está e precisa de ar, de contato com a terra, de lugar para expandir-se?

---

86 Você está angustiado por causa de todas as obrigações que tem de cumprir, que são mais do que as de que você pode dar conta?

87 Você em algumas ocasiões se sente desorganizado, bloqueado por determinadas circunstâncias que lhe cabe viver?

88 Você sofre hoje com alguma sobrecarga ou com exigência maior do que a habitual? O próprio ambiente ao seu redor o angustia?

---

89 As emoções de grupos o contaminam, contagiam ou o deixam exaltado com facilidade?

90 Você é vítima fácil das *loucuras de massa*?

91 Quando há situações sociais ou familiares angustiantes, é você quem precisa de ajuda em primeiro lugar?

92	Você se sente atraído pelos estimulantes ou tem algum tipo de dependência para fortalecer-se ou energizar-se?
93	Você vive de forma desorganizada, e se levanta ou se deita a qualquer hora?
94	É mais fácil para você conciliar o sono de dia do que à noite, como se o seu ciclo do dormir ou o seu relógio biológico estivessem invertidos?

95	Você tem dificuldade para descansar ou dormir tranqüilo por estar sobrecarregado pelos estímulos fortes do dia, a tal ponto que tem medo de desorganizar-se psiquicamente?
96	Você sente muito *stress*, tensão e *confusão* mental, precisando de algum tipo de *purificação* psíquica?
97	O cotidiano o afeta de tal modo, que tanto física como emocionalmente você precisa de uma descarga para recuperar um pouco o seu bem-estar?

98	Para favorecer sua tranqüilidade e contentamento, você costuma ajudar-se ingerindo alguma substância estimulante que tem afinidade com o que busca?
99	Você tem dificuldade para esperar obter sucesso no que empreende e tenta forçar as coisas para conseguir isso a qualquer custo?
100	Você é criativo, mas não consegue ou lhe custa muito esforçar-se no sentido de desenvolver esse seu lado?
101	Você se aproxima de determinados tipos de pessoas que o fazem sentir-se bem porque julga que lhe facilitarão a conquista do que você busca na vida?

102	Você tem dificuldade para fazer as coisas por si mesmo e precisa que os outros se encarreguem de resolver seus problemas?
103	Quando há alguma dificuldade, você busca um modo de fugir, seja tomando algo para sentir-se melhor, ou refugiando-se em algum grupo de pessoas que lhe possa dar segurança, que cuide de você e o acompanhe?
104	Você se sente indefeso diante do mundo, por falta de força interior, por imaturidade emocional ou porque você demora mais a amadurecer ou a perceber as coisas do que outras pessoas?

105	Costumam dizer que você é um exagerado ou que dramatiza demais o que acontece com você?
106	Você é facilmente sugestionável ou é muito suscetível a determinadas coisas e gostaria de desvincular-se da realidade, se pudesse?

107 Quando acontece algo fora do comum, em seguida você sente que está no limite do que pode resolver por si mesmo?

108 Você é daquelas pessoas que apreciam mudanças freqüentes?

109 Sente que, na sua família, vocês são (ou eram) em número demasiado grande num mesmo espaço?

110 Você tem dificuldade para mostrar-se cálido ou carinhoso num grupo, numa equipe de trabalho, com uma pessoa, afeiçoar-se a um lugar? Em vez disso, prefere ter a liberdade de ir e vir a seu bel-prazer?

111 Quando se trata de estabelecer relações sociais, você se fecha diante dessa possibilidade?

112 Você sente vergonha, timidez e insegurança quando está com outras pessoas?

113 Parece-lhe que o tempo passa mais rapidamente neste momento de sua vida, que os anos *voam*?

114 Você fala pouco porque de qualquer maneira não tem muito a dizer?

115 Você evita fazer parte de grupos porque estes são muito ruidosos, todos falam e você prefere ser reservado e silencioso?

116 Você gosta de estar tranqüilo consigo mesmo e não gosta que se metam na sua vida, já que você tampouco se imiscui na dos outros?

117 Você se mostra distante, mas o que acontece é que tem medo de ficar muito íntimo de outra pessoa?

118 Você costuma zangar-se ou irritar-se, ou fica incomodado quando as outras pessoas se aproximam demais de você?

119 É importante para você que se marque bem a diferença entre o homem, que deve ser duro e forte, e a mulher, que deve ser delicada e sensível?

120 Quando não gosta de alguma coisa, você vai às últimas conseqüências para ressarcir-se do mal que acha que lhe fizeram?

121 Você é desconfiado porque percebe que as propostas dos outros costumam ser mal-intencionadas ou que podem prejudicá-lo de alguma maneira?

122 Você costuma ter problemas legais ou surgem com freqüência situações difíceis ou de hostilidade com algumas pessoas do seu convívio?

123 Você se considera uma pessoa que funciona melhor quando trabalha sozinha do que em grupo?

124 Você costuma ter problemas quando faz parte de um grupo de pessoas, seja um grupo de trabalho, familiar ou social?

125 Você tem dificuldades com o trabalho em equipe por sentir que sua contribuição não é suficientemente levada em conta, e isso o frustra, o irrita ou o cansa?

126 Quando você está bem, não o afeta muito o que possa acontecer com os outros?

127 Algumas pessoas foram se afastando e você não sabe bem o que aconteceu com elas?

128 Você se relaciona com outras pessoas na medida em que estas possam ser-lhe úteis para algo em particular, mas, na realidade, não lhe interessa nenhum outro tipo de vínculos?

---

129 É difícil para você ter um chefe ou outra pessoa com autoridade que mande em você?

130 Você está insatisfeito com o ambiente no qual lhe coube nascer ou viver?

131 Você não suporta que lhe digam o que deve fazer e reage mal de imediato?

---

132 Dizem-lhe que você costuma ser muito duro no seu modo de falar? Você gostaria de ser mais compreensivo e meigo?

133 Você tem tendência a brigar, a ser mordaz ou ofensivo na sua maneira de dizer as coisas, embora suas intenções não sejam más?

134 Você tem dificuldade para entender o que se diz nas *entrelinhas*?

---

135 Você tem a impressão de que às vezes se excede nas suas críticas ou na sua intolerância?

136 Você aperta ou range os dentes, tem tensão mandibular? Mastigar lhe serve de descarga?

137 Dizem-lhe que às vezes você é um tanto mordaz, crítico, agressivo ou irritante nas suas respostas?

---

138 Você costuma enganar as outras pessoas ou até enganar-se a si mesmo? Você gostaria de esclarecer ou "pôr em pratos limpos" essa situação?

139 Você esconde alguma de suas coisas por medo de que, se soubessem, os outros iriam perder a confiança em você?

140 É muito difícil para você ser coerente entre o que faz e o que diz?

---

141 Para você, é compreensível que uma pessoa precise, em algumas ocasiões, criar situações enganosas, ou que a vida leve alguém a não ser tão honesto?

142 É difícil para você, em algum momento, distinguir o bem do mal?
143 Você gostaria de ser mais atento e mais justo na vida, embora reconheça que muitas vezes as circunstâncias o levam a mentir para cuidar da sua imagem?

---

144 Você acaba de romper uma relação afetiva muito importante em sua vida?
145 Você se sente em pedaços por causa da dor de uma perda (de qualquer tipo) recente, situação à qual ainda está ligado?
146 Diante de uma relação que terminou, você sente que, estando sozinho, ela não tem o mesmo valor?

---

147 Você teme que, se não tomar suas precauções hoje, poderá passar necessidade amanhã?
148 Incomodam-lhe as pessoas avarentas ou mesquinhas?
149 Sentir-se seguro significa estar materialmente livre de problemas?

---

150 Você sempre confere seus bens para saber quanto possui?
151 Você tem dificuldade para desapegar-se ou para gastar? Tende antes a guardar?
152 Você é dos que dizem: "O que importa é o que cada um tem; o resto vem por si"?

---

153 Há certas pessoas que fazem aflorar seus aspectos mais competitivos em detrimento dos cooperativos?
154 Você se sente muito mal quando não tem razão, sendo a outra pessoa a que está certa?
155 Há momentos nos quais a violência o domina, embora depois você se arrependa desses ímpetos?

---

156 Você costumava ser criativo, mas se sente neste instante vazio, *estéril*, sem destaque nem inspiração?
157 Ocorrem-lhe idéias novas para fazer coisas mas você não chega a dar-lhes forma?
158 Você se sente preso, sem poder progredir apesar de julgar-se capacitado para isso?

---

159 Você se considera criativo mas não põe em prática as coisas, seja porque *o corpo não o permite*, seja porque se distrai, seja porque se esgota?
160 Você sente dificuldade para realizar um trabalho que exija engenho ou criatividade porque no momento de fazê-lo *lhe dá um branco*?
161 Você se dispersa demais e lhe custa *voltar à Terra*?

162 Você tem muito que fazer mas, apesar disso, custa-lhe movimentar-se para realizá-lo?

163 Você faz muitos rodeios e não consegue ser eficiente e produtivo?

164 Você se sente oprimido, amarrado, com pouca força, embora pense em fazer coisas e, depois, não saiba como pôr em prática suas idéias?

---

165 Quando tem de fazer algo específico, você sempre encontra outras coisas para fazer primeiro?

166 Você sabe o que fazer mas não sabe por que lhe custa tanto movimentar-se, e acaba por adiar?

167 Você sempre se atrasa, mesmo que tenha tido tempo suficiente para chegar no horário?

---

168 Você tem ou teve problemas com seu pai, ou se sentiu distante dele e talvez queira mudar a situação (mesmo que seja interiormente)?

169 Você gostaria de ter com seus filhos uma relação diferente da que a que seu pai teve com você?

170 Você acha que há tarefas que *são de homens* e outras que *são de mulheres*?

171 Você julga que os que o cercam são muito felizes por tê-lo como amigo?

---

172 É motivo de conflito para você ter de combinar seu papel de mulher ou mãe com sua realização profissional?

173 Você tem problemas ginecológicos, de menopausa, menstruais, dificuldade de engravidar ou de conservar uma gravidez, ou está para dar à luz?

174 Se é mulher, sente que os homens estão em vantagem com relação às mulheres? Se é homem, sente o contrário?

---

175 Você tem aptidão para a liderança, mas sente que às vezes essa tarefa se torna pesada demais para você?

176 Foi-lhe atribuído um papel de direção (pode também ser o de pai ou mãe) e você tem medo de ainda não estar preparado para desempenhá-lo?

177 Você julga que os outros não lhe respondem como deveriam e isso o leva a ter de ser mais autoritário e inflexível?

---

178 Seus pensamentos são mais rápidos (ou mais lentos) do que você consegue transmitir verbalmente?

179 Você tem tudo na cabeça mas é-lhe difícil expressar isso com fluência e clareza?

180 Você fala depressa demais e os outros se queixam de que não entendem o que você diz?
181 Você tem de falar em público ou tem de dar aulas e gostaria de ser expressivo, claro e tranqüilo em sua forma de se manifestar?
182 Você tem medo de dizer mal o que tem para dizer, não sabendo inclusive como expressá-lo?
183 Você se reprime quando tem de falar em público e teme não encontrar as palavras?

---

184 Você está mal e ninguém se dedica nem se interessa verdadeira e profundamente por ajudá-lo?
185 Você gostaria de juntar toda a sua força interior para poder curar-se ou sair por seus próprios meios da situação em que se encontra?
186 Você sente que, nas circunstâncias atuais, você depende demais de seus familiares, ou dos médicos, ou do ambiente em geral?
187 Você costuma consultar muitas pessoas ou tentar novos métodos para encontrar algum que possa ajudá-lo a ficar melhor?

---

188 Você teme que, se não realizar o que supõe que as outras pessoas esperam de você, elas deixarão de apreciá-lo, de aceitá-lo ou de aprová-lo?
189 Quando admira alguém ou quando alguma pessoa lhe agrada, você costuma adquirir gestos ou atitudes dela quase sem perceber?
190 Você tem dificuldades para defender suas próprias crenças ou idéias, sendo facilmente influenciável ou sugestionável, sobretudo quando faz parte de um grupo?

---

191 Você sente que está num momento de transição ou de mudança, momento em que precisaria aprofundar e entrar em contato com coisas mais autênticas e essenciais?
192 Você está procurando saber quem você realmente é?
193 Você quer manter a ordem, esclarecer seu ambiente e seu estilo de vida, a fim de não depender tanto do reconhecimento social, dos elogios ou do poder do aspecto econômico?

---

194 A vida é um peso para você?
195 Você está oprimido, abatido, deprimido porque as coisas não lhe foram tão favoráveis?
196 Você sente que precisa tomar algo para sobrepor-se àquilo que o desiludiu ou deprimiu ou para recuperar-se disso?

197 Você costuma se sentir em desvantagem com relação aos outros no que se refere às capacidades ou valores, antecipando que as coisas não lhe serão favoráveis?
198 Você é tímido, reservado, e acha que vale menos do que as outras pessoas?
199 Você sente que não é muito importante na sua família ou em outros grupos?

---

200 Você acha que a vida é pesada o suficiente para que não haja muitos momentos de alegria e de felicidade?
201 Você julga que a maioria das pessoas que brincam ou contam piadas é, na verdade, bastante superficial e nada engraçada?
202 Você é muito formal, sério, profundo e preocupado a ponto de não perder tempo em coisas sem importância?
203 Você gostaria de rir mais?

---

204 Você é dessas pessoas que, por concentrar-se na árvore, perdem de vista o bosque?
205 Você se preocupa demais com os mínimos detalhes (ou é muito suscetível) e isso acaba reduzindo seu tempo destinado a outras atividades?
206 Você tem costumes muito arraigados que não pode nem deseja mudar, embora não lhe sejam de grande utilidade?

---

207 Você costuma apresentar sintomas físicos que supõe relacionados com coisas que estão acontecendo com você no nível emocional?
208 Você gostaria de poder perceber melhor o que de fato está acontecendo com você?
209 Ensinaram-lhe que, aconteça o que acontecer, uma pessoa não deve demonstrar o que sente?

---

210 No passado, aconteceram coisas com você as quais você nunca ou quase nunca quis ou pôde contar a alguém?
211 Você supõe que deve ter acontecido com você algo sério quando era pequeno, mas não sabe de que se trata?
212 Você sente que há na sua vida um lado obscuro que hoje se manifesta como cansaço, paralisia ou angústia diante de determinadas circunstâncias e que você não consegue compreender por inteiro?

---

213 De modo geral, você consegue se controlar bem mas de repente "estoura" por algo que não é tão grave para justificar essa reação?

214 Você tem cuidado, com relação a si mesmo e às outras pessoas, com suas próprias reações?
215 Você tem medo de descontrolar-se e, por isso, oculta sua raiva, seu ódio e seus dissabores no mais fundo do seu ser?

---

216 Você tem dificuldade para se mostrar como é por medo de não ser aceito ou de ser censurado?
217 Quando mostra o seu interior, seus sentimentos etc., depois você se sente muito vulnerável?
218 Você evita situações de intimidade por insegurança, vergonha ou culpa com relação a algo que preferiria manter oculto?

---

219 Você se pergunta, às vezes, se vale a pena tanta luta ou esforço na vida?
220 Você está desanimado e pensa que nem no nível pessoal, nem no nível nacional ou mundial se pode esperar alguma mudança?
221 Você gostaria que acontecesse algo que lhe desse vontade ou motivação para não se sentir desanimado no que a vida lhe reservou?

---

222 Sua mãe ou outra pessoa lhe falou alguma vez que, na época, teria preferido que você não nascesse?
223 É difícil para você ter relações boas, comprometidas ou profundas com as pessoas?
224 Você sente que, quando nasceu, não o desejavam muito?

---

225 Lembra-se de ter tido uma relação difícil, fria, pobre, distante ou inexistente com a sua mãe?
226 É difícil para você imaginar-se como mãe (se é mulher) ou com tarefas maternais (se é homem) porque sente que lhe falta esse modelo?
227 Você não se sai bem ou tem dificuldade na ligação com sua mãe ou com outras mulheres?

---

228 Você traz da infância feridas que não pôde resolver naquele momento e que continuam a doer-lhe?
229 Você se lembra de pouco ou nada do seu passado e supõe que isso se deva a coisas que poderiam tê-lo magoado e que então você preferiu esquecer?
230 Você sente medo e rancor há muito tempo, mas ignora a que se devem esses sentimentos?
231 Você tem dificuldade para chorar?

---

232 Você acredita, ou sabe, que sofreu algum tipo de maus-tratos (físico ou psíquico) quando pequeno?

233 Você costuma responder com aspereza, dureza ou rigidez a qualquer aproximação dos outros com relação a você?
234 Você tende a ter pequenos ou grandes *acidentes* de diferentes tipos?
235 Você se sente desajeitado, pouco atraente, pouco ágil?

---

236 Você se envolve sem perceber em questões que, no final, acabam por prejudicá-lo por serem violentas, conflituosas ou perigosas?
237 Você viveu ou vive situações em que percebe que foi vítima de algum abuso (de qualquer tipo)?
238 Você se violenta sem conseguir dominar-se diante de certos tipos de situação? Por outro lado, é vítima da violência dos outros?

---

239 Você foi maltratado ou abandonado pelo seu pai em algum momento da sua infância?
240 Você sente que o mundo é um lugar pouco seguro, um lugar hostil, do qual é preciso proteger-se e para o qual nunca devemos baixar a guarda?
241 Você se sente mal quando lhe dizem o que tem de fazer?

---

242 As pessoas lhe dizem que, quando o conhecem mais profundamente, se surpreendem ao *descobrir* suas capacidades?
243 Nesse afã de não revelar-se, você sente uma drenagem, uma perda da sua energia física, psíquica ou sexual?
244 Você tem dificuldade para exteriorizar todas as suas capacidades, de modo que sua atividade diária não passa de um pálido reflexo do que você poderia verdadeiramente ser?

---

245 Você desejaria meditar com mais tranqüilidade e, também, compreender melhor seus sonhos e seu mundo interior?
246 As pessoas o julgam muito poderoso, onipotente, embora você apreciasse ser mais intuitivo, perceptivo e meigo?
247 Você gostaria de ter maior abertura e ligação com o espiritual, com o superior, com o transcendente?

---

248 Você gostaria que alguma essência lhe permitisse desenvolver melhor suas práticas de meditação e de oração?
249 Você pratica ou desejaria praticar a *visualização criativa*?
250 A cabeça lhe pesa?
251 Você sente que outras pessoas não podem alcançar facilmente o nível de desprendimento e espiritualidade a que você chegou?

252 As pessoas que o cercam se surpreendem por você não ser afetado pelas coisas que as afetam?
253 Você consegue esquecer aquilo que prefere esquecer?
254 Você *vê mal*, seja psíquica ou fisicamente, e gostaria de ter uma percepção mais clara?

---

255 Você sofre de tiques, espasmos ou tem algum tipo de contração nervosa?
256 Você é muito inteligente mas desejaria obter mais informações acerca de seus sonhos?
257 Você se encontra num momento-limite de sua vida, mostrando-se hiperativo, temendo a desarmonia, e tem necessidade de voltar a harmonizar-se?
258 Você está para dar à luz e o parto está se atrasando?
259 Se é homem, você quer ou necessita aumentar sua fertilidade?

---

260 Você se encontra numa situação de desamparo ou de solidão tal que precisa de uma proteção espiritual, celestial ou angelical?
261 Você está passando por uma situação de crise profunda e precisaria de um guia, para sentir que tem mais apoio?
262 Você está preocupado por ter de submeter-se a uma cirurgia de risco ou por causa de alguma doença? Está acompanhando alguma pessoa que está em estado grave?

---

263 Você sente necessidade de ter mais ligação com o mundo espiritual?
264 Você se tranqüilizaria se pudesse ter mais contato com entes queridos que não se encontram mais neste mundo?
265 O espiritismo, a mediunidade e a meditação são práticas que o atraem, e você gostaria de ter um maior envolvimento com elas?
266 Desde que perdeu um familiar, amigo ou o cônjuge, você se sente abandonado ou muito sozinho?

---

267 Você é apegado demais às coisas concretas ou materiais?
268 É difícil para você, ou não lhe interessa, ser mais imaginativo, mais criativo, *voar mais alto*?
269 Você se angustia quando sua lógica não lhe permite compreender o que está lhe acontecendo?

---

270 Você se encontra numa situação de mudança importante, que o angustia muito porque suscita em você uma sensação de perda, de vazio ou de morte?

271 Você atribui grande importância à estética, à juventude, ao exterior?
272 Você sofre de alguma doença séria o bastante para fazê-lo temer a fatalidade?
273 Você encontra dificuldade para ter fé e confiança, bem como para entregar-se mais às questões espirituais?

---

274 Você acha que as pessoas dizem que você é muito apegado às coisas materiais?
275 Você sente que a questão estética é o que há de mais importante nestes tempos e se preocupa em perder seus atrativos?
276 Você se angustia com a rapidez com que o tempo passa e com a iminência da velhice e/ou da morte?
277 Você está mudando de década ou passando por alguma crise característica da meia-idade?

---

278 Os anos passam muito depressa para você?
279 Você acha que, se não está perfeito(a) no seu aspecto, você já não tem o mesmo valor de antes, de quando era mais jovem?
280 Para você, são muito importantes o belo, o harmonioso, o jovem, o sadio, o aspecto exterior?

---

281 Você às vezes reflete sobre o sentido da vida, do viver, do fazer?
282 Você costuma passar por situações difíceis e parecidas que lhe dão a impressão de serem imerecidas e cuja causa você ignora?
283 Você sente que teria vontade de fazer um balanço de sua vida para compreender o sentido ou o propósito de algumas situações pelas quais você teve de passar?
284 Há momentos em que você precisaria de algo, como pedir o *conselho dos mais velhos*, ou invocar a lembrança do seu pai ou de sua mãe, a fim de ter certeza com respeito a como agir diante de decisões importantes que tem de tomar?

---

285 Você sente que é melhor ser o mais novo, o caçula de um grupo ou da família, já que então não é necessário assumir certas responsabilidades?
286 Dizem-lhe que você parece muito mais jovem do que de fato é?
287 Você pensa que os jovens vivem melhor, têm menos preocupações, e preferiria não ser adulto?

---

288 Você pode ter relações sexuais, mas sente dificuldade para se envolver afetivamente? Ou, ao contrário, pode amar mas teme a intimidade?

289 Alguma disfunção na sexualidade está lhe causando problemas?
290 Você se sente só, embora tenha oportunidade de ter uma companhia, apesar de, por uma ou outra razão, isso nunca acontecer?

---

291 Você se sente atraído por filmes, revistas ou por outras questões relacionadas com o erotismo ou o sexo?
292 Pelo contrário, você sente que a questão sexual se contrapõe ao amor, e que tem muito de proibido e de imoral?
293 Você está bem com o seu cônjuge em termos afetivos e ao mesmo tempo busca outras relações para se satisfazer sexualmente?

---

294 Você tem problemas para digerir ou assimilar os alimentos (má digestão ou digestão lenta)?
295 Você se preocupa em controlar ou satisfazer seus desejos instintivos, sejam eles de ordem sexual ou agressiva?
296 Você se sente sem forças em alguns momentos e julga que isso tem relação com problemas em sua alimentação?

---

297 Você está confuso com relação à sua identidade no sentido de que não está seguro de se sentir mais atraído pelas mulheres do que pelos homens?
298 Você acha que seus pais talvez tivessem preferido um filho do sexo oposto quando você nasceu?
299 Você tem certa tendência, na escolha de suas companhias, que o preocupam e não lhe permitem ficar tranqüilo e feliz?

---

300 Você sente que se trava no seu interior uma batalha entre ser duro e severo, ou abrandar-se e ser terno em suas relações como pai, como mãe ou em relações de outro tipo?
301 Você se sente completamente só para criar, educar ou cuidar de seus filhos?
302 Você precisa equilibrar-se muito entre sua atividade e sua vida familiar?

---

303 Você é daquelas mulheres que dizem: "Procuro mais um companheiro do que um amante"?
304 Sua mãe costumava dizer-lhe: "Os homens só querem 'aquilo' das mulheres, e nada mais"?
305 Você diria (socialmente) que não lhe interessa ter um namorado, um companheiro, embora pense de modo diferente?
306 Você sente que os homens têm mais valor do que as mulheres nesta sociedade?

---

307 Você não está satisfeito com sua vida sexual no sentido de que a considera pouco motivadora, destituída de calor e de sensualidade?

308 Você tem dificuldade para atingir o orgasmo?

309 Atualmente você tem pouco interesse em manter uma vida sexual ativa?

---

310 Você pode compreender por que nossos avós costumavam denominar as relações sexuais como "essa imundície"?

311 Você recebeu uma educação muito severa no que se refere ao sexo?

312 Você costuma ter a impressão de ser muito recatada, puritana ou pudica no que diz respeito ao sexo oposto?

---

313 Você está passando por uma situação em que sente que tem dificuldades para seguir adiante e que precisa de todas as suas forças para lutar?

314 Você sente que o que acontece com você é como uma provação e que você terá de extrair forças de onde puder para superá-la?

315 Apresenta-se agora algo na sua vida que é um desafio difícil de enfrentar?

---

316 Você precisa tomar coragem para poder mostrar-se, opinar, manifestar-se diante de outras pessoas?

317 Costumam dizer-lhe que você *não se expõe* para defender, e até mesmo expressar, sua posição, e isso o leva a parecer muito fraco ou passivo?

318 Você gostaria de ter mais força para lutar por aquilo em que acredita?

---

319 Você procura anestesiar de alguma maneira suas emoções para sentir-se menos vulnerável?

320 Você é dependente do fumo ou de outras substâncas e gostaria de deixar de sê-lo?

321 Você precisa encontrar maior estabilidade para poder enfrentar os desafios do dia-a-dia?

---

322 Você se sente consolado nos seus sofrimentos quando pensa que faz parte de um todo maior, por exemplo, de uma comunidade?

323 Você precisaria juntar-se a outras pessoas com sofrimentos, angústias ou tormentos semelhantes aos seus para aliviar sua dor ao compartilhá-la com essas pessoas?

324	Você acha que poderia conseguir, de alguma maneira, chegar a transformar sua aflição e seu sofrimento em crescimento espiritual?

325	Você gosta de se sentir integrado em lugares de cunho religioso ou social, já que assim se sente protegido, amparado, seguro?
326	Você se sente dividido entre o que você acha que se espera de você e o que você mesmo busca no que se refere às suas idéias religiosas, espirituais, psíquicas ou sociais?
327	Você é supersticioso ou se sente ameaçado, talvez a partir do seu interior, se faz o que realmente deseja fazer, embora isso não coincida com as convenções sociais?

Respostas ao questionário

GRUPO DE PERGUNTAS	REMÉDIO CORRESPONDENTE
1 a 3	California Wild Rose
4 a 7	Shooting Star
8 a 10	Manzanita
11 a 14	Rosemary
15 a 17	Madia
18 a 20	Indian Pink
21 a 23	Rabbitbrush
24 a 26	Shasta Daisy
27 a 29	Arnica
30 a 32	Aloe Vera
33 a 35	Cayenne
36 a 39	Garlic
40 a 42	Yerba Santa
43 a 45	Dandelion
46 a 48	Chamomile
49 a 51	Nasturtium
52 a 54	Peppermint
55 a 57	Saint John's Wort
58 a 60	Lavender
61 a 63	Fawn Lily
64 a 66	Mountain Pennyroyal
67 a 69	Yarrow
70 a 72	Yarrow Special Formula
73 a 75	Pink Yarrow

76 a 79 .... Golden Yarrow
80 a 82 .... Echinacea
83 a 85 .... Corn
86 a 88 .... Dill
89 a 91 .... Red Clover
92 a 94 .... Morning Glory
95 a 97 .... Chaparral
98 a 101 .... California Poppy
102 a 104 .... Milkweed
105 a 107 .... Canyon Dudleya
108 a 110 .... Sweet Pea
111 a 113 .... Mallow
114 a 116 .... Violet
117 a 119 .... Poison Oak
120 a 122 .... Oregon Grape
123 a 125 .... Quaking Grass
126 a 128 .... Yellow Star Tulip
129 a 131 .... Saguaro
132 a 134 .... Calendula
135 a 137 .... Snapdragon
138 a 140 .... Deerbrush
141 a 143 .... Mullein
144 a 146 .... Bleeding Heart
147 a 149 .... Star Thistle
150 a 152 .... Trillium
153 a 155 .... Tiger Lily
156 a 158 .... Iris
159 a 161 .... Indian Paintbrush
162 a 164 .... Blackberry
165 a 167 .... Tansy
168 a 171 .... Sunflower
172 a 174 .... Pomegranate
175 a 177 .... Larkspur
178 a 180 .... Cosmos
181 a 183 .... Trumpet Vine
184 a 187 .... Self-Heal
188 a 190 .... Goldenrod
191 a 193 .... Sagebrush
194 a 196 .... Borage
197 a 199 .... Buttercup
200 a 203 .... Zinnia
204 a 206 .... Filaree

207 a 209 ....Fuchsia
210 a 212 ....Black-Eyed Susan
213 a 215 ....Scarlet Monkeyflower
216 a 218 ....Pink Monkeyflower
219 a 221 ....Scotch Broom
222 a 224 ....Evening Primrose
225 a 227 ....Mariposa Lily
228 a 231 ....Golden Ear Drops
232 a 235 ....Dogwood
236 a 238 ....Black Cohosh
239 a 241 ....Baby Blue Eyes
242 a 244 ....Lady's Slipper
245 a 247 ....Star Tulip
248 a 251 ....Lotus
252 a 254 ....Queen Anne's Lace
255 a 259 ....Mugwort
260 a 262 ....Angelica
263 a 266 ....Forget-Me-Not
267 a 269 ....Hound's Tongue
270 a 273 ....Angel's Trumpet
274 a 277 ....Chrysanthemum
278 a 280 ....Pretty Face
281 a 284 ....Sage
285 a 287 ....Fairy Lantern
288 a 290 ....Sticky Monkeyflower
291 a 293 ....Basil
294 a 296 ....California Pitcher Plant
297 a 299 ....Calla Lily
300 a 302 ....Quince
303 a 306 ....Alpine Lily
307 a 309 ....Hibiscus
310 a 312 ....Easter Lily
313 a 315 ....Penstemon
316 a 318 ....Mountain Pride
319 a 321 ....Nicotiana
322 a 324 ....Love-Lies-Bleeding
325 a 327 ....Purple Monkeyflower

Referências bibliográficas

ABERASTURY, A. e KNOBEL, M., *La adolescencia normal*, Paidós, Buenos Aires, 1977.

BACH, E., Cúrese usted mismo, in *La curación por las flores*, Edaf, Madri, 1989. [*Os Remédios Florais do Dr. Bach*, Ed. Pensamento.]

BLOS, P., *Psicoanálisis de la adolescencia*, Edit. J. Mortiz, México, 1980.

COLARUSSO, C.A., *Child and Adult Development*, Plenum Press, Nova York, 1992.

COLINAS, A., *La llamada de los árboles*, Elfos, Barcelona, 1988.

Enciclopedia ilustrada de la mitología grecorromana, Ed. Atlántida, Buenos Aires, 1959.

GARCÍA ARZENO, M.E., *El síndrome de la niña púber*, Paidós, Buenos Aires, 1986.

GARLAND, S., *Gran libro de las hierbas y especias*, Ed. Blume, Barcelona, 1989.

GRECCO, E. e ESPECHE, B., *Flores de California*, Ed. Continente, Buenos Aires, 1992.

GRECCO, E. e VALDEZ, M., *Flores de California II*, Ed. Continente, Buenos Aires, 1993.

GURUDAS, *Flower Essences and Vibrational Healing*, Cassandra Press, Califórnia, 1989.

DEROIDE, P., *Elixires florales, armonizadores del alma*, Ibis, Barcelona, 1993.

KAMINSKY, P. e KATZ, R., *Flower Essence Repertory*, 4ª ed., Califórnia, 1994.

KAMINSKY, P. e KATZ, R., *Seminario*, Buenos Aires, 1992.

KAMINSKY, P. e KATZ, R., *Repertorio de esencias florales*, Fultena, Buenos Aires, 1992.

KOKKINOU, S., *Mitología griega*, Intercarta Ed., Grécia, 1989.

LANGER, M., *Maternidad y sexo*, Paidós, Buenos Aires, 1980.

LÜSCHER, M., *Test de los Colores*, Paidós, 5ª edição, Espanha, 1993.

MANNONI, O. e outros, *La crisis de la adolescencia*, Gedisa Edit., Espanha, 1984.

ODY, P., *Las plantas medicinales*, Javier Vergara, Editor, 3ª ed., Itália, 1996.

READER'S DIGEST, *Guía de las terapias naturales.Nuevas ideas para la buena salud*, México, 1996.

Revista Brasileira de Terapia Floral, Ano I, Nº 1, 2, 3, 4, 5. Ano II, Nº 6, 7.

Revista Oikos, Ano I, Nº 1, Buenos Aires, setembro de 1993.

RIBEIRO, L., *El éxito no llega por casualidad*, Editorial Urano, Barcelona, 1993.

ROJAS POSADA, S., *Essencias florales: un camino...*, Editorial Siu Tutuava, Colômbia, 1992.

ROSSOMANDO, F., *Homeopatía y terapia floral*, Buenos Aires, 1996.

SCHNITZER, R., *Los secretos de las hierbas*, Elfos, Barcelona, 1990.

SCHNITZER, R., *Las virtudes de las plantas*, Elfos, Barcelona, 1985.

SCHNITZER, R., *El jardín romántico*, Elfos, Barcelona, 1987.

SCHNITZER, R., *Leyendas y mitos de las flores*, Elfos, Barcelona, 1989.

SOIFER, R., *Psicología del embarazo, parto y puerperio*, Edic. Kargieman, Buenos Aires, 1987.

SPALATO, A. e BISSOLOTTI, M., *Florais de Bach aos Florais do Mundo*, Motivo Editorial, São Paulo.

STERN, C., *Remedios florales de Bach. Tratado completo para su uso y prescripción*, Lugar Editorial, Buenos Aires, 1994, 2ª edição. [*Tudo o que você precisa saber sobre os remédios florais de Bach*, Ed. Pensamento.]

STERN, C. e outros, *Flores de Bach. Nuevos avances técnico-clínicos*, Lugar Editorial, Buenos Aires, 1994. [*Florais de Bach — Novos processos técnicos e clínicos*, Ed. Pensamento, São Paulo.]

THOMPSON, W. A. R., *Guía práctica ilustrada de las plantas medicinales*, Ed. Blume, Barcelona, 1994.

Para mais informações,

CENTRO DE ESTUDOS *FLORAIS*
Diretora: Licenciada Claudia Stern

Cursos regulares de formação e treinamento em terapias florais:

- Para uso pessoal
- Para ser terapeuta floral
- Para receber o título de *master* floral
- Práticas clínicas

Assessoramento teórico e prático.
Assistência terapêutica *ao alcance de todos*.
• Conferências • Seminários

Informações:
Associação Italiana de Belgrano, Moldes 2153 (1428)
Buenos Aires – Argentina.
Telefax: (0054-1) 78-0371 – (0054-1) 786-2362
Licenciada: CLAUDIA STERN
Tel.: (0054-1) 902-8785 – Fax: (0054-1) 902-8873

Os Remédios Florais do Dr. Bach

Dr. EDWARD BACH

Problemas de saúde freqüentemente têm suas origens na mente; sentimentos que foram persistentemente reprimidos irão emergir, primeiro, como conflitos mentais e, depois, como doença física.

O Dr. Edward Bach, um médico inglês, depois de atuar como bacteriologista num hospital de Londres e de obter êxito profissional com suas vacinas orais, resolveu morar numa floresta de Gales, na Grã-Bretanha. Desanimado com a medicina ortodoxa, lá descobriu que tinha uma sensibilidade tal que lhe permitia sentir as energias transmitidas pelas flores apenas tocando-as ou colocando na boca as gotas que o orvalho deixava sobre elas. Ao mesmo tempo constatou que, enquanto algumas flores eram capazes de provocar sentimentos negativos, outras tinham a propriedade de anulá-los. Entre 1930 e 1934, o Dr. Bach identificou 38 flores silvestres entre essas últimas e escreveu os fundamentos da sua nova medicina.

De volta à civilização, verificou na prática a eficácia dos medicamentos florais e compreendeu a grande ajuda que poderiam dar à humanidade doente. O Dr. Bach dizia que "o medicamento deve atuar sobre as causas e não sobre os efeitos, corrigindo o desequilíbrio emocional no campo energético". Estes remédios atuam sobre a desarmonia profunda do paciente e, assim fazendo, formam a base para a recuperação dos sintomas físicos.

A terapia das flores age no plano mais sutil da pessoa; seu efeito, reconhecido em 1976 pela Organização Mundial de Saúde, se constitui de grande ajuda à humanidade nestes momentos de transição, auxiliando a harmonização dos corpos (etérico, emocional e mental) e facilitando o livre fluxo das energias superiores através da personalidade.

Neste livro fascinante, o Dr. Bach nos traz explicações sobre sua terapia floral e sobre sua aplicação em cada circunstância, assim como sobre a natureza das enfermidades e a forma de dominá-las, permitindo que o organismo humano descubra o seu caminho até a verdadeira saúde interior.

EDITORA PENSAMENTO

Repertório dos Remédios Florais do Dr. Bach

F. J. WHEELER

O Dr. Bach, um médico inglês, depois de atuar como bacteriologista num hospital de Londres e de obter êxito profissional com suas vacinas orais, resolveu morar numa floresta de Gales, na Grã-Bretanha. Desiludido com a medicina ortodoxa, descobriu então que sua sensibilidade lhe permitia sentir as energias transmitidas pelas flores através de um simples toque, constatando ao mesmo tempo que, enquanto algumas flores eram capazes de provocar sentimentos negativos, outras tinham a propriedade de anulá-los. Tendo em vista a aplicação prática dessas propriedades, o Dr. Bach criou, a partir de essências naturais, os medicamentos que hoje levam o seu nome.

Este repertório, organizado como uma contribuição para o aprendizado da verdadeira arte de curar, será de grande utilidade para os que desejam desenvolver sua habilidade na escolha e prescrição dos remédios florais. Em ordem alfabética, estão relacionados aqui os diversos estados de ânimo e suas variantes, tendo ao lado a essência ou essências indicadas para cada caso.

EDITORA PENSAMENTO

EXPERIÊNCIAS COM A TERAPIA FLORAL DO DR. BACH

Com um Questionário para Diagnóstico

Mechthild Scheffer

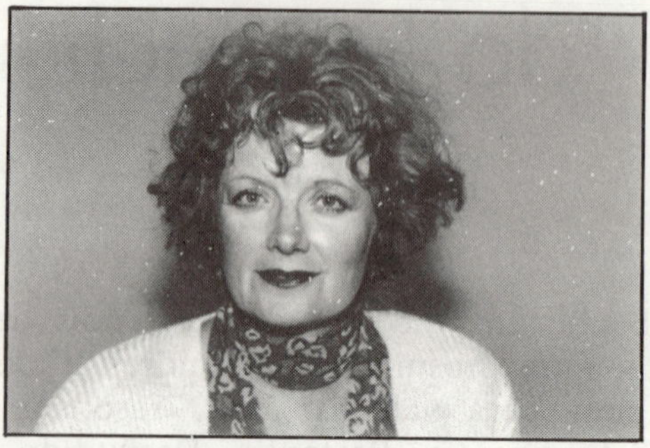

Este livro contém as experiências dos adeptos da terapia floral do dr. Bach – médicos, pessoas que se dedicam à cura e leigos interessados – com os respectivos comentários. A seqüência de casos revela as essências florais adequadas para cada situação e os resultados que se pretende obter. Trata-se de um verdadeiro tesouro para todos os que usam a terapia floral, visto que, através de experiências práticas, podem ser evitados muitos descaminhos no seu aprendizado.

Experiências com a Terapia Floral do Dr. Bach documenta o amplo espectro de utilização desse método de cura: desde a pronta ajuda psicológica no dia-a-dia, por meio do apoio sistemático aos processos de amadurecimento espiritual, até o tratamento de casos de doença aguda, crônica ou tida como incurável. Para todos os que desejam descobrir a combinação adequada dos remédios florais de Bach, este livro contém – pela primeira vez na história da terapia floral – um exaustivo questionário que possibilita, desde que respondido com honestidade, o reconhecimento das essências mais eficazes para cada caso, com grande margem de acerto.

Mechthild Scheffer – autora de *Terapia Floral do Dr. Bach – Teoria e Prática*, também publicado pela Editora Pensamento – representa na Alemanha, na Áustria e na Suíça o "Dr. Edward Bach Center" da Inglaterra. Na sua clínica, ele trabalha quase exclusivamente com a terapia do Dr. Bach, que divulga em seminários e palestras internacionais.

EDITORA PENSAMENTO

TERAPIA FLORAL DO DR. BACH – Teoria e Prática

Mechthild Scheffer

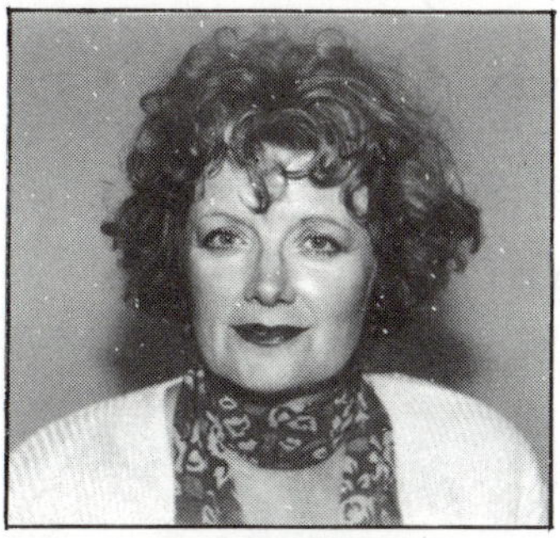

A doença tem sempre origem na mente; sentimentos que durante muito tempo ficaram reprimidos emergirão primeiro como conflitos mentais e mais tarde como doenças físicas.

O dr. Edward Bach, médico inglês que clinicou na medicina ortodoxa durante muitos anos, descobriu esse fato depois de anos de estudo e pesquisa que culminaram com a descoberta dos seus 38 remédios florais, básicos na sua terapia. Esses remédios atuam sobre a desarmonia profunda que afeta o paciente e, ao fazê-lo, preparam o caminho para uma pronta recuperação dos sintomas físicos.

Terapia Floral do Dr. Bach – Teoria e Prática é o primeiro livro sobre florais de Bach que leva em consideração os aspectos espirituais e psicológicos na aplicação das essências. Sua autora, com muita sensibilidade e talento, descreve os remédios florais de uma maneira que leva o leitor a uma compreensão mais profunda do conceito psicológico subjacente ao remédio, realçando, portanto, o seu potencial de autocura.

O modo como o livro foi organizado, explicando a função de cada essência e os casos em que são mais indicadas, torna a terapia floral do dr. Bach acessível a leigos e profissionais, atendendo assim à intenção original de seu criador.

Mechthild Scheffer é a representante do Centro Bach da Inglaterra na Alemanha, Áustria e Suíça.

EDITORA PENSAMENTO

Um Guia para os Remédios Florais do Dr. Bach

JULIAN BARNARD

Os remédios florais do médico inglês Dr. Edward Bach constituem um método simples e natural de cura que atua sobre o estado emocional das pessoas e não sobre a doença física. Eles harmonizam e equilibram a personalidade, reagindo contra estados de ânimo negativos, como irritação, medo, sentimentos de culpa, etc., que o Dr. Bach considerava serem a causa real das doenças e da infelicidade.

Este livro é um guia completo e prático acerca desses remédios e do modo como eles atuam no plano mais sutil das pessoas, com reflexos benéficos sobre o corpo físico.

Um livro gratificante, de fácil leitura e de extrema simplicidade, características que fazem dele a melhor introdução que já se escreveu sobre o assunto.

EDITORA PENSAMENTO

A Astrologia e os Remédios Florais do Dr. Bach

Os Doze Remédios do Zodíaco

PETER DAMIAN

Este livro representa uma ajuda concreta para os astrólogos, para os praticantes de cura holística e para as pessoas que desejam assumir o controle de suas vidas descobrindo um caminho para a saúde emocional. O bem-estar emocional é tão importante quanto a saúde física. Para lutar contra problemas como o medo, o terror, a indecisão, a indiferença, a dúvida, a preocupação excessiva, a fraqueza, a falta de confiança em si mesmo, o desânimo, a impaciência, o excesso de entusiasmo e o orgulho, Edward Bach criou doze remédios naturais à base de essências florais.

Agora Peter Damian associou cada um dos doze remédios a um signo solar, mostrando como é fácil você criar o seu próprio "remédio de manutenção" com vistas a readquirir o equilíbrio emocional.

Usando uma análise do mapa natal – que está ao alcance de quem quer que tenha um conhecimento básico de astrologia – pode-se determinar a melhor essência ou combinação de essências que se adapte às suas necessidades pessoais.

EDITORA PENSAMENTO

Matéria Médica e Terapia Floral do Dr. Bach

Dr. Eduardo Lambert

A saúde é fundamental ao bem-viver, e a arte de curar é um eterno e sublime ato de amor.

Desde os mais remotos tempos, o ser humano tem-se utilizado das ervas e plantas medicinais. Assim, a sensibilidade do ser humano o levou a descobrir as sutis propriedades curativas das flores, que são a quintessência, a sexualidade e a sublimação das plantas.

Assim como o primeiro livro do Autor — *Os Estados Afetivos e os Remédios Florais do Dr. Bach* — é um repertório que cataloga os sintomas e os respectivos remédios, este segundo volume contém um dicionário com uma descrição completa dos florais, um questionário, a terapia e prescrição floral e também orientações básicas acerca de como se fazer uma alimentação saudável na vigência de uma terapia mais natural, como é a terapia floral.

Portanto, de forma abrangente mas objetiva e simples, são apresentados aqui os Remédios Florais com uma descrição completa, dinâmica e profunda, com todos os estados afetivos que, em última análise, constituem os sintomas inerentes aos vários tipos de personalidade.

Na realidade, este volume é uma complementação do volume anterior e se destina a todas as pessoas que se preocupam com a própria saúde e com a saúde e bem-estar de seus semelhantes.

EDITORA PENSAMENTO